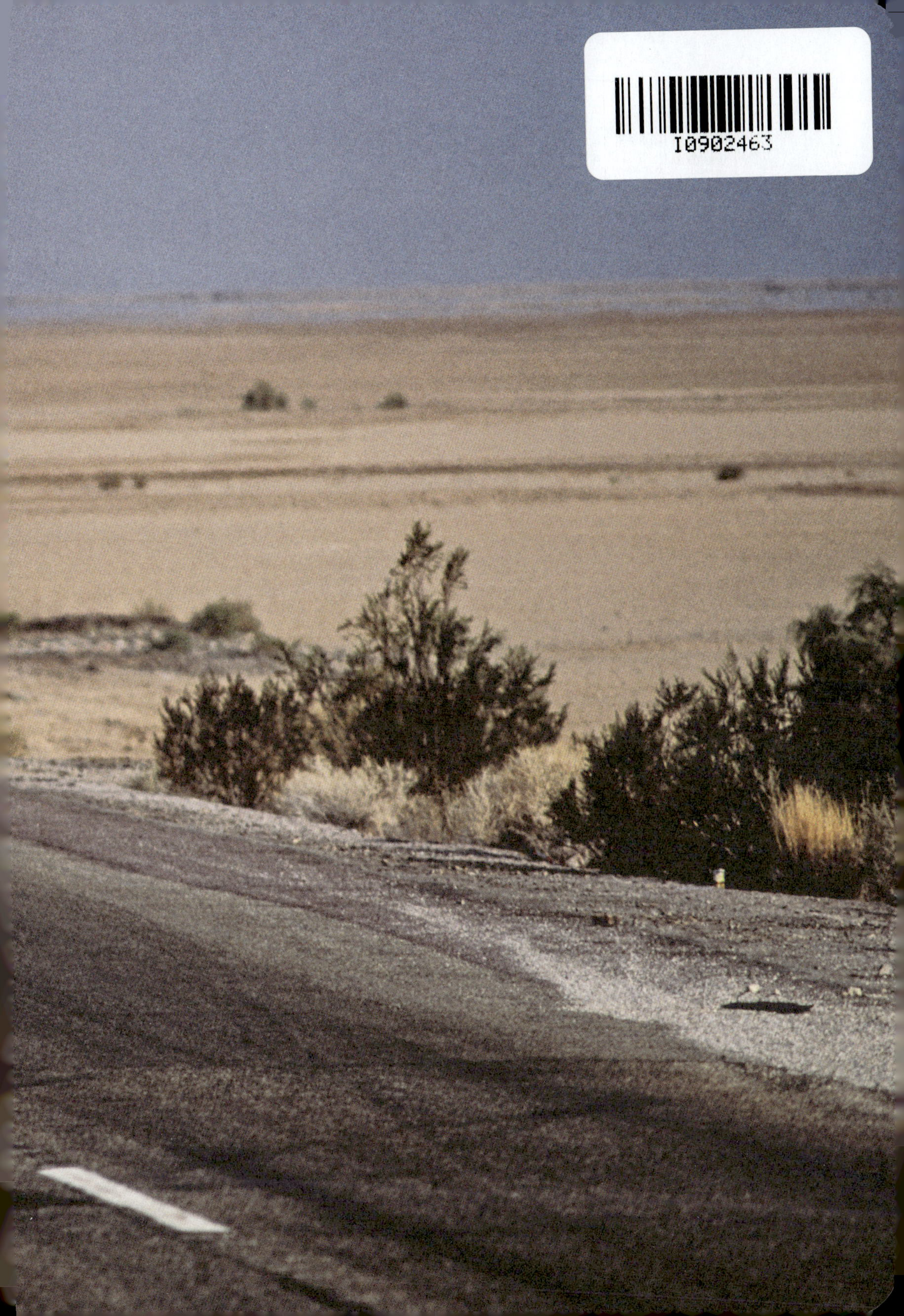

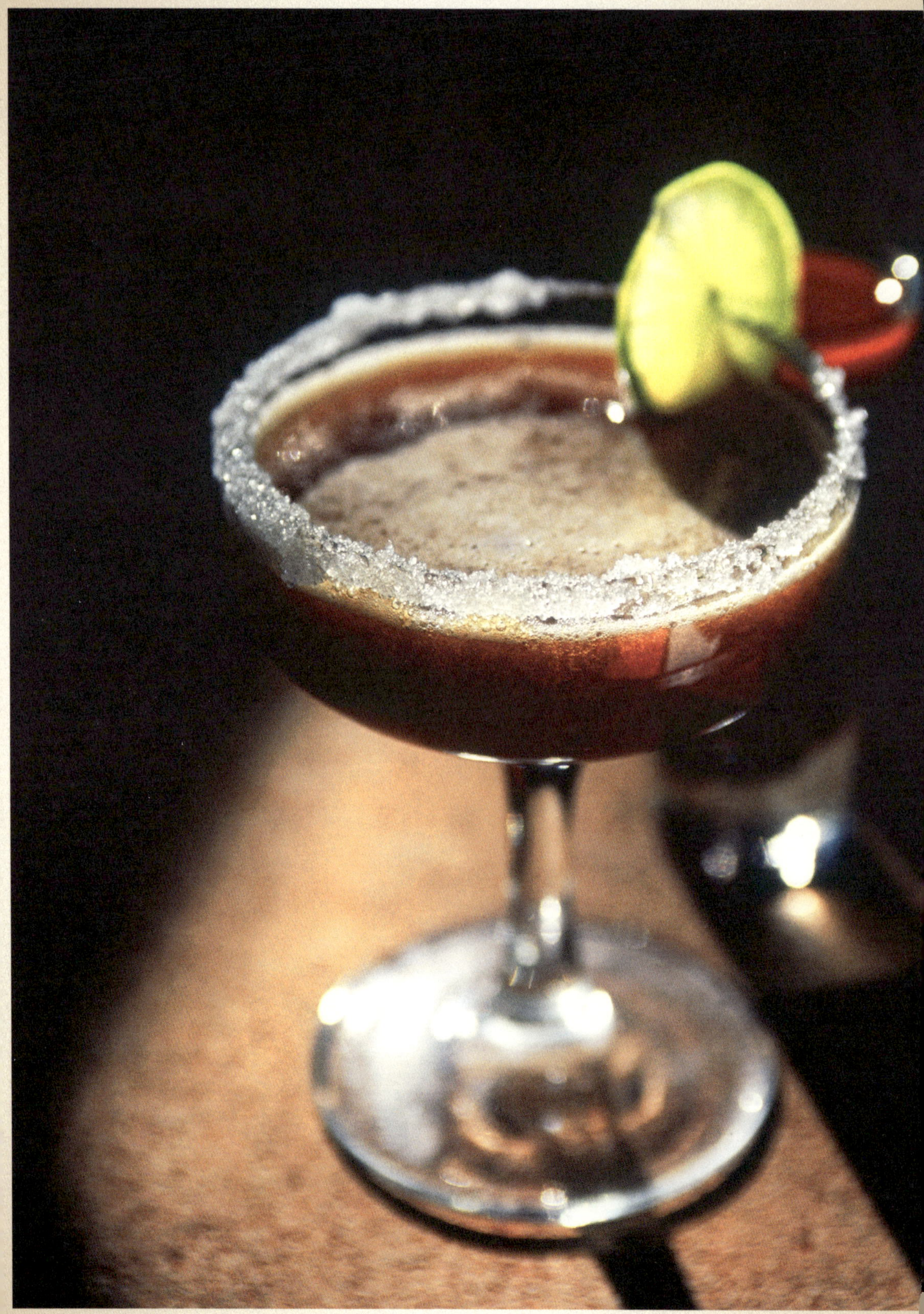

SUNSET & VENICE

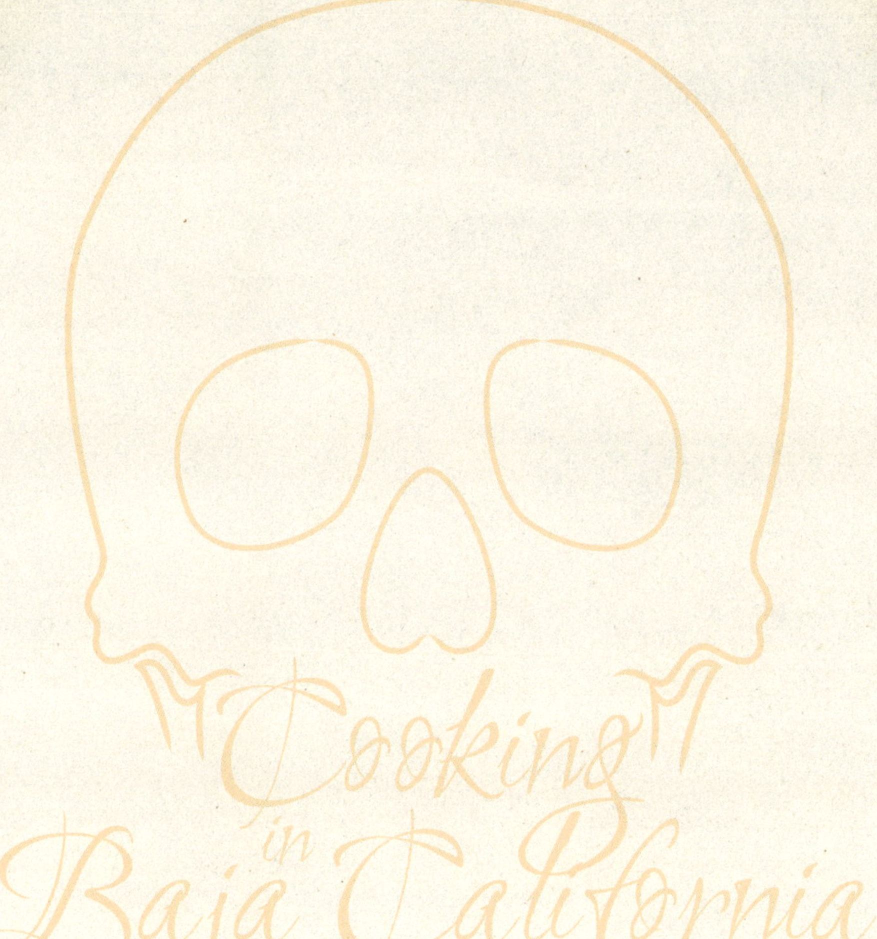

NOT FOOD FOR OLD MEN

Una aventura culinaria en México
A Culinary Adventure in Mexico

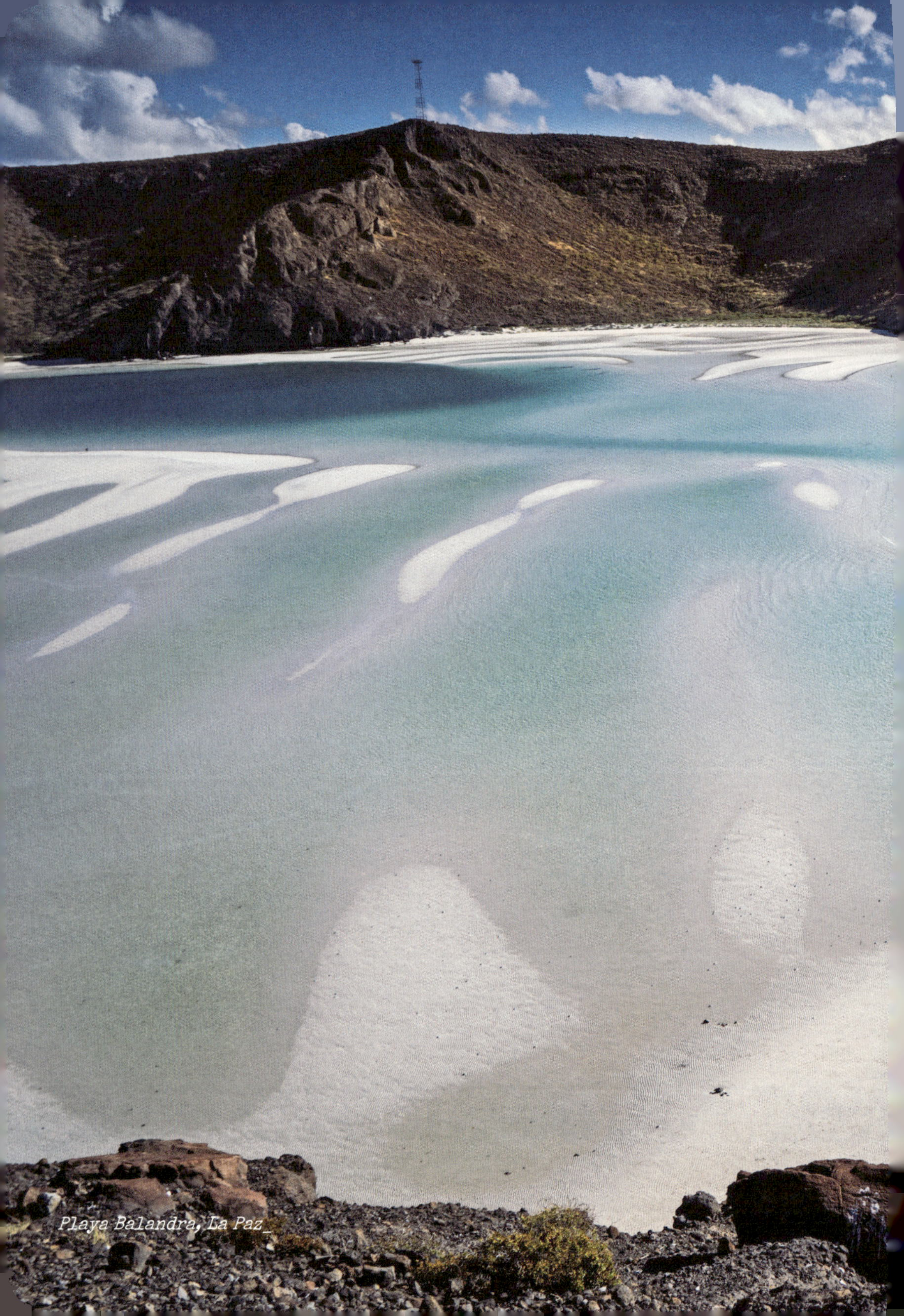
Playa Balandra, La Paz_

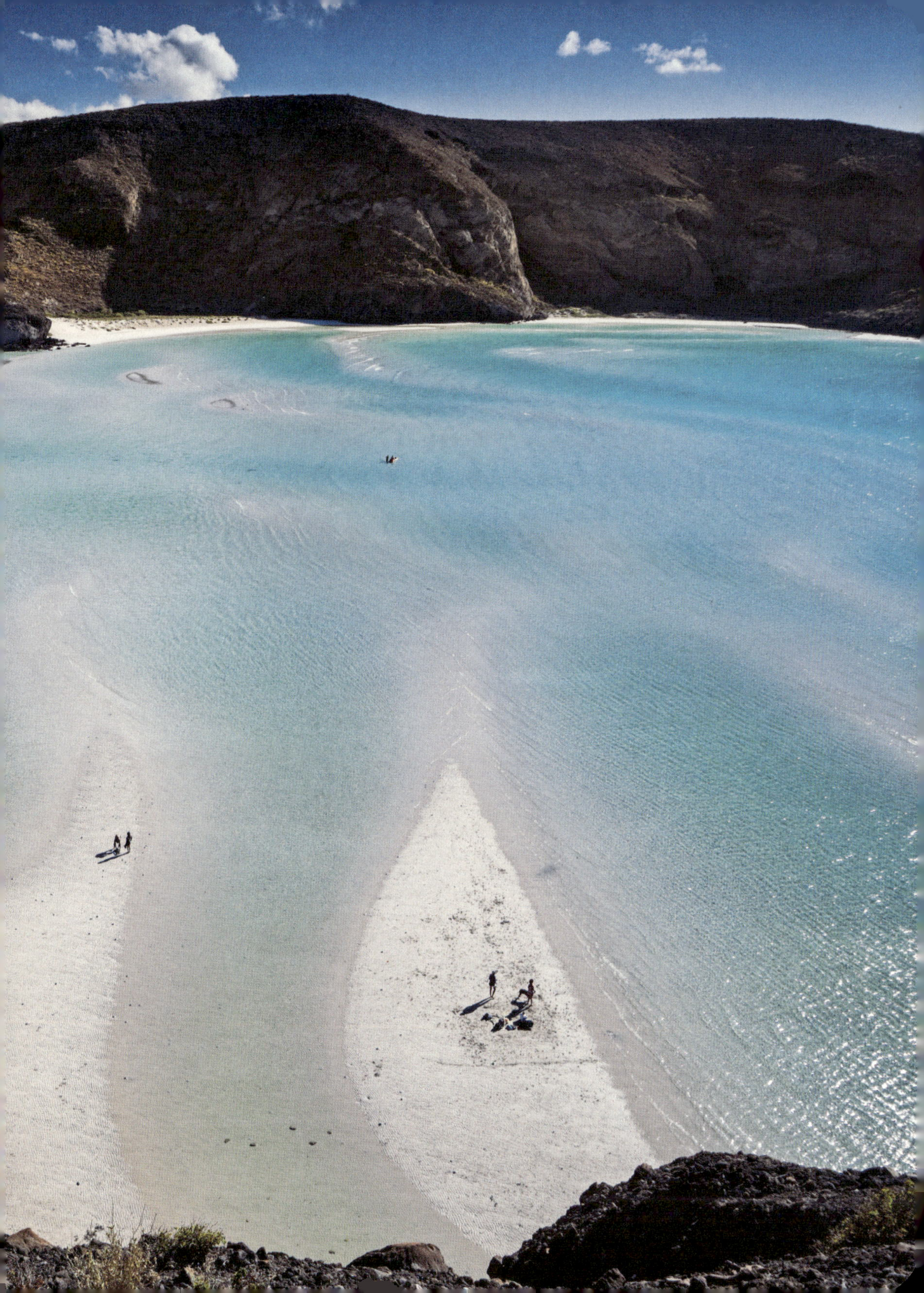

PREÁMBULO
PREAMBLE

La península de Baja California es definitivamente, un lugar de infinitas historias y aventuras, por las que muchos regresan a visitarla año con año o han decidido hacer de ella su hogar. Es conocida por sus vinos, sus misiones, sus pinturas rupestres, la riqueza de sus mares, sus caminos llenos de paisajes, los indescriptibles colores de sus atardeceres, pero realmente, ¿cuánto conocemos de su gastronomía?
El presente libro trata de una aventura culinaria por las diferentes regiones de la Baja, conociendo maravillosas personalidades de la cocina mexicana, grandiosos chefs que cuentan sus fascinantes historias. Más de una vez se nos hizo agua la boca escuchándolos, conociendo sus sazones y sus 'armas secretas' en la cocina. Fue imposible no enamorarse de sus relatos hechos recetas, de no fantasear con los aromas y los sabores de los ingredientes. Descubrimos en la Baja, un misticismo que ninguna gran ciudad o libro de historia contiene, porque en esta tierra cada historia se hace, en su clima, en su gente, en la inmensidad de sus playas y la profundidad de sus colores.

Sin duda la cocina mexicana no conoce fronteras. Resulta emocionante pensar que la panocha de gajo, la miel de piloncillo, la leche de cuajo o la machaca, puedan deleitar paladares en otros lugares. Será, sin duda, una atenta invitación a cualquier persona para conocer y redescubrir esta tierra que Hernán Cortés descubrió hace casi 500 años.

Creo que el elemento en común de estos maestros de la cocina, o mejor dicho su sazón, es el amor a lo que hacen. Ya sea en una comida personal, con amigos, clientes o inclusive en eventos muy destacados, tienen la capacidad y el talento para transmitir esa amor, esa pasión, esa alegría en cada platillo y hacer de cada uno una explosión de esos sabores_

The Baja California Peninsula is definitely a place of endless stories and adventures where many return to visit year after year and others have decided to make their home. It is known for its wines, its missions, its cave paintings, the richness of its seas, its roads with their landscapes, their indescribable sunset colors... but really, how much do we know of its cuisine?

This book is a culinary adventure through the different regions of Baja, exploring wonderful personalities of Mexican cuisine with fascinating stories told by great chefs. A few of these tales made our mouths water while listening, knowing their personal seasoning touches and their kitchen "secret weapons." It was impossible not to fall in love with their stories made into recipes, not to fantasize about the scents and flavors of the ingredients. We discovered a mysticism of Baja that no major city or history book contains, from every story that comes from this land, its climate, its people, in the vastness of its beaches and the depth of its colors, in the infinity of the sky.

Mexican cuisine undoubtedly knows no boundaries. And it is exciting to think of the molasses by slice, brown sugar honey, milk curd, the machaca (shredded beef), among others, that delight palates elsewhere. It serves as a cordial invitation to anyone to come to know and rediscover this land that Cortes discovered almost 500 years ago.

I think the common element, or rather the personal touch of seasoning, is the love of what they do. Either in a personal dinner party, with friends, clients, or even in very important events, these chefs have the ability and the talent to convey that love, that passion, that joy in each dish and make each one an explosion of these flavors with dedication to their work_

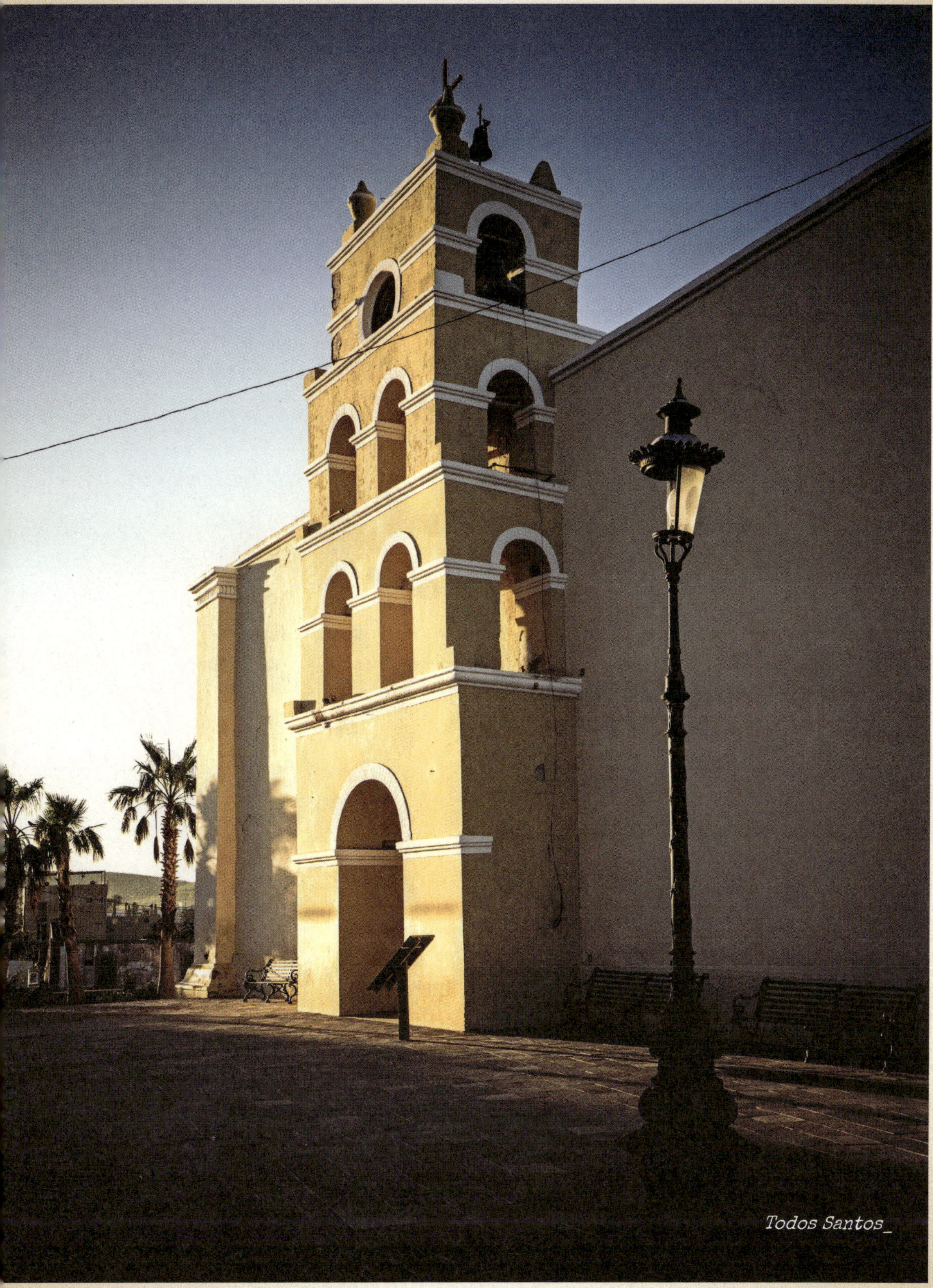

Todos Santos_

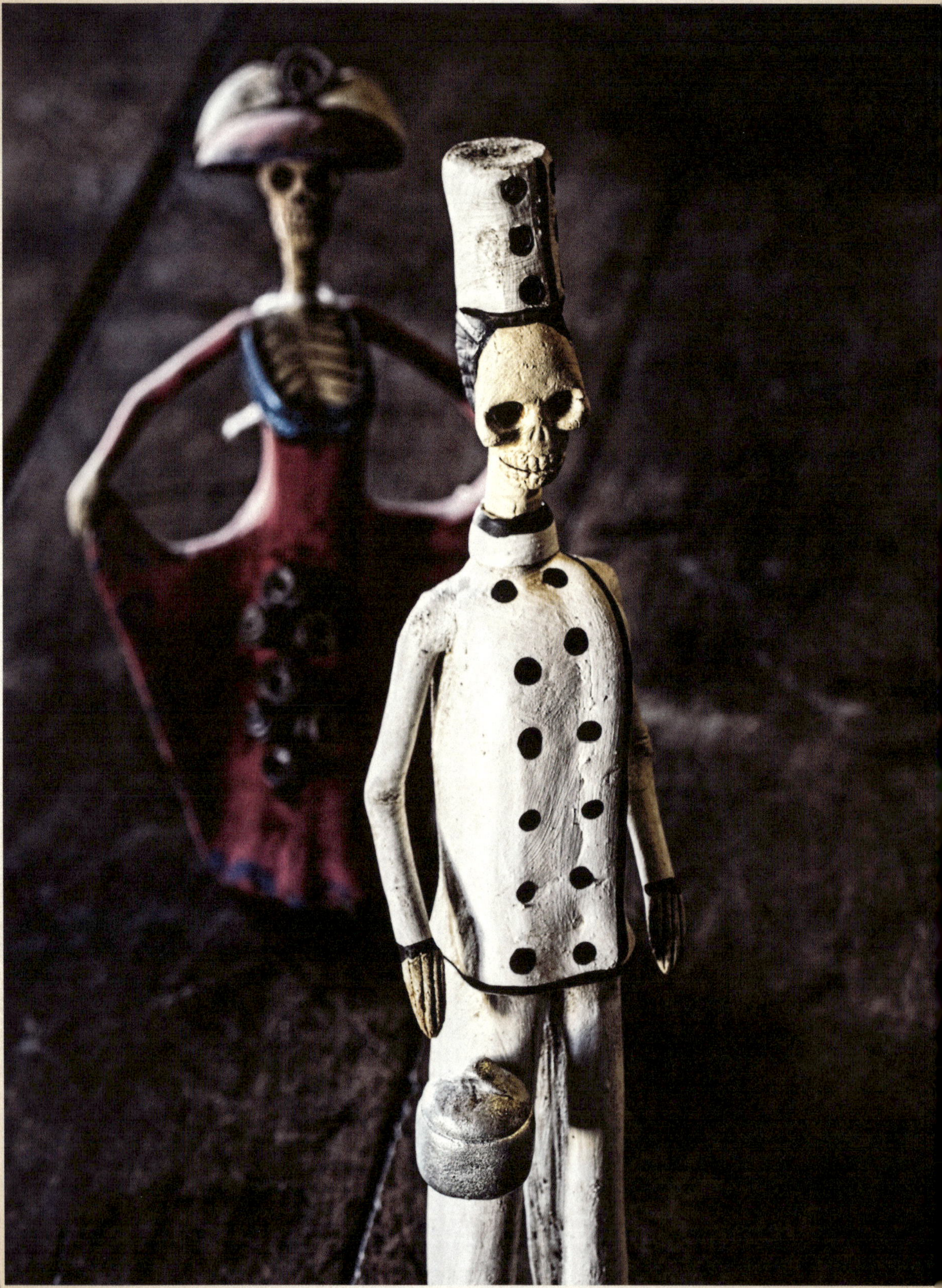

CONTENIDO
CONTENTS

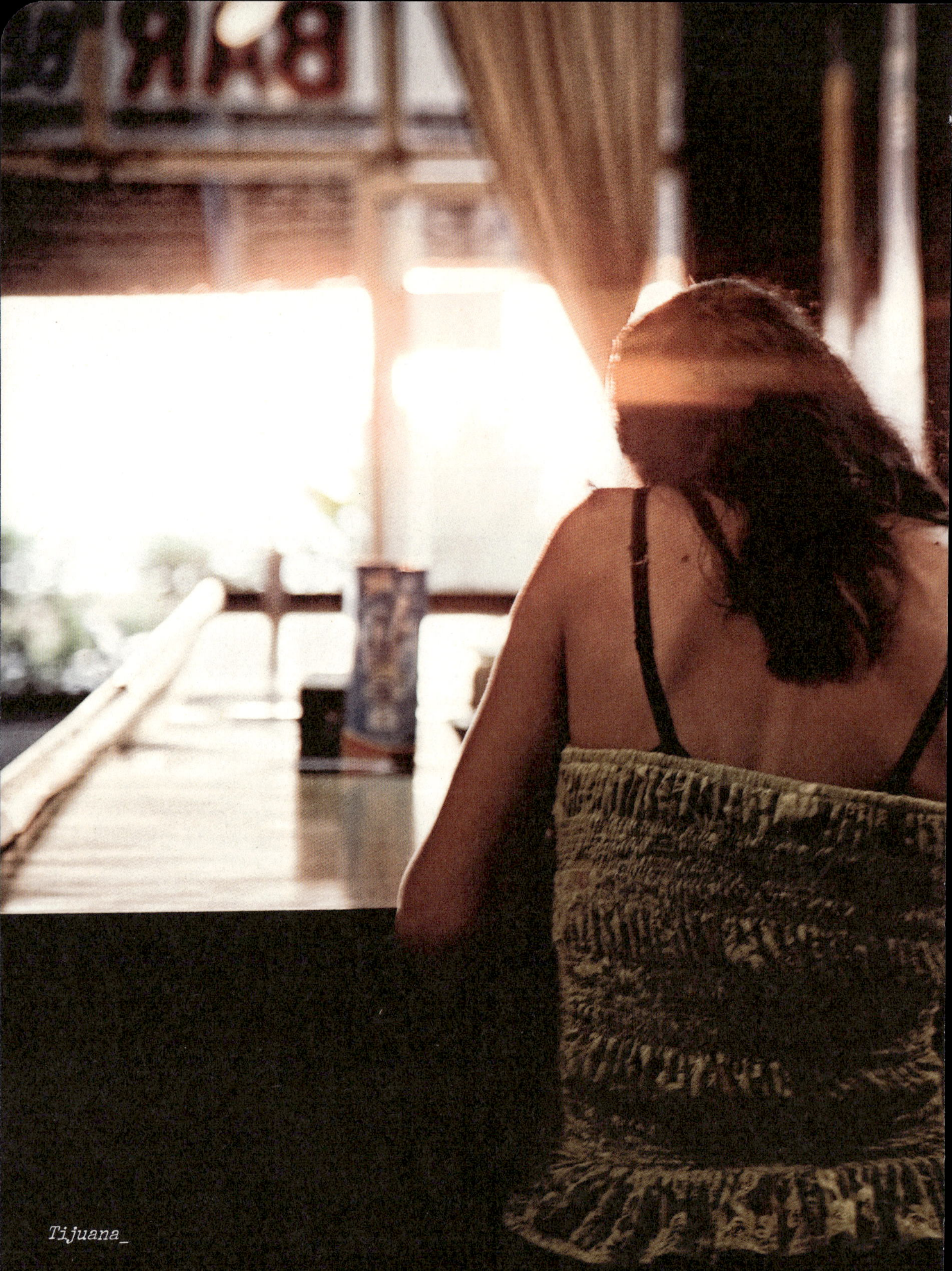

Tijuana_

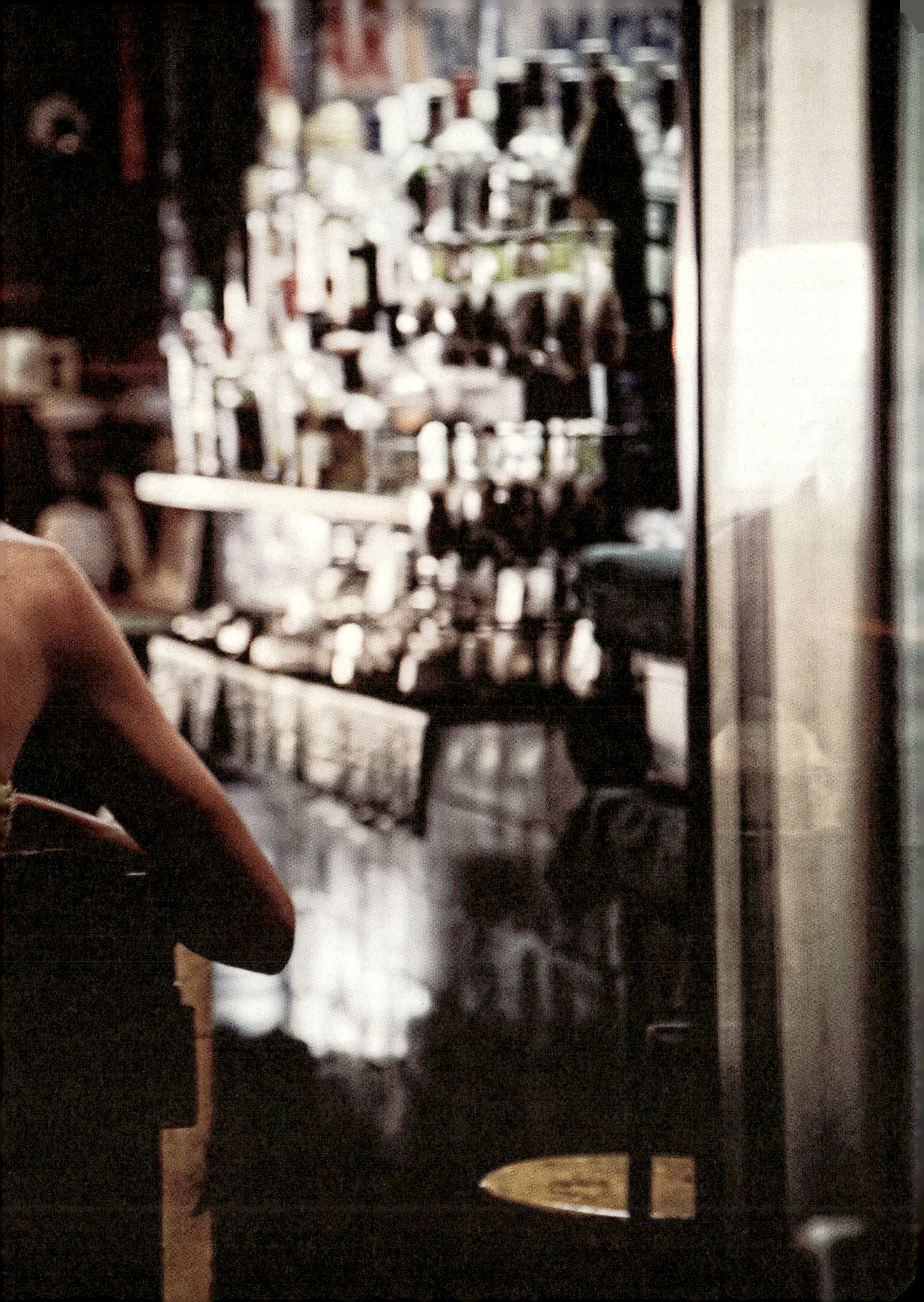

HISTORIA DE BAJA CALIFORNIA
HISTORY OF BAJA CALIFORNIA

La península de Baja California, conformada por los estados de Baja California y Baja California Sur, se localiza al noroeste de México. La característica principal de esta región son los espectaculares paisajes rocosos, bañados por el Océano Pacífico y el Mar de Cortés. Sus atractivas playas son un imán para conocedores y exploradores aventureros.

La historia de esta región inicia con la llegada de los primeros pobladores, tribus nómadas que arribaron del norte y por las rutas del Pacífico, hace más de 14 000 años. Se distinguen tres grupos principalmente: los pericúes, los guaycuras y los cochimíes.

Un tesoro escondido en Baja California son las imponentes Pinturas Rupestres, estilo Gran mural, vestigio de estos primeros pobladores. Éstas plasman desde patrones abstractos, hasta figuras humanas y animales; estas obras de arte nos hablan del mundo mágico-religioso que habitaron las poblaciones pioneras. Existe más de 320 sitios registrados, entre los que destacan: El Vallecito, Cataviña, Las pintas, Cueva pintada, Cueva del ratón, entre otros. Por lo anterior, estas manifestaciones han sido declaradas por la UNESCO como patrimonio de la humanidad.

Época de la conquista

Fortún Jiménez fue el primer europeo en pisar la península en 1533, arribando en una expedición enviada por Hernán Cortés; en ese momento se pensó que la península era una isla. Fue en 1535 en una expedición hecha por el propio Cortés que se establece la primera colonia llamada Bahía de Santa Cruz, actualmente La Paz. Posteriormente, se organizaron más expediciones, mismas que tuvieron lugar debido a la apertura comercial que hubo entre las islas Filipinas y la Nueva España.

Periodo Misional

Para el siglo XVII se encomienda a misioneros jesuitas la evangelización de la península, destacando aquí la labor del padre Eusebio Francisco Kino, quien exploró el territorio norte a pie, notando que no era una isla sino una península. A partir de entonces se comenzó a llamar Las Californias a la zona, para diferenciar a la Antigua o Baja California, al Sur, de la Nueva o Alta California, al Norte. Los jesuitas exploraron gran parte de la península, en 1696 el jesuita Juan María Salvatierra recibe autorización para el establecimiento de las misiones en California. Una vez provisto de todo lo necesario, Salvatierra parte del puerto de Yaqui hacia la California, acompañado de nueve hombres. Después de llegar al puerto de la Concepción y el Real de San Bruno y no encontrar condiciones para establecerse, se dirigieron al puerto de San Dionisio, que se convertiría en la primer misión y puesto colonial perdurable en la península de California, al que dieron el nombre de Nuestra Señora de Loreto que conserva hasta hoy.

Misión de Nuestra Señora de Loreto

Tras el exitoso establecimiento de la Misión de Loreto, el sistema misional se extendió al resto de la península. Fueron grandes e intangibles los logros de Juan María Salvatierra, quien con muy pocos recursos y en compañía de unos pocos hombres logró lo que en 150 años nadie antes que él había logrado, la colonización y cristianización del llamado "otro

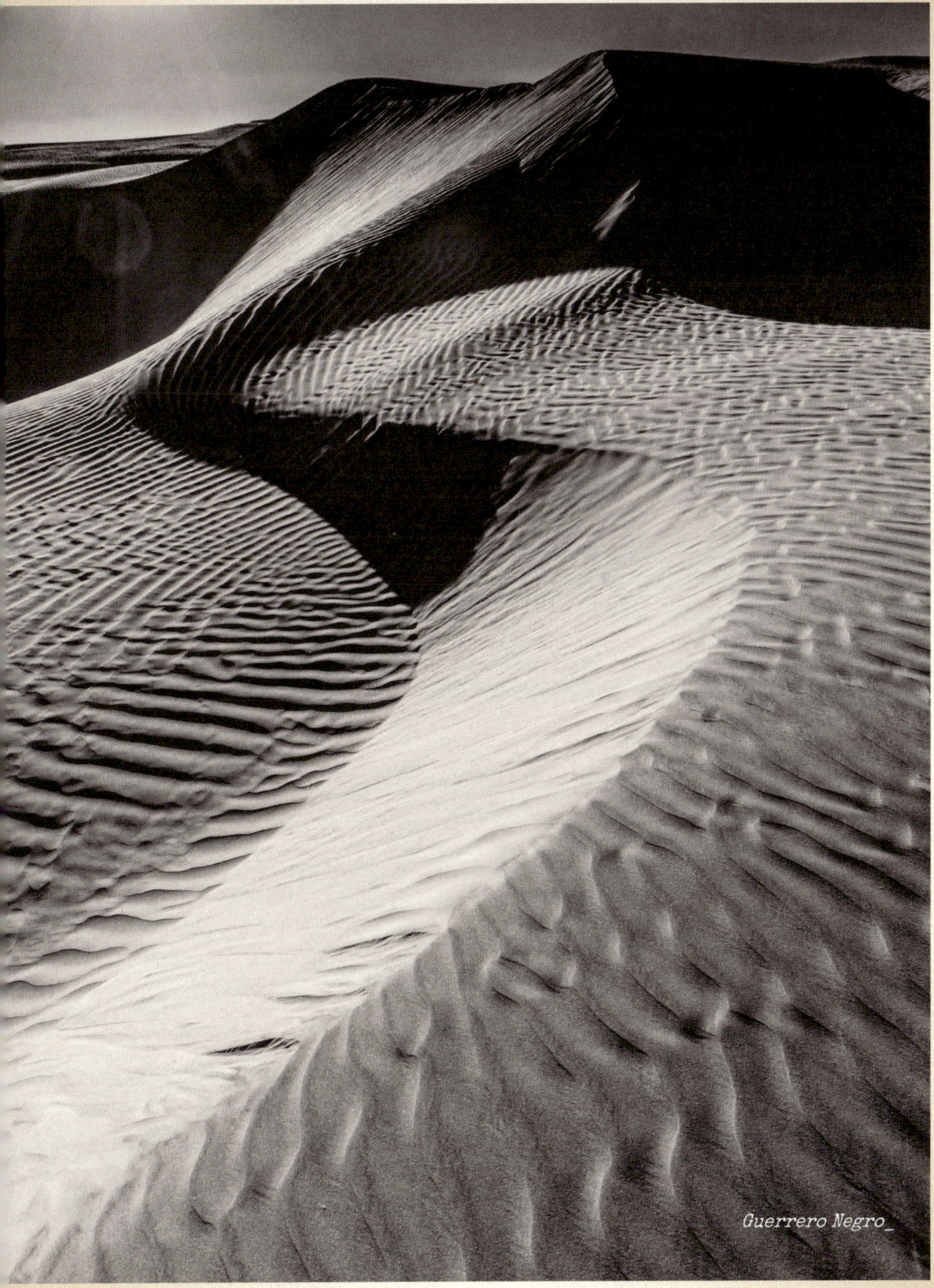
Guerrero Negro_

México", que con el paso del tiempo se convertiría en Baja California. Eventualmente Loreto se convertiría en la Capital de las Californias. Se fundaron misiones a través de todo el territorio peninsular, como: Santa Rosalía Mulegé, San Juan Malibát, San José de Comondú, La Purísima Concepción Cadegomó y en 1720 se fundaría la Misión de La Paz. Posteriormente, la de San José del Cabo en 1730, San Luis Gonzága en 1737, Santa Gertrudis en 1752 y Santa María en 1767. En febrero de 1768 llegó la orden de expulsión de los grupos jesuitas de todos los dominios españoles, pero su labor sería continuada por los franciscanos, al mando de Fray Junípero Serra y posteriormente por frailes dominicos. Durante el siglo XIX, en 1804, se separan los mandos de gobierno de la Alta y la Baja California, tomando como línea divisoria el Arroyo del Rosario que separaba las misiones dominicas de las franciscanas. A partir de 1810 varias misiones fueron dejadas como visitas o cerradas definitivamente. Actualmente, la Misión de Nuestra Señora de Loreto es una joya que permanece lista para ser visitada y apreciada.

Siglo XIX y XX

Tras consumarse la independencia de México, en 1924, la península se estableció políticamente como Territorio de la Baja California. Para 1846 con motivo de la guerra entre México y Estados Unidos, se pierden los territorios de Alta California, Arizona, Nuevo México y Texas. Luego de perder la Alta California, el territorio de la península continuó administrado como Territorio federal, dependiendo directamente del gobierno federal. En diciembre de 1930 se creó el Territorio Norte de Baja California y el Territorio Sur de Baja California. Lo anterior hasta 1952, cuando el Territorio Norte fue admitido como estado. Fue hasta el año de 1974 que el Territorio Sur fue admitido como estado también, dando nacimiento a Baja California Sur_

Baja California is a peninsula located at the northeast side of Mexico, and it is home to the Baja California and Baja California Sur states. With a dramatic rocky landscape, surrounded by the Pacific Ocean and the Sea of Cortez, it is their warm beaches that attract worldwide visitors year after year for all types of water activities, a retirement paradise, or a wonderland full of promises to the young for all types of interests and lifestyles.

Its origin dates back 14,000 years with the first residents coming from the Pacific route in nomad groups.

During pre-Hispanic times there were three primary groups: Pericues on the south, Guaycuras in the middle, and Cochimíes toward the north.

Because of this, the Baja California peninsula offers an important archeological richness, which can be found on rock walls throughout the peninsula. Much of this cultural richness can be found in its caved rocky formations where humans and gigantic animals are represented in painted ochre and black colors, occasionally white and yellow. This art shows hunting and collecting activities from those years. In total there are 320 rock wall paintings, including the most notorious examples: El Vallecito, home of the most representative figure called El Diablito (The Devil), Rancho El Milagro, Rancho La Llave, Cataviña, and Las Pintas, among others. Nowadays, those areas have been declared as World Heritage Centers by UNESCO.

Conquest Time

Hernan Cortes sent an expedition in 1533 commanded by Fortun Jimenez, who originally thought that the peninsula was an island. Afterwards, Cortes would lead an expedition in 1535, during which he would dock in what he would later call Bahia de la Santa Cruz, nowadays La Paz, where he would establish a colony. Eventually, there were some maritime expeditions given the commercial opportunity between the Philippines and New Spain—one of these involved opening the first port in Alta California in 1565. Another detailed expedition was ordered for Alta California in 1599 under the lead of Sebastian Vizcaino, which would lead to the discovery of San Diego Bay.

During the second half of the XVII century, Jesuit Eusebio Francisco Kino, also a geographer and cartographer, explored on foot the northern end of the so-called island and realized that it wasn't an island but a peninsula. From then they began calling the area California: Old would be the Baja California Sur and New or Alta California to the north.

Missionary Period

The curiosity to explore Alta California sparked the interest of the Jesuits, who devoted intense years to the establishment of the missions and were driven by Father Kino. In 1696, Jesuit Juan Maria Salvatierra got the royal authorization for the establishment of the missions of California.

Once provided with all that was necessary, and after months of preparation, Salvatierra left the Yaqui port for California, on October 10th, 1697, and was accompanied by nine men. Eusebio Kino was not there, as he had to stay to deal with critical conditions of the primary missions. After arriving to the Conception Port, and what used to be Real de San Bruno, Salvatierra did not find proper establishing conditions, so he departed to San Dionisio Port. This port would become the first mission and colonial office in the California Peninsula and would be called Nuestra Señora de Loreto—a name that is still recognized today.

Nuestra Señora de Loreto Mission

During the first days of their arrival, the missioners lifted a tent that worked as a chapel, on which they placed a wooden cross. On October 25th, they made a solemn procession with the image of Nuestra Señora de Loreto proclaiming this land as Spanish. With the Nuestra Señora de Loreto mission, the rest of the missions followed throughout the Peninsula that later would be called Camino Real.

Historically, the accomplishments of Juan Maria de Salvatierra were somewhat incredible; with little resources and few men he had accomplished things no one in the past 150 years had done: the colonization and christening of the "other Mexico." This "other Mexico" would later become Baja California. With the foundation of the Loreto Mission by the Sea of Cortes, there were others that followed; many did not prosper and others became cities. Eventually, Loreto would become the capital of the Californias.

The other missions that were founded were the Santa Rosalia Mulegé, San Juan Malibat and San José de Comondú, La Purísima Concepción Cadegomó Mission, and in 1720, after an icy start with the native residents, the Mission de La Paz was founded. That same year to the south the Santiago Mission was established, San José del Cabo in 1730, San Luis Gonzaga in 1737, Santa Gertrudis in 1752, and Santa Maria in 1767.

The Jesuits missioners worked peacefully for seven decades in the Baja California Peninsula, until in 1768 there was an extradition order of all Dominican Spaniards by Carlos III. Their work would be carried out by the Franciscans, under the command of Fray Junipero Serra and Dominican monks.

In 1804, the political commands of Alta and Baja California were split, with the dividing line as Arroyo del Rosario to separate the Dominican and Franciscan missions. After 1810, several missions were left as small towns or closed completely. Nonetheless, to this day, the Nuestra Señora de Loreto Mission is the jewel of them all in the entire Peninsula. The reactivation of the economy and the construction of new infrastructure in Baja California Sur has rebounded to the benefit of that mission, a very different existence from the historical years of shortcomings. In 1992, the town of Loreto, long ago the capital of Las Californias, was declared a municipality.

XIX & XX Centuries

After the Independence of Mexico, and with the Constitution proclamation in 1924, Baja California and Baja California states were founded in the Baja California territory.

In 1846, due to the war between Mexico and the United States, there was an invasion in the Californias—a fight that forced Mexico to negotiate a peace treaty or continue the war. After consulting their congress, Mexico had to sign the Guadalupe Hidalgo Treaty on February 2nd, 1848, losing more than half of its territory, including Alta California, Arizona, Nuevo Mexico, and Texas.

After losing Alta California, the peninsula territory continued to be run as a Federal Territory—a dependent of the federal government.

In 1853, the American government tried to negotiate the purchase of the Mexican territory above parallel 25° North, which the Mexican government declined. The American government opted to negotiate the frontier line at the Mesilla valley to its favor. After new negotiations they decided to negotiate only the sale of Mesilla, and Mexico once again was able to maintain Baja California.

On October 30th, 1930, the Union Congress and the state legislatures approved the Constitution reform on which they created the Territory of Baja California Norte and the Territory of Baja California Sur. On January 16th, 1952, Baja California Norte was admitted as the 28th state of Mexico. Lastly, on October 8th, 1974, after being a national territory for over 150 years, Baja California Sur was admitted as the 30th state_

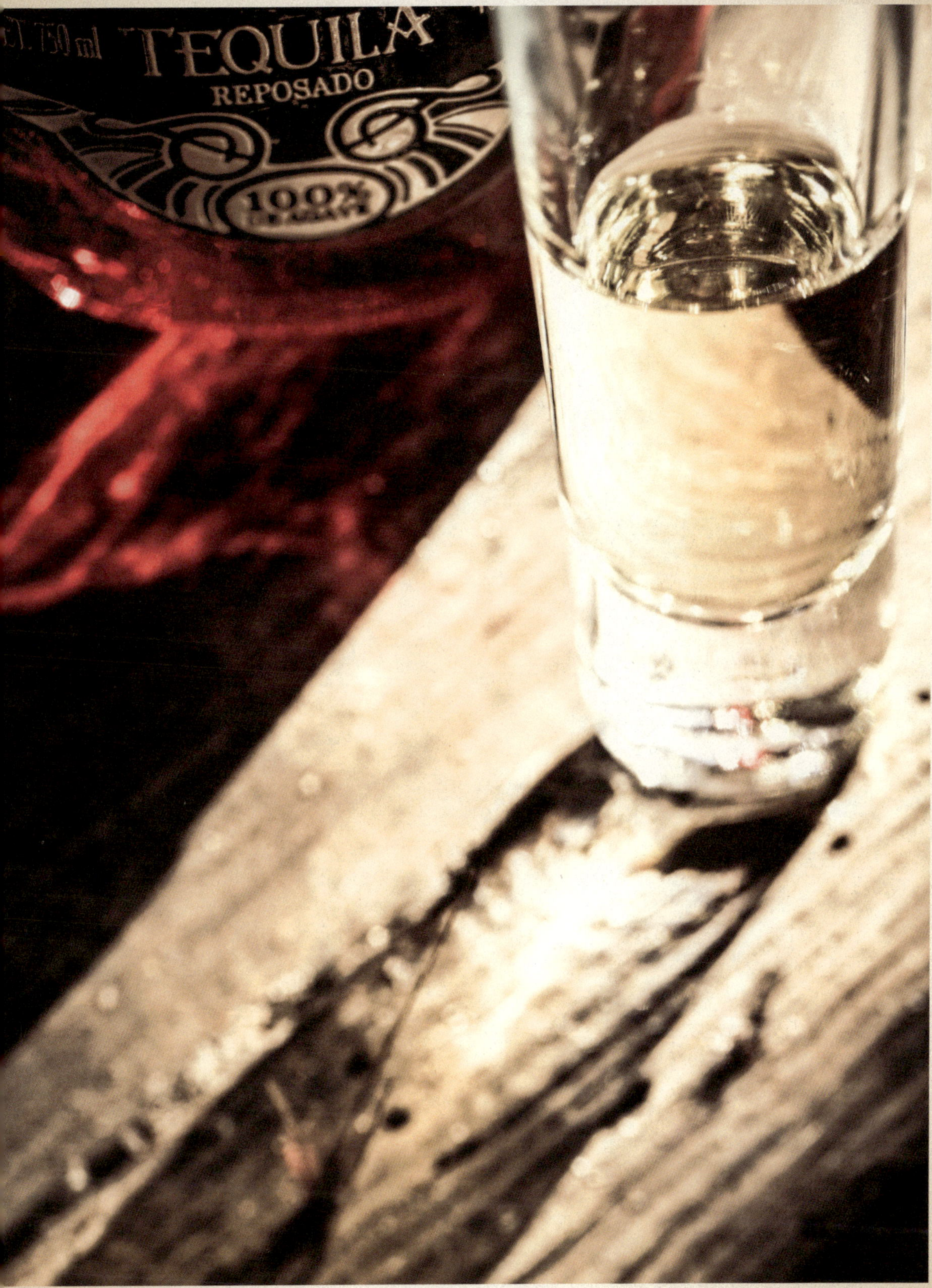
TEQUILA
REPOSADO
100%

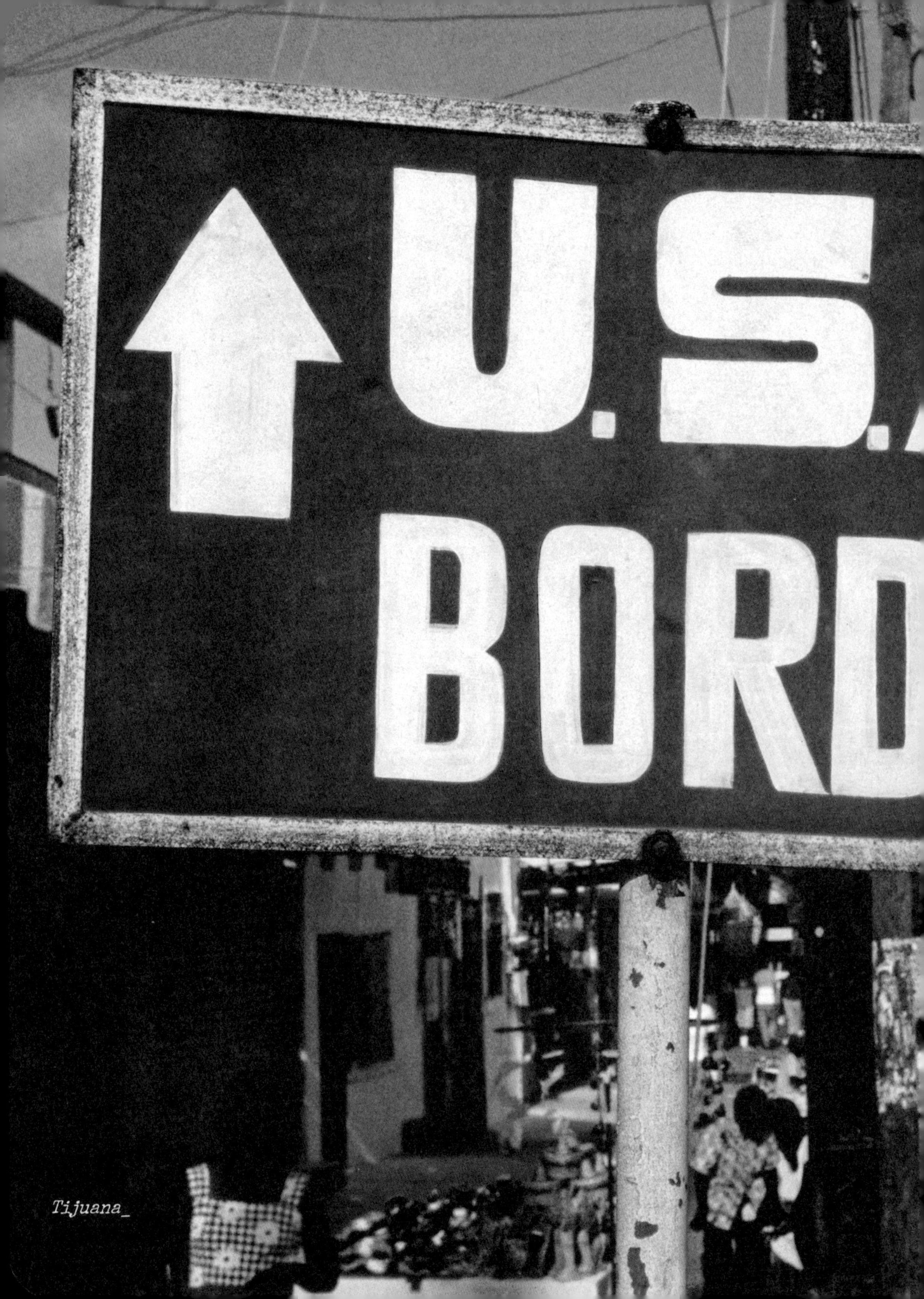

*Tijuana_*

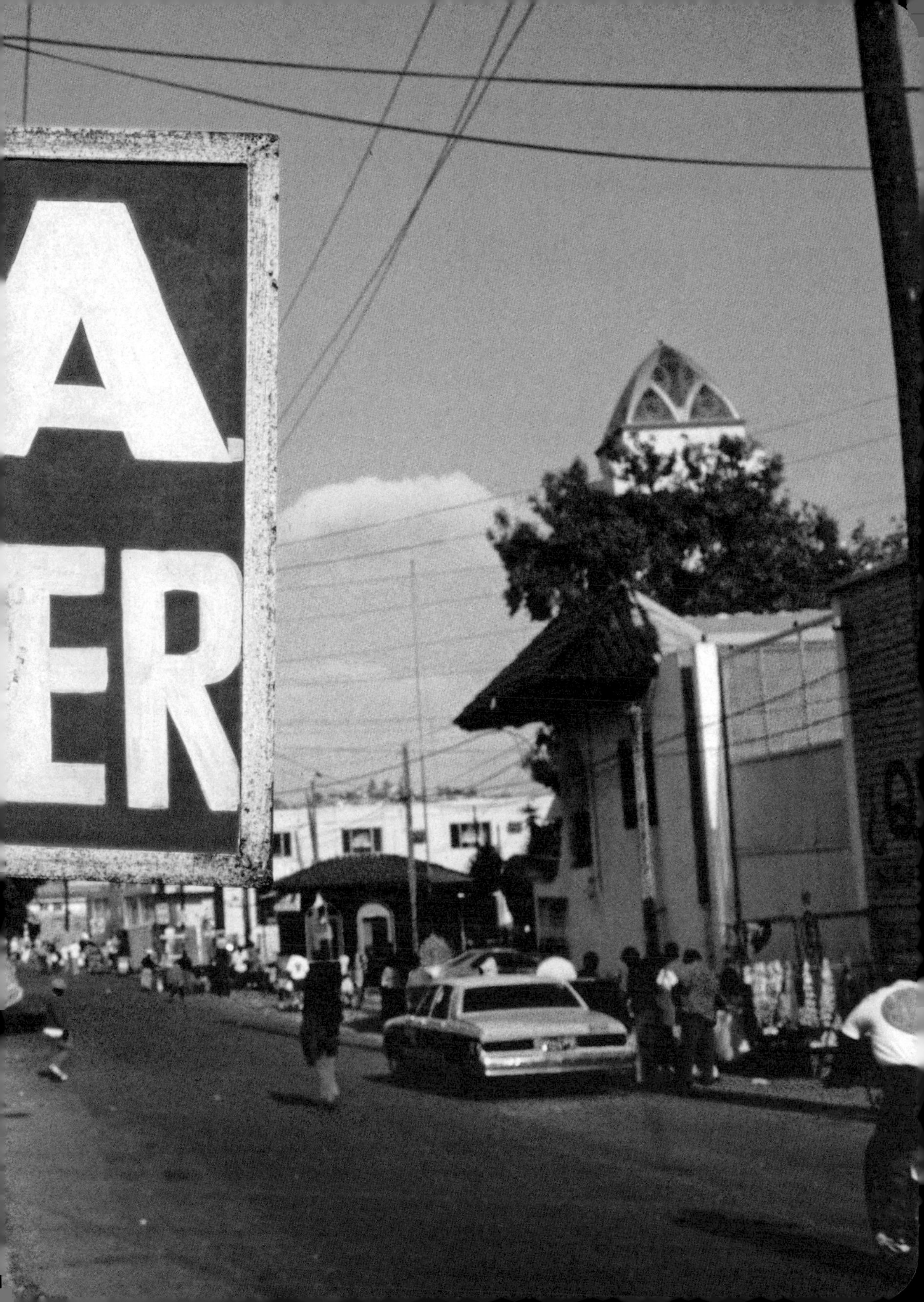
A.
ER

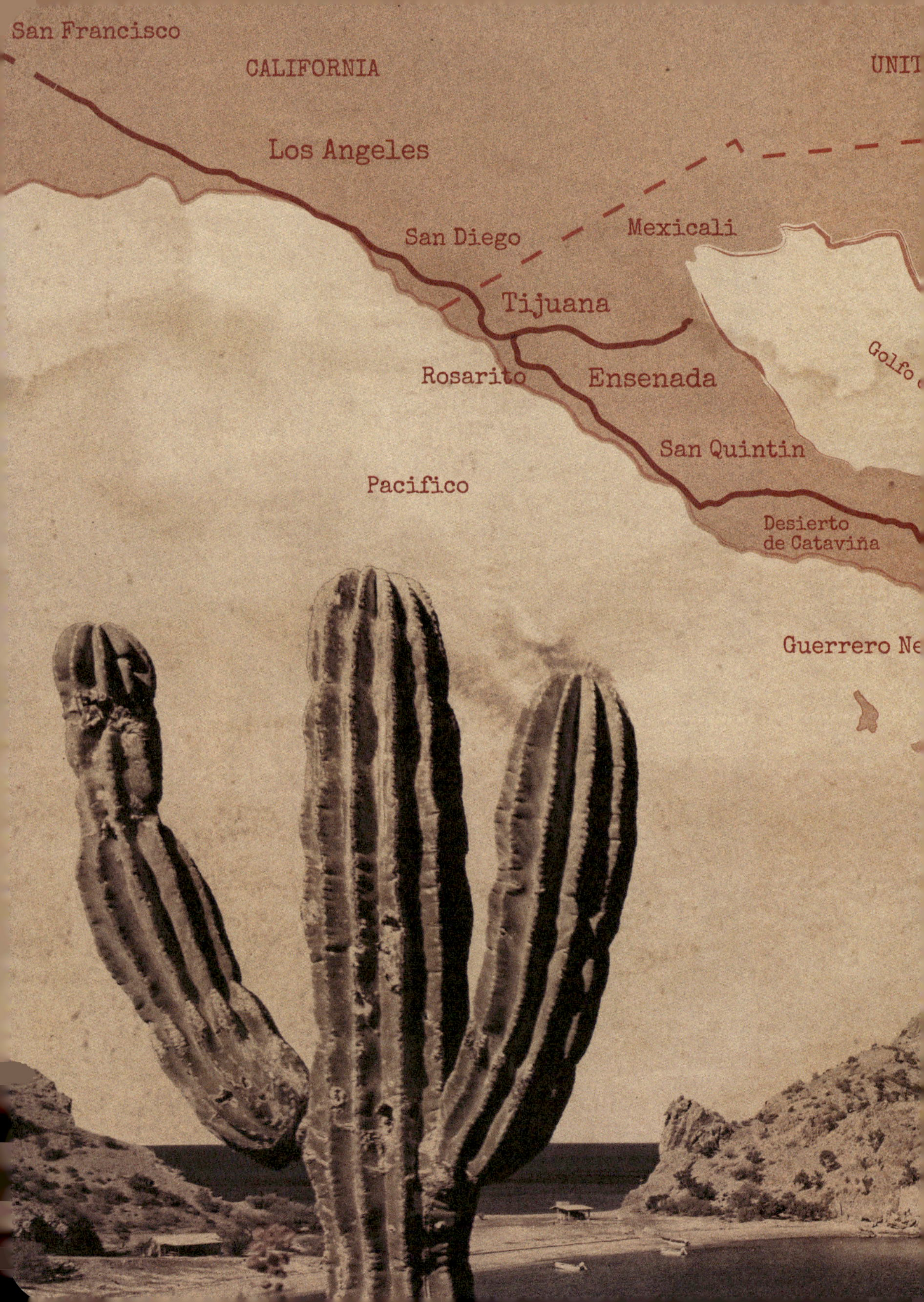
San Francisco
CALIFORNIA
UNIT
Los Angeles
San Diego
Mexicali
Tijuana
Golfo
Rosarito
Ensenada
San Quintin
Pacifico
Desierto
de Cataviña
Guerrero Ne

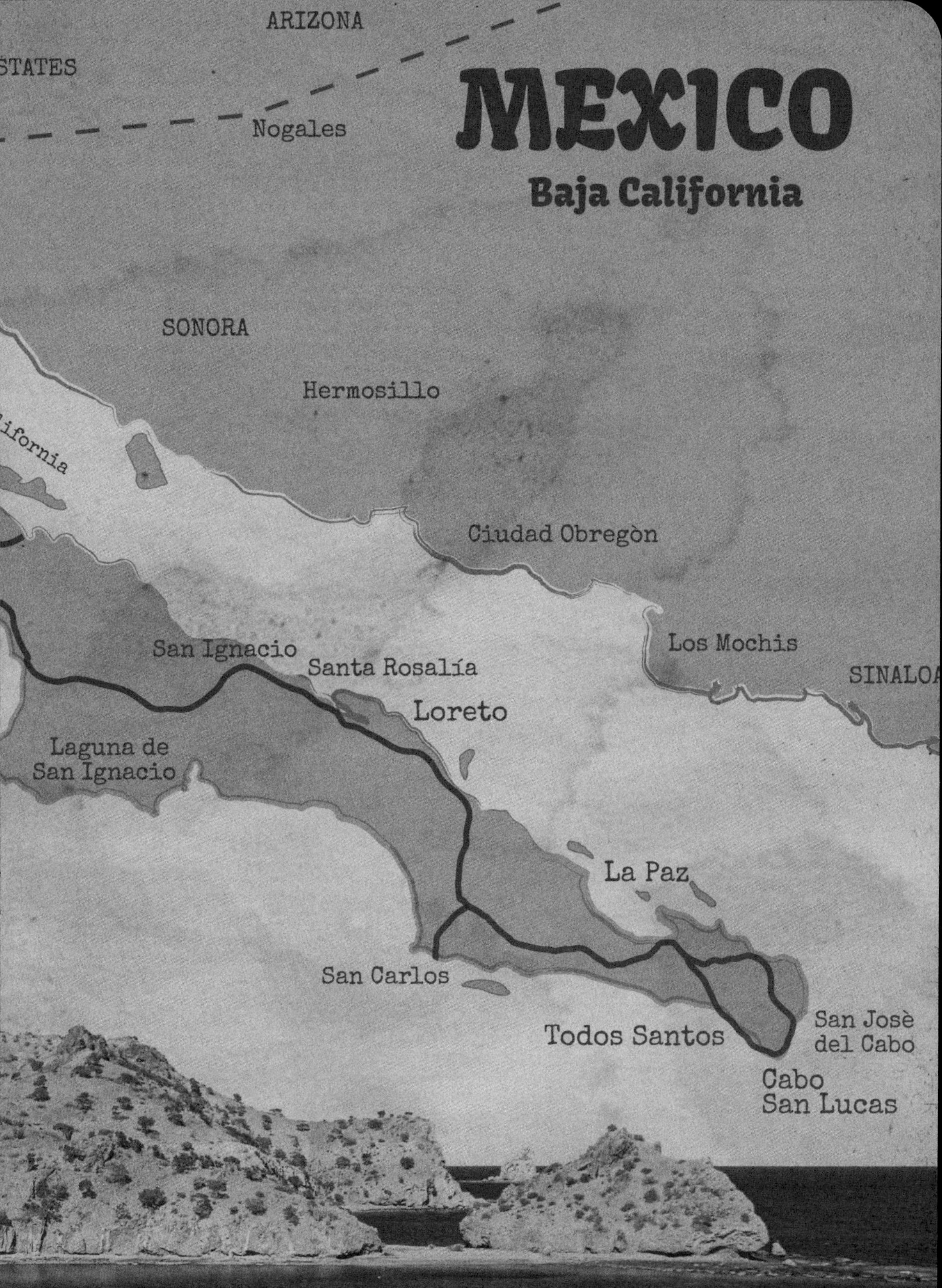
MEXICO
Baja California
ARIZONA
STATES
Nogales
SONORA
Hermosillo
Ciudad Obregòn
Los Mochis
San Ignacio
Santa Rosalía
Loreto
Laguna de
San Ignacio
La Paz
San Carlos
Todos Santos
San Josè
del Cabo
Cabo
San Lucas

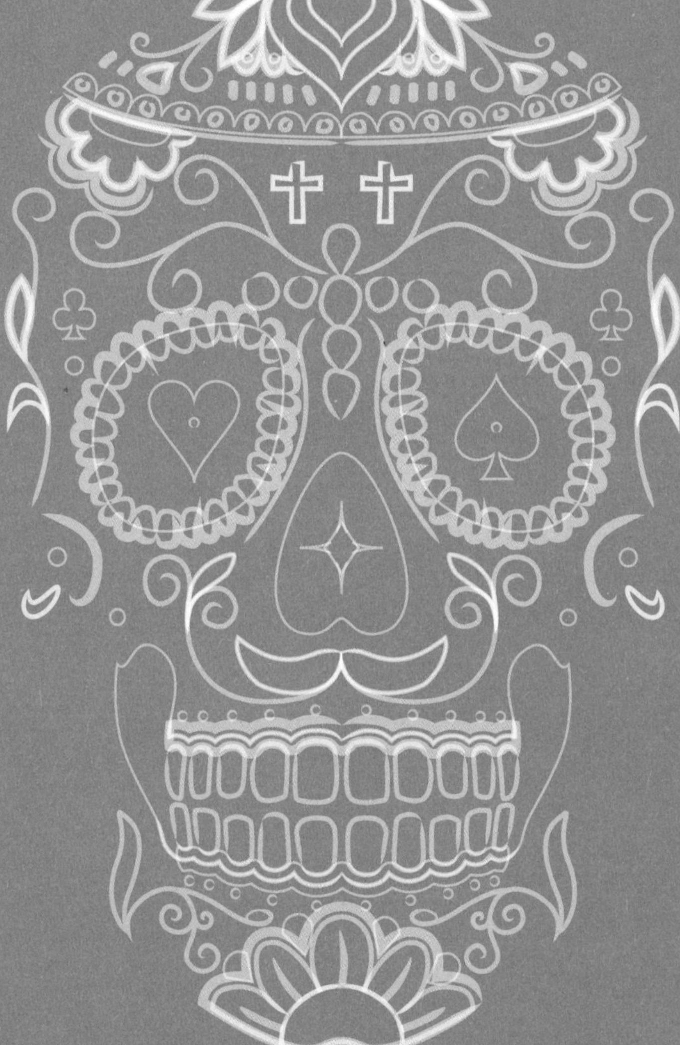

APERITIVOS, SALSA Y MOLE
SNACKS, SALSA, AND MOLE

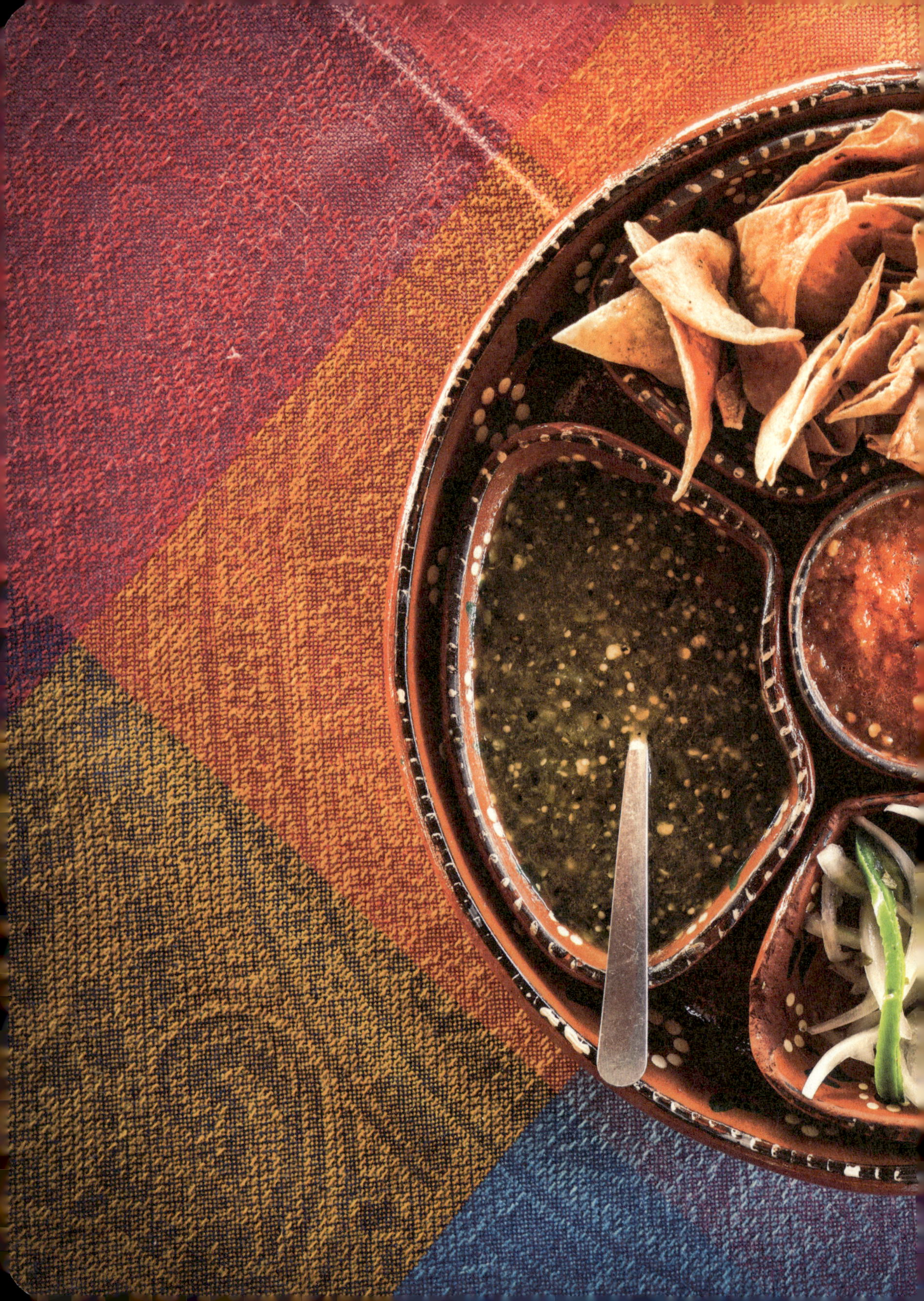

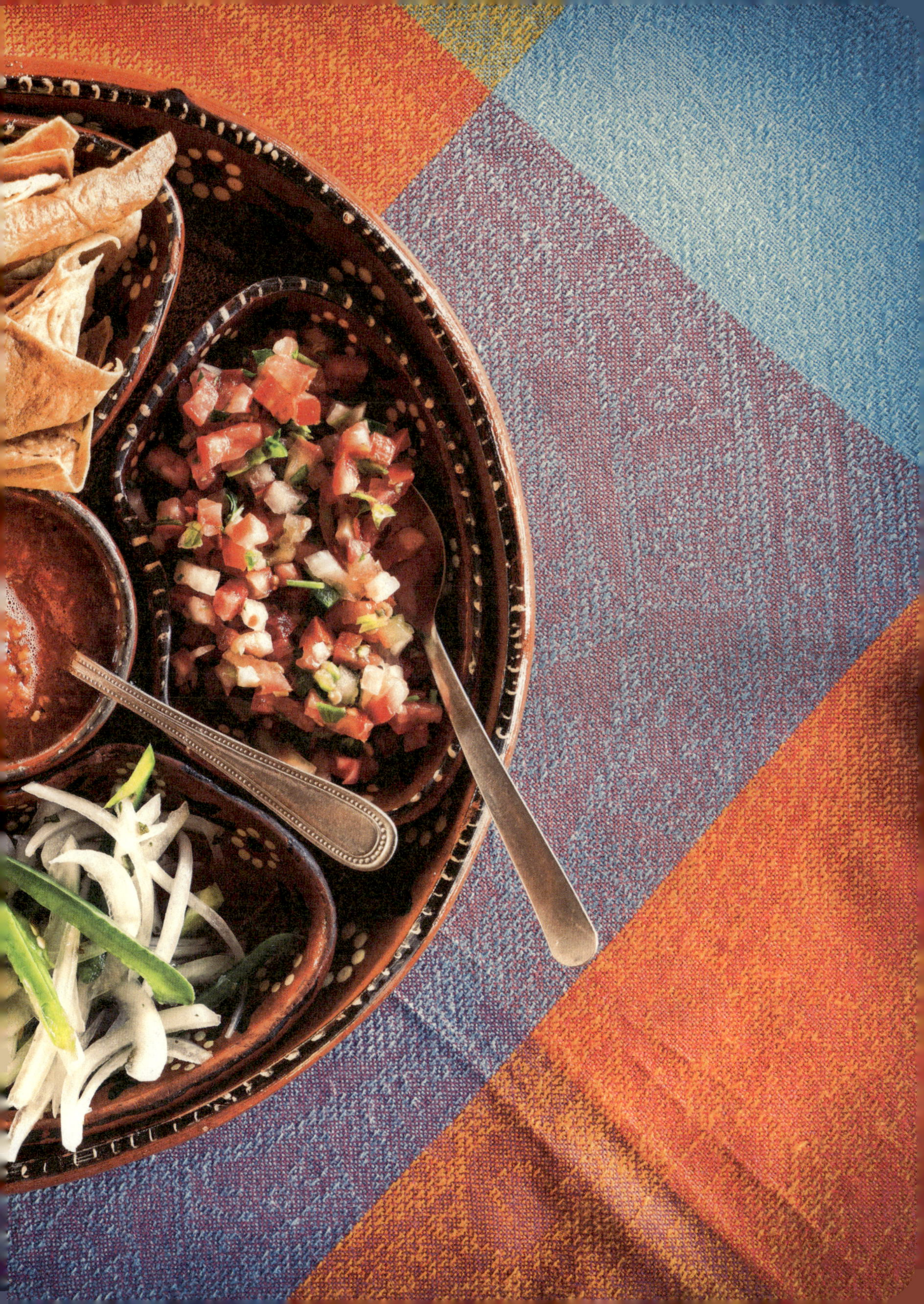

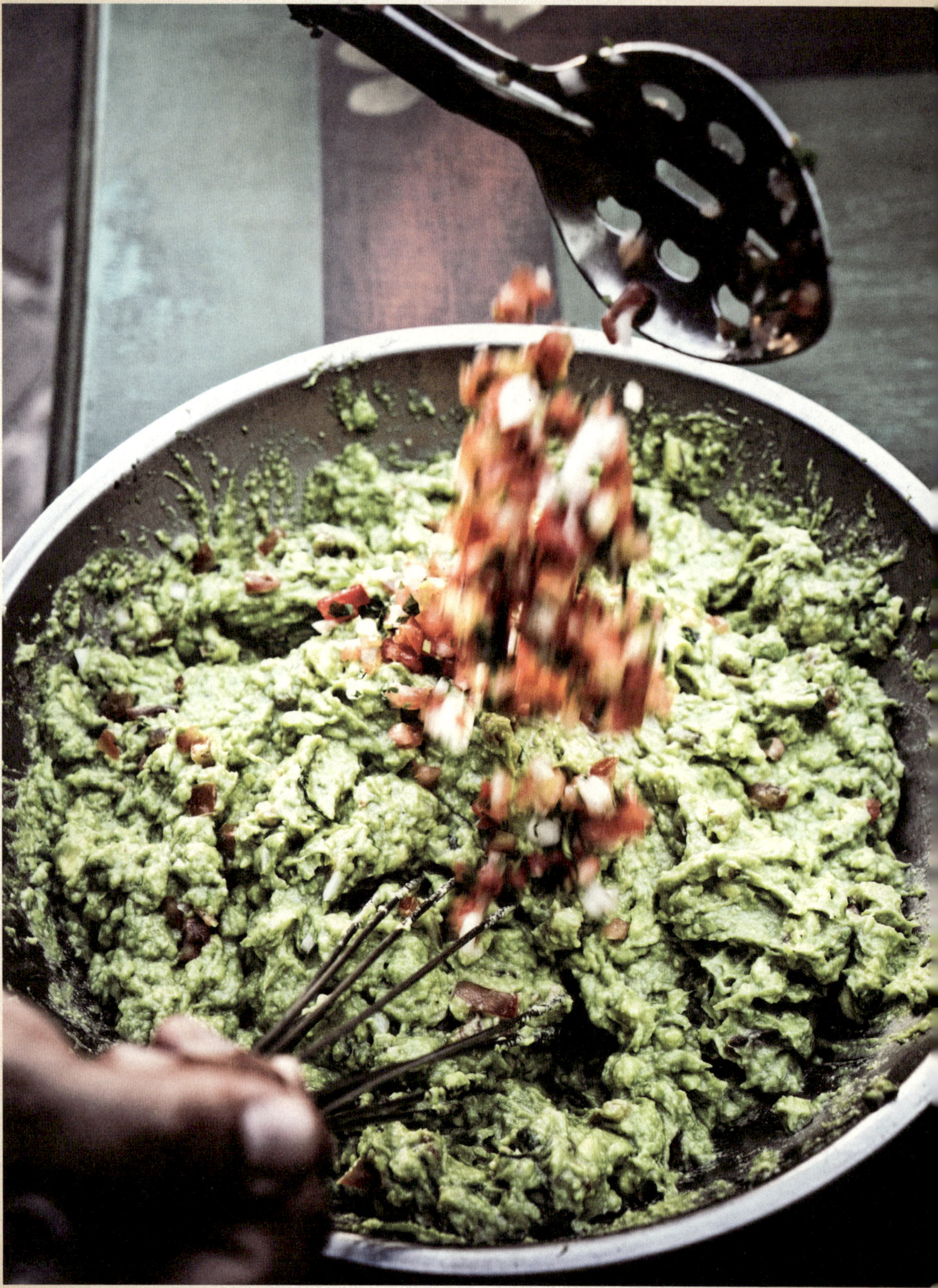

GUACAMOLE
GUACAMOLE

1. Sacar la pulpa de los aguacates y machacar en un tazón, mezclarlos al mismo tiempo con parte de la cebolla y parte del chile, jugo de limón y aceite. Añadir sal al gusto.

2. Mezclar el resto de la verdura para hacer una salsa "pico de gallo" que complemente todo al final_

1. Take out the pulp of the avocados and mash them in a bowl with some of the onion, some chile, and some lemon juice and the olive oil. Adjust seasoning.

2. With the rest of the vegetables make a (chopped) pico de gallo salsa to complement at the end_

Ingredientes 4 personas:

2 aguacates
2 cucharadas de cebolla blanca picada
4 cucharadas de jitomate bola picado
1 chile serrano picado
4 cucharadas de cilantro picado
4 cucharadas de aceite de canola
Sal al gusto
Jugo de limón

Ingredients:

2 Hass avocados
2 tbsp of chopped white onion
4 tbsp of tomatoes
1 seeded, chopped serrano chile
4 tbsp of chopped cilantro leaves
4 tbsp of canola oil
Salt to taste
Lemon juice

CEVICHE A LA MENTA
MINT CEVICHE

1. Cortar el filete de pescado en cubos pequeños y poner en un tazón.

2. Exprimir los limones y colar el jugo.

3. Licuar el jugo de limón, menta, vinagre de arroz y el chile. Agregar al pescado picado y dejar marinar por 15 minutos; servir con tostadas o totopos_

1. Dice the fish in small, quarter-inch pieces and set aside.

2. Juice the lemons, and put into a blender with the mint, white rice vinegar, and chiles.

3. Pour over fish and marinate for at least 15 minutes. Serve with tostadas or chips_

Ingredientes 4 personas:

400 g de filete de pescado blanco (Cabrilla)
8 Limones
60 ml de vinagre de arroz
50 g de hojas de menta
2 Chiles serranos
Sal
1 Pimiento rostizado

Ingredients:

14 oz white fish fillets (grouper fish)
8 lemons
1/4 cup rice vinegar
1/4 cup mint leaves
2 serrano chiles
Salt & pepper to taste

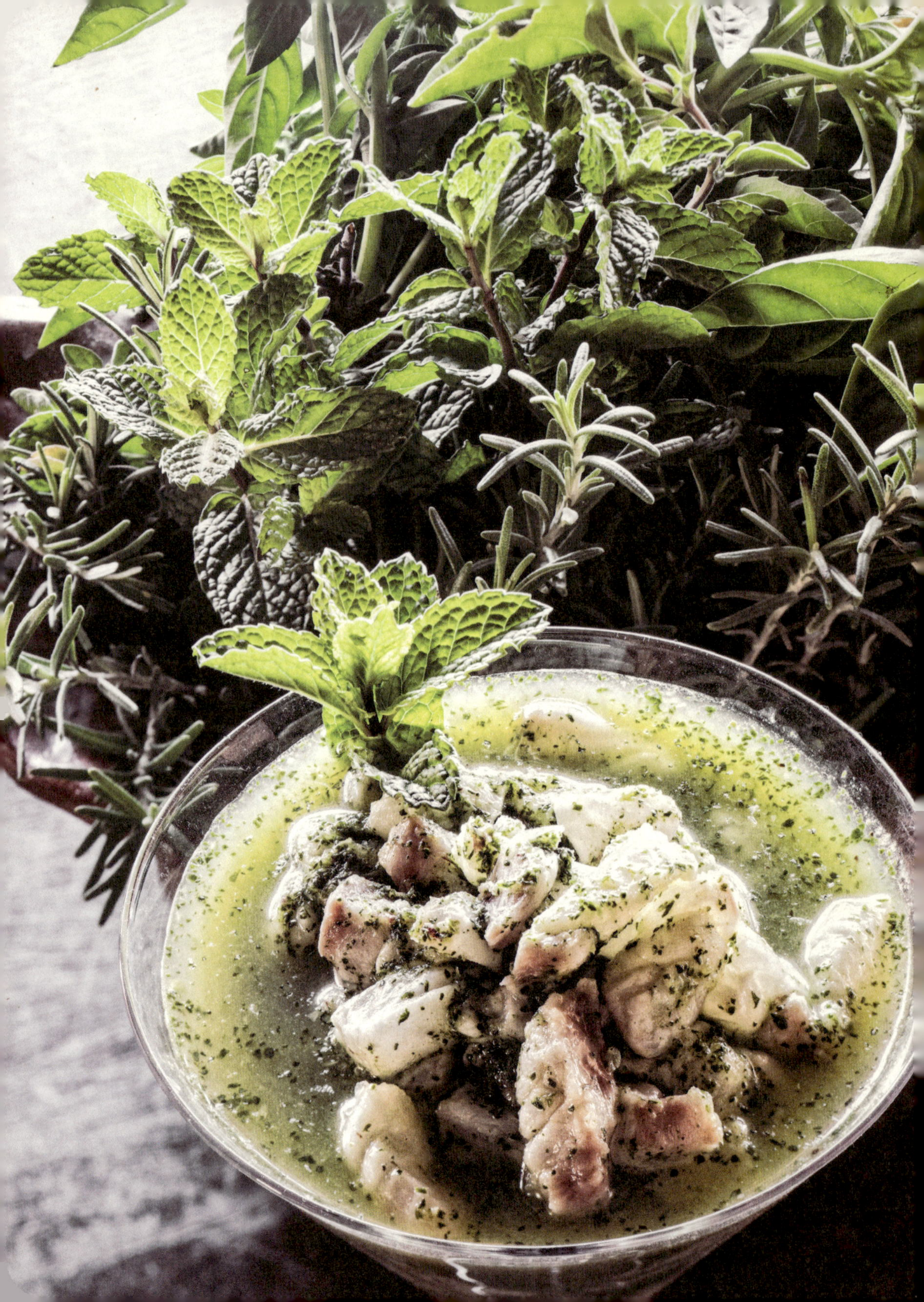

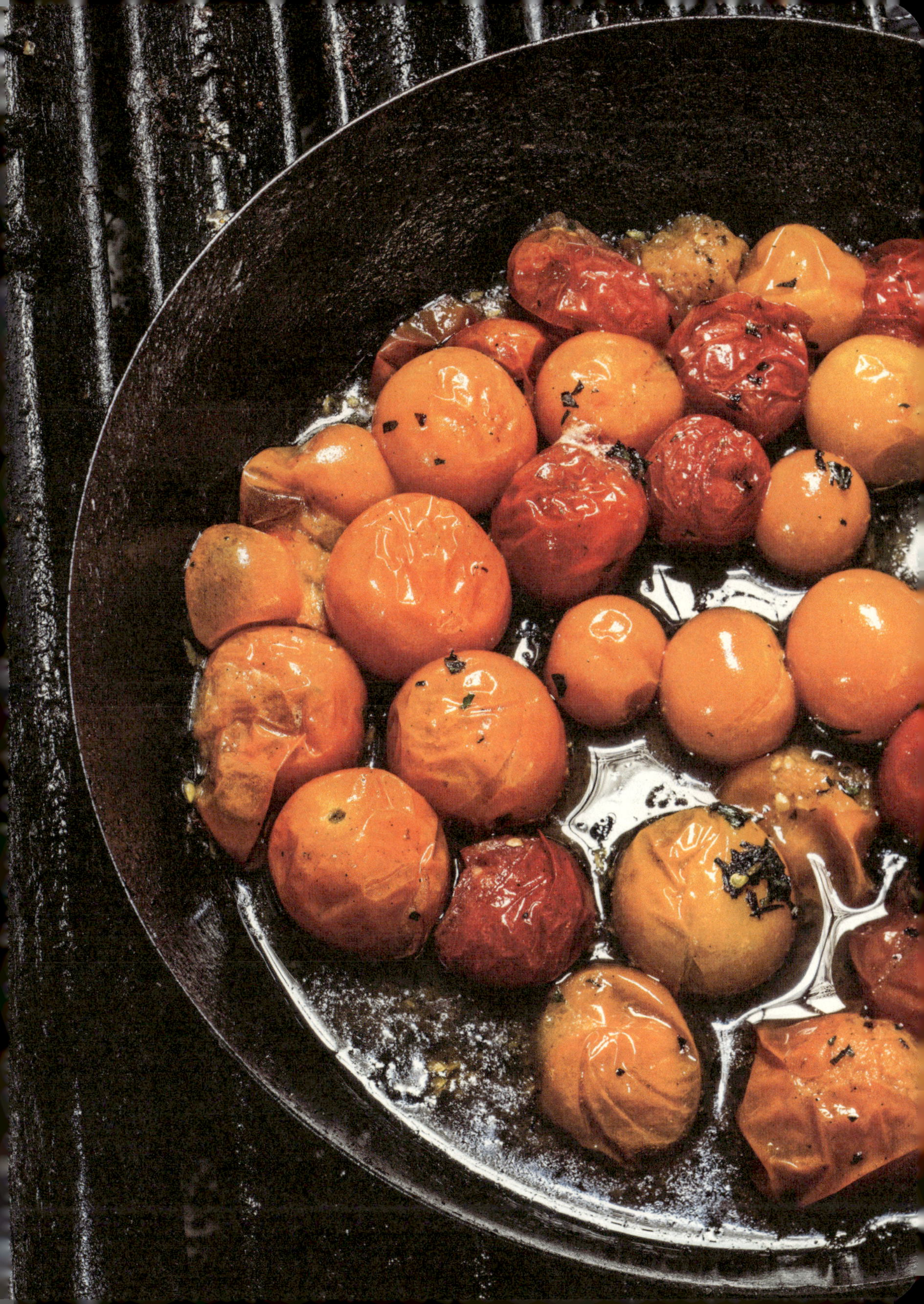

JITOMATE CONFITADO
TOMATO CONFIT

1. Lavar los tomates y colocar en una charola para hornear. Barnizar con una brocha utilizando el aceite de hierbas y de Olivo.

2. Agregar el ajo, la sal y la pimienta rostizada. Hornear a una temperatura de 180° C por 20 minutos o hasta que los tomates estén bien horneados_

—•—

1. Wash tomatoes and place on a baking sheet. Brush oils over tomatoes.

2. Add the garlic, roasted salt, and pepper. Bake at 275° F for 20 minutes or until tomatoes are well baked_

—•—

Ingredientes:

1 kg de tomates cherry mixtos
3 dientes de ajo picados finamente
30 ml de aceite Olivo
30 ml de aceite de hierbas
Sal rostizada
Pimienta rostizada

Ingredientes:

2.2 lb mixed cherry tomatoes
3 garlic cloves finely chopped
1 oz olive oil
1 oz of oil with herbs
Salt
Pepper

CHILES TOREADOS
CHILES TOREADOS

1. Los chiles serranos se pican con un tenedor para hacerles hoyos y que no exploten en el aceite. Se fríen en aceite de oliva.

2. Se retiran del fuego y se colocan en un recipiente con suficiente salsa de soya, limón y pimienta negra, que cubra los chiles_

—•—

1. With a fork flatten the chiles; sauté them in a pan with olive oil. Remove from heat and reserve.

2. In a bowl mix the soy sauce, lemon, and black pepper. Pour over the chiles and serve_

—•—

Ingredientes:

12 Chiles serranos
3 cucharadas salsa de soya
60 ml de limón
Pimienta negra
Aceite de oliva para freír

Ingredients:

12 serrano chiles
3 tbsp soy sauce
1 oz lemon juice
Pepper
Olive oil

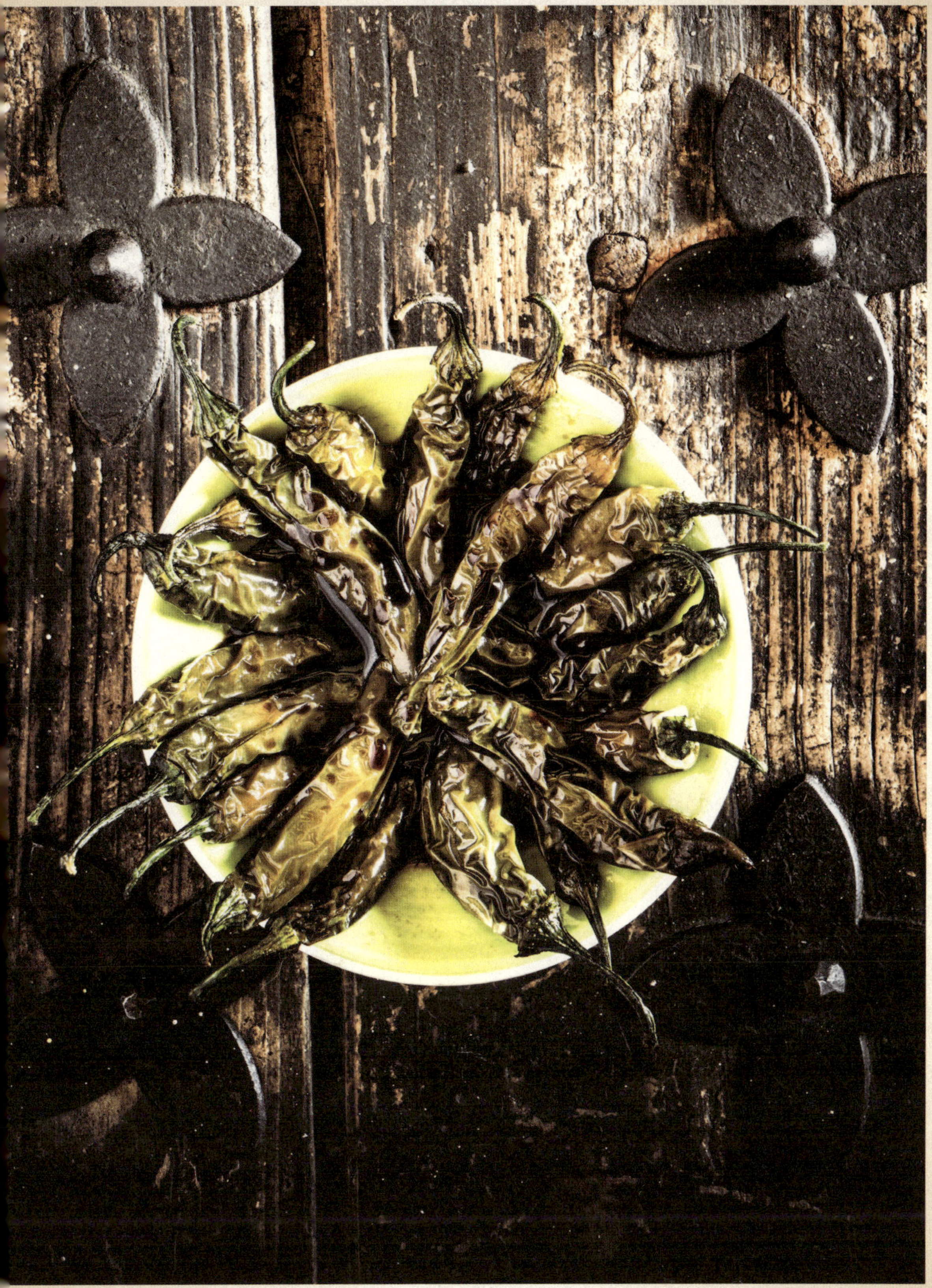

COCTEL DE CAMARÓN
SHRIMP COCKTAIL

1. Para la salsa campechana, picar toda la verdura y mezclar en un tazón junto con los jugos y el aceite. Rectificar sazón con sal y pimienta.

2. Usar una copa y servir 80 g de salsa campechana al fondo. Incorporar 6-8 piezas de camarones y agregar más salsa para que tome sabor.

3. Cortar un cuarto de aguacate en forma de abanico y colocarlo sobre la orilla de la copa junto con la rodaja de limón cortada. Como decoración, acompañar con las galletas saladas alrededor de la base de la copa_

—•—

1. For the sauce chop all the vegetables and mix in a bowl with juices and oil. Modify seasoning with salt and pepper.

2. On a serving dish create a base of 5 tbsp of sauce. Incorporate six to eight pieces of shrimp and add more sauce to adjust flavor.

3. Cut avocado quarters into a fan shape and place on the edge of the dish with lemon slices. Serve with crackers around the base of the dish for decoration_

—•—

Ingredientes:

180 g de camarón cocido
1 piezas de rodaja de limón cortada
50 g de aguacate
3 paquetes galletas saladas

Para la salsa campechana:

700 ml cátsup
200 ml de jugo de almeja
50 g de aceituna
50 g de alcaparra
60 g de cilantro
20 g de chile serrano
100 g de cebolla morada
20 g de ajo
50 ml de aceite de oliva
50 g de limón real
5 g de sal
2 g de pimienta

Ingredients:

7 oz cooked shrimp
1 pc lime wedge
2 oz avocado
3 packages of crackers

For the hearty sauce:

24 fl oz ketchup
7 fl oz clam juice
2 oz olives
2 oz capers
2 oz chopped cilantro
1 chile serrano
3.5 oz red onion
1 bulb of garlic
3 tbsp olive oil
2 oz lemon juice
1/2 tsp salt
Pinch of pepper

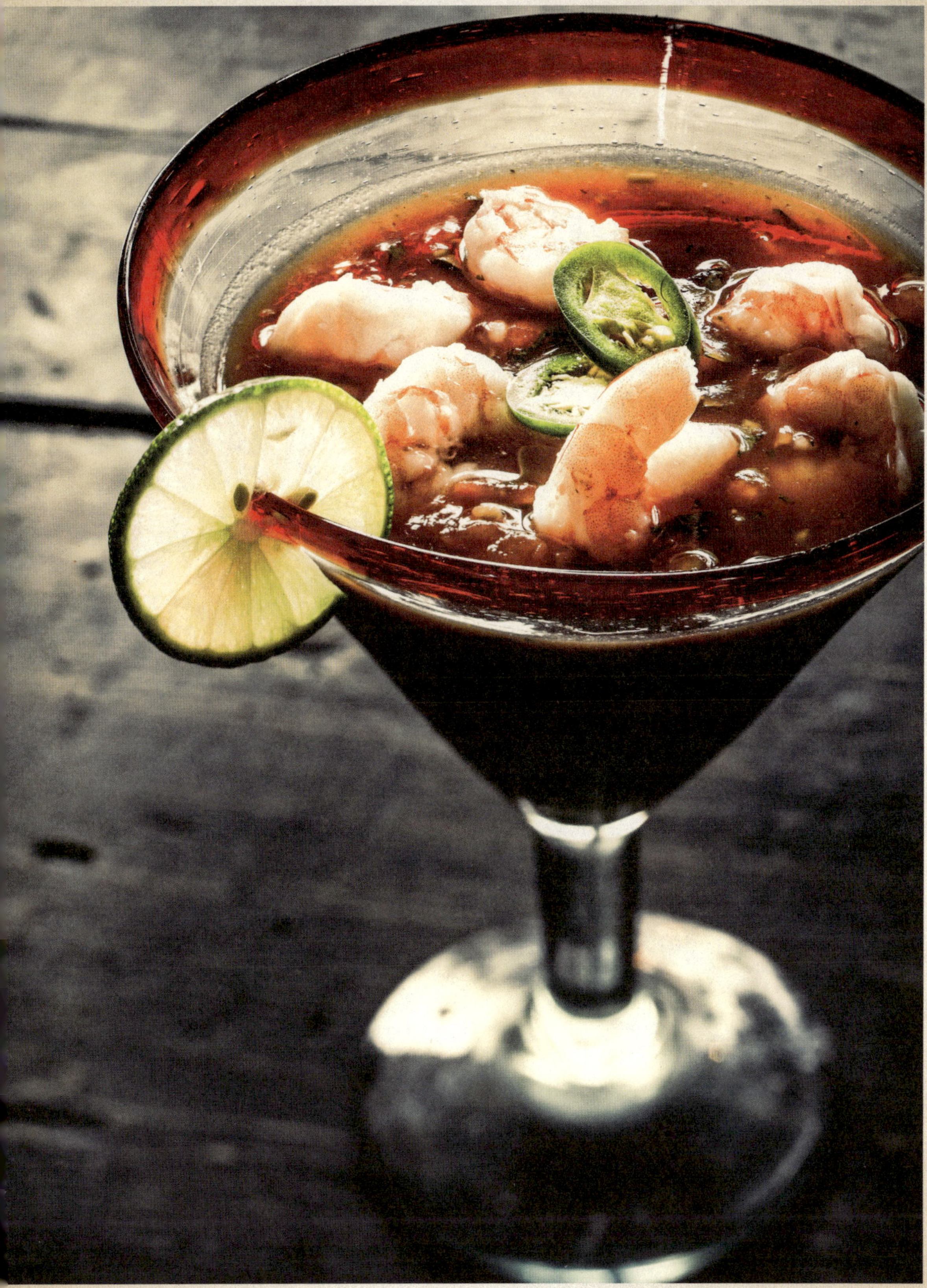

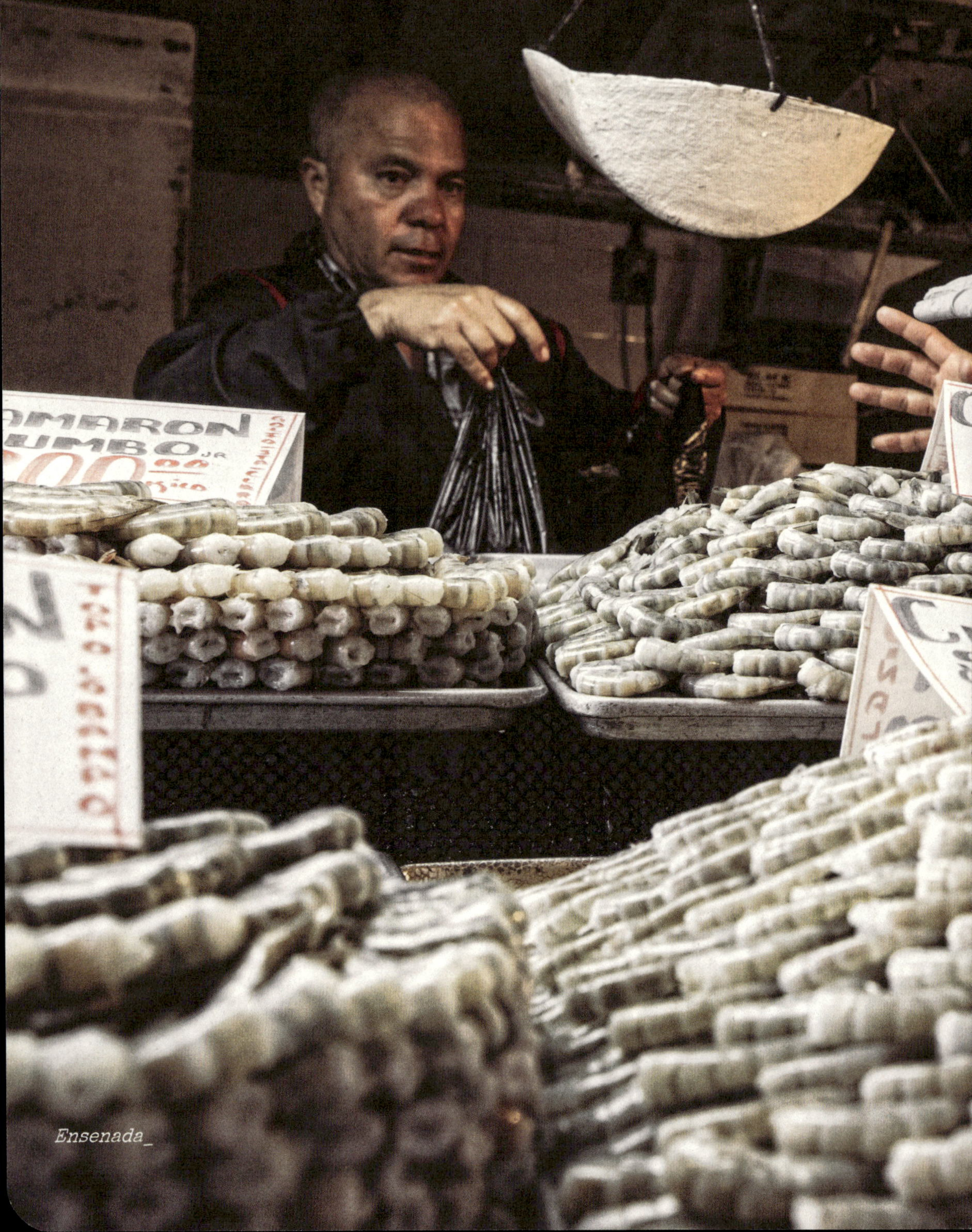

Ensenada_

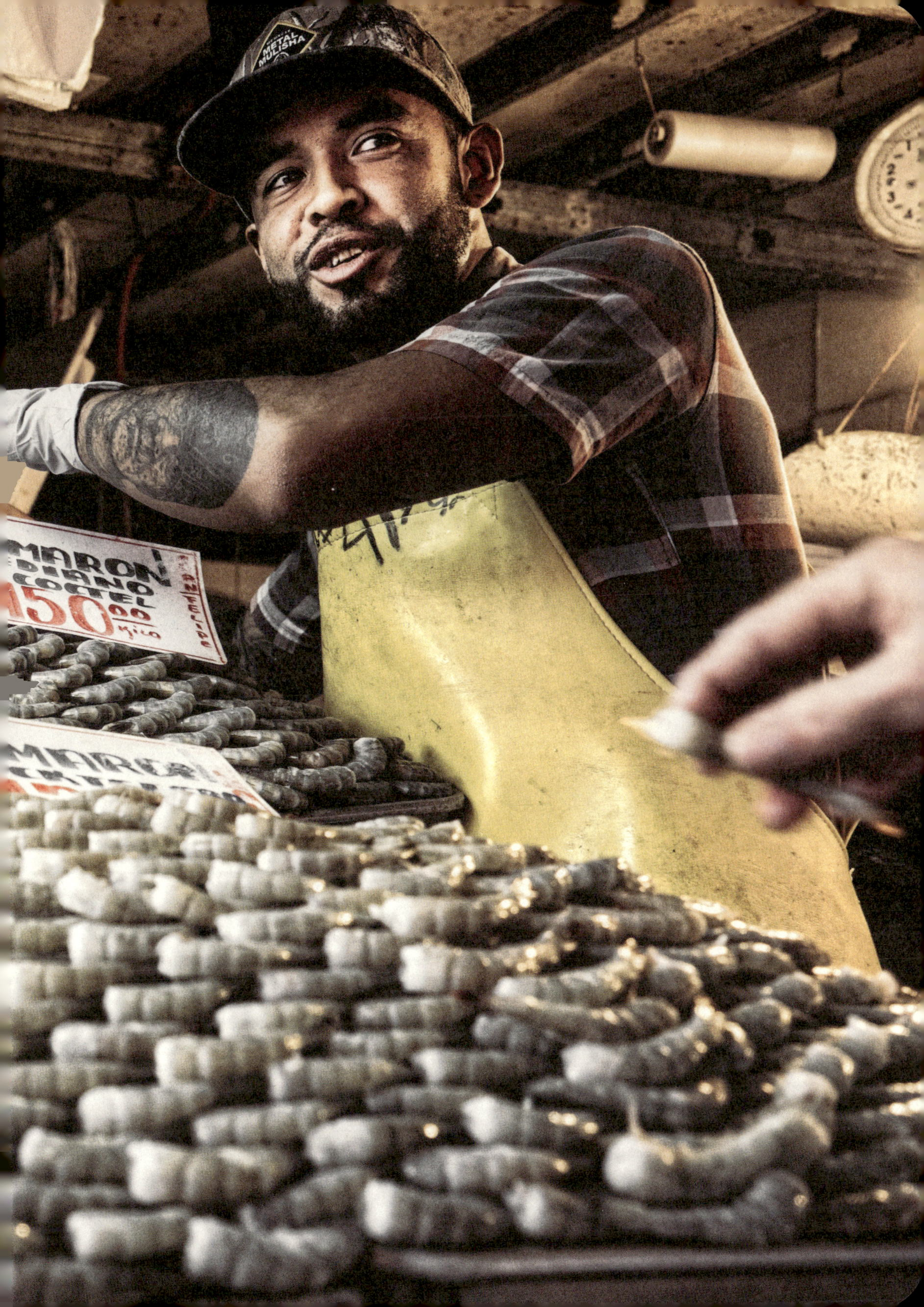
METAL MULISHA
MARON
DIANO
COCTEL
150

PULPITOS AL MEZQUITE
MESQUITE OCTOPUS

1. Poner a hervir agua en una olla con cebolla, ajo, chile serrano y un puñado de sal de mar. Cuando suelte el hervor, añadir el pulpo y dejar cocer por aproximado 40 minutos. Sacar y dejar enfriar.

2. Mezclar soya, jugo de limón y salsa inglesa. Agregar los pulpos y dejar marinar por unos minutos.

3. En un tazón mezclar el jocoque, chipotle, pepino, aceite de oliva y sazonar al gusto. Reservar.

4. Marinar los pulpos en la mezcla de soya por unos minutos. Posteriormente asar brevemente hasta que se doren en la parrilla. Servir en un plato con la crema de pepino, una rebanada de limón y pan pita asado a la parrilla_

1. In a pot put the onion, garlic, serrano chile, and coarse salt to boil; once boiling add the octopus and let it cook for approximately 40 minutes. Remove and let it cool.

2. Mix the soy sauce, lemon, and Worcestershire sauce in a bowl. Add the octopus and let it rest.

3. In another bowl mix the jocoque, chipotle, cucumber, olive oil, and salt to taste. Reserve.

4. After marinating the octopus, grill it until grilling marks appear. Serve on a dish with cucumber cream and grilled pan pita. Garnish with a lemon wedge_

Ingredientes:

1 kg de pulpo chico crudo limpio
1 cebolla grande partida en 4 partes
1/2 cabeza de ajo
1 chile serrano
400 ml jocoque
1 cucharadita de chile chipotle
1/4 de pepino finamente picado
4 piezas de pan pita
1 limón amarillo
300 ml de salsa de soya
100 ml de salsa inglesa
100 ml de aceite de oliva
50 ml de aceite de chile guajillo
Sal de mar

Ingredients:

35 oz uncooked octopus
1 big onion sliced in 4 pieces
4 cloves of garlic
1 serrano chile
14 fl oz jocoque (sour cream)
1 tsp chipotle
1/4 finely chopped cucumber
4 pcs pita bread
1 lemon
10 fl oz soy sauce
3.3 fl oz Worcestershire sauce
3.3 fl oz olive oil
3 tbsp guajillo chile
Coarse salt

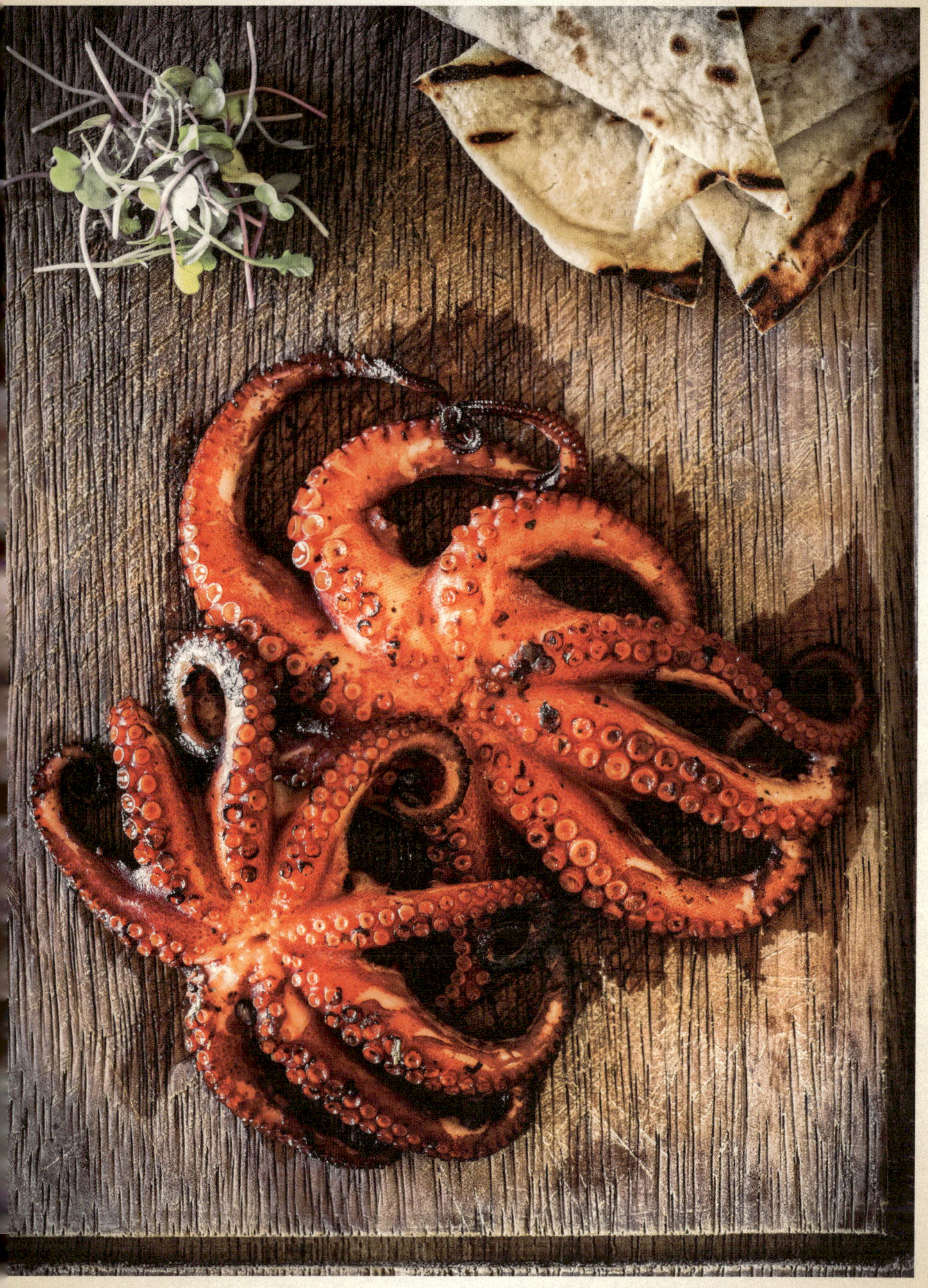

*San José' del Cabo_*

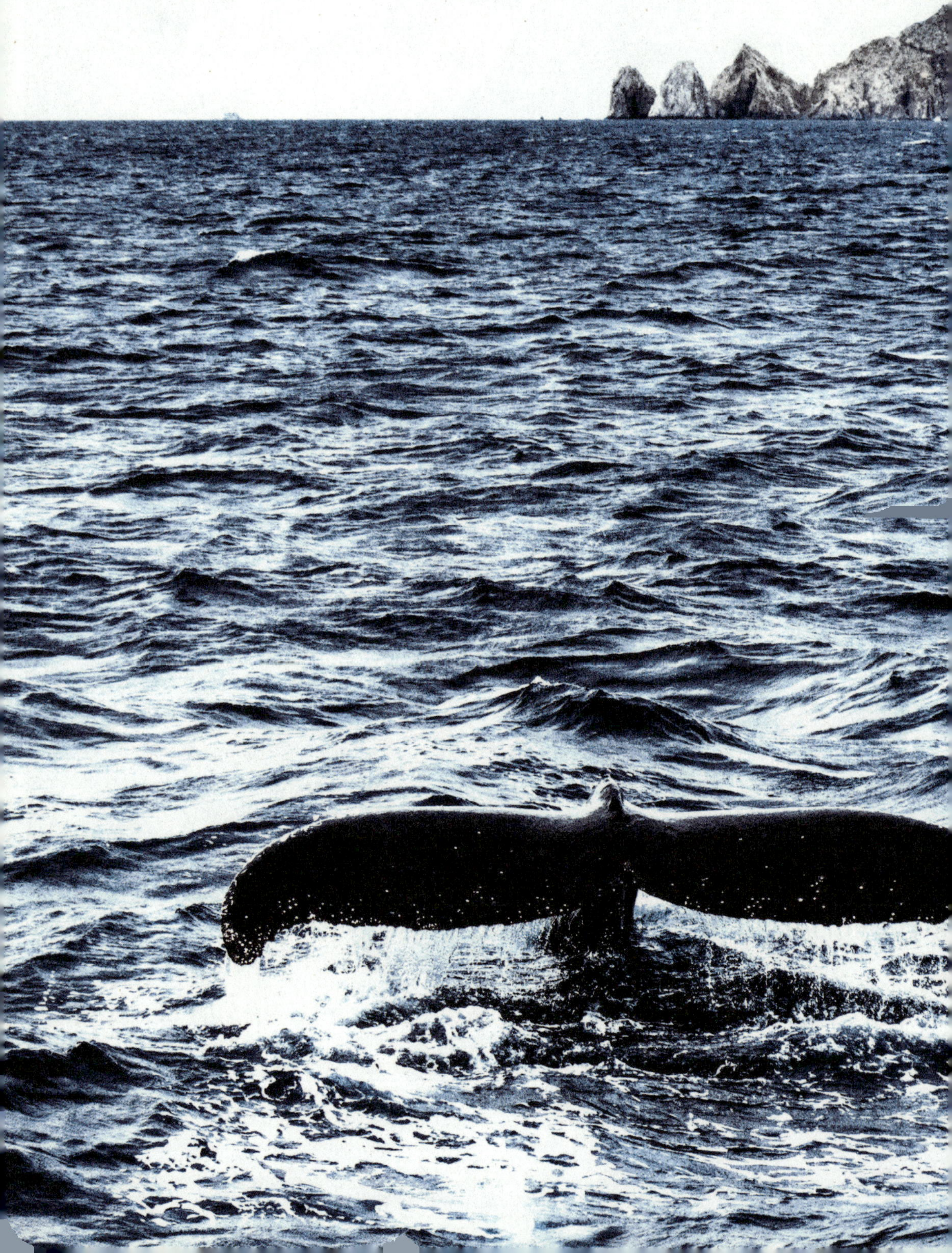

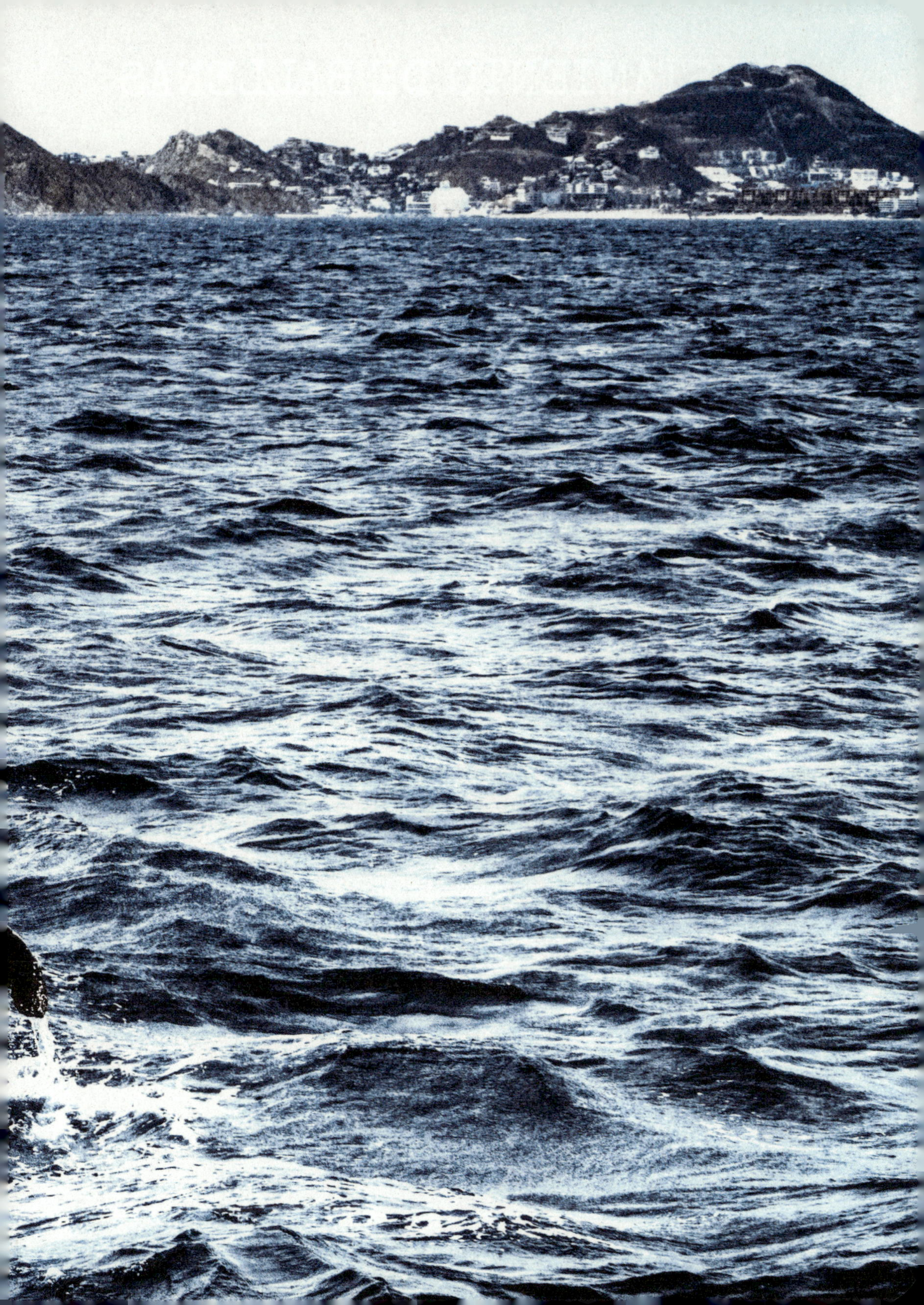

AVISTAMIENTO DE BALLENAS

Año con año, uno de los acontecimientos más esperados a lo largo de toda la península de Baja California es la llegada de miles de ballenas grises. Procedentes del Ártico, pasando por Alaska, Estados Unidos y Canadá, recorriendo dieciséis mil kilómetros para poder alimentarse y tener sus crías en esta zona, comenzando su llegada desde diciembre y retirándose en el mes de abril.

En Baja California se pueden ver en las afueras de la bahía de Ensenada y en dirección hacia la Isla de Todos Santos, la cual está en su ruta rumbo al sur. Una de las atracciones adicionales a este espectáculo es que se pueden observar otras especies marinas como lobos marinos, inquietos delfines, pelícanos y pelícanos.

En Baja California Sur existen tres zonas principales para el avistamiento de Ballenas: Laguna Ojo de Liebre en Guerrero Negro, Laguna de San Ignacio y Bahía Magdalena. Todas se encuentran en el Parque Ecológico Vizcaíno, lugar que se preserva como zona protegida debido a que su flora y su fauna son las adecuadas para la supervivencia de estos animales.

Son mamíferos gigantes de imponente presencia, quienes han hecho del acuario natural más grande del mundo su hogar y su lugar de juegos. Es necesario tomar un tour en lancha para poder acercarse y permitir que establezcan una conexión con los visitantes, una experiencia que se puede compartir con familia y amigos. Observarlos es un espectáculo increíble en cada ocasión. Se pueden acerca a las embarcaciones y en algunas ocasiones lo hacen lo suficiente para poder tocarlas. En otras ocasiones giran sobre sí mismas, levantando sus aletas a manera de saludo. Las ballenas inclusive pueden dejar 'huellas' en el agua, misma con las que se pueden rastrear. Estos recorridos, que sugerimos hagan con prestadores de servicios autorizados, toman regularmente 2 horas.

Último consejo, pero no menos importante, es el de disfrutar la gastronomía local al terminar el tour, principalmente mariscos frescos en los atracaderos de las embarcaciones_

—•—

WHALE WATCHING

Every year one of the most anticipated events along the peninsula of Baja California is the arrival of thousands of gray whales. From the Arctic, through Alaska, onto the United States and Canada, the whales travel "16,000 km" to almost 10,000 miles to feed and give birth in this area, starting to arrive in December and retiring in April.

In Baja California they can be seen on the outskirts of Ensenada Bay and towards the Isle of Todos Santos, which is in their southbound route. One of the additional attractions of this show is that you can observe other marine species such as sea lions, dolphins, and pelicans.

In Baja California Sur there are four main areas for whale watching: Laguna Ojo de Liebre, Guerrero Negro, Laguna San Ignacio, and Magdalena Bay. All are in the Vizcaino Ecological Park: a place that is preserved as a protected area due to the flora and fauna suitable for the survival of these animals.

They are giant mammals of commanding presence, who have made the world's largest natural aquarium their home and playground. Take a boat tour to come and establish a connection with the whales, an experience that can be well shared with family and friends. Whale watching is an amazing show every time. The whales can be interested in the boats and sometimes swim close enough to be touched. On other occasions they separate themselves, raising their fins in greeting. Additionally, whales can leave 'footprints' on the water, with which they can be traced as they appear on the surface. These tours regularly take two hours with authorized service providers.

Last but not least is the chance to enjoy the local cuisine at the end of the tour, mainly fresh seafood on the docks of the boats with very affordable prices and priceless flavors _

—•—

SOPA DE TOMATE
TOMATO SOUP

1. Hervir los tomates enteros en agua con sal; licuar y colar.

2. Freír el ajo, agregar el tomate licuado y las especies.

3. Verificar el sazón con sal y pimienta al gusto

4. Espolvorear con el queso parmesano para servir_

1. Boil the tomatoes with salt. Blend and strain. Reserve.

2. In a pan heat the oil and sauté the garlic. Add the blended tomato and spices.

3. Cook until the mixture has a creamy consistency. Add salt and pepper to taste.

4. Serve and sprinkle with Parmesan cheese_

Ingredientes:

1 kg de tomate
2 dientes de ajo
1 ramita de albahaca
1 Hoja de laurel
Una pisca de orégano
Aceite para freír
Sal al gusto
Pimienta al gusto
1 cucharadita de queso parmesano para espolvorear

Ingredients:

2.2 lbs of tomatoes
Garlic cloves
A handful of basil
1 bay leave
1/4 tsp oregano
Salt
Pepper
Oil
1 tbsp Parmesan cheese

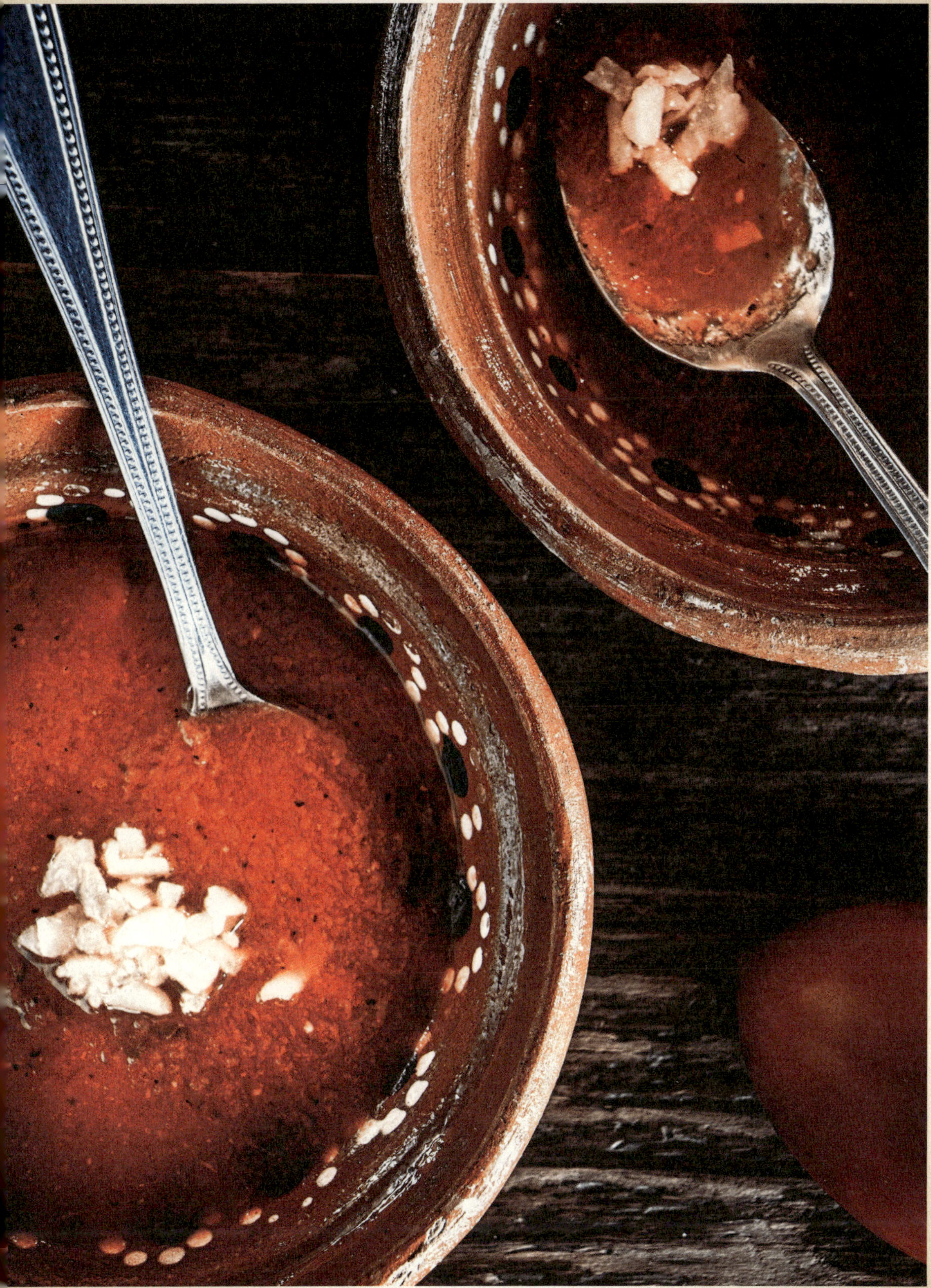

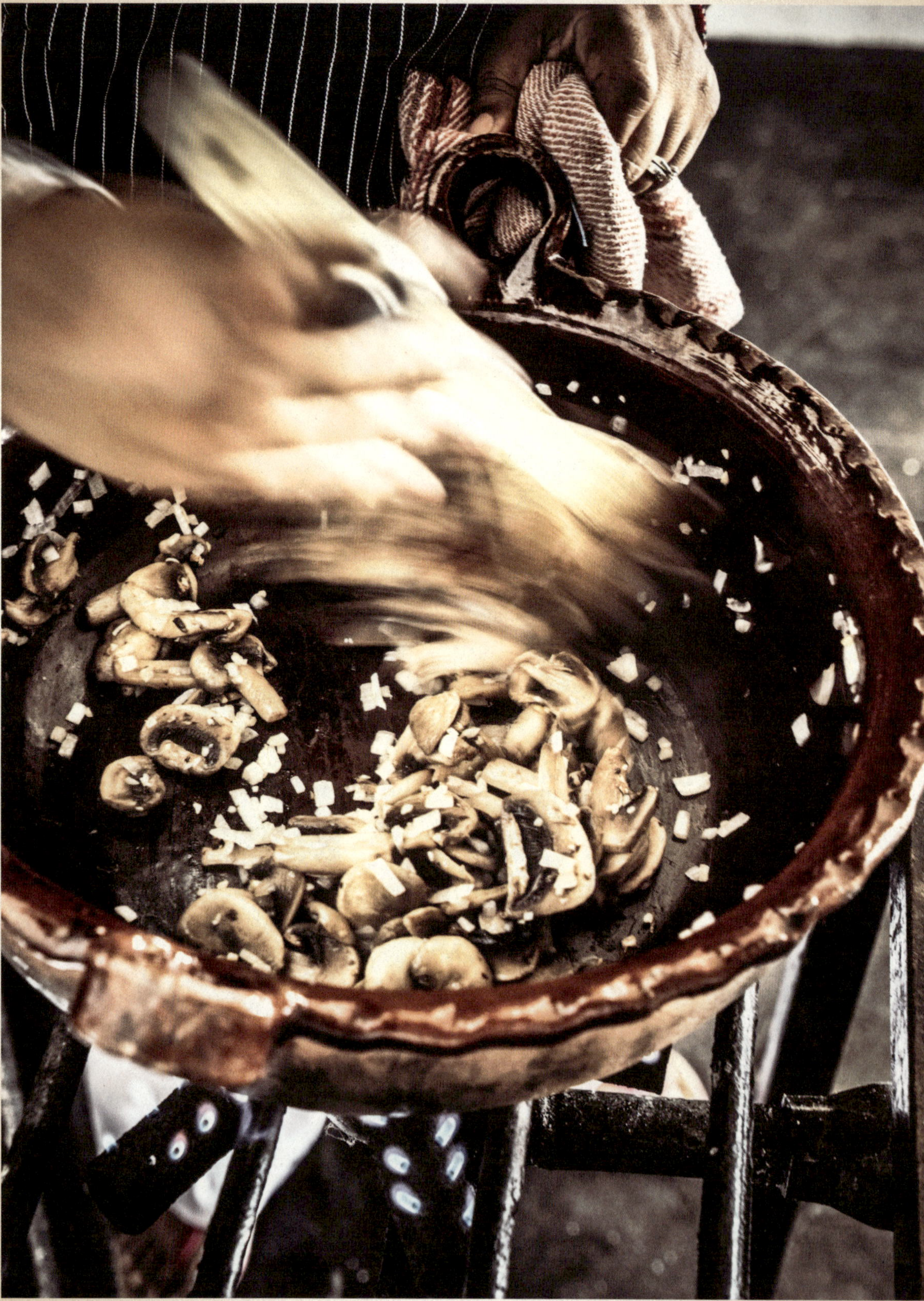

CALDO DE HONGOS
MUSHROOM SOUP

1. Limpiar muy bien los hongos y cortar en rebanadas.

2. Picar finamente el ajo y la cebolla, freírlos ligeramente en un sartén con aceite de oliva, casi al terminar, agregar los chiles de árbol para que se doren ligeramente.

3. Añadir los hongos y cocinar hasta que empiecen a soltar líquido.

4. Agregar el caldo de pollo y el epazote.

5. Añadir sal al gusto.

6. Al final, incorporar al caldo la pechuga de pollo_

—•—

1. Thoroughly clean the mushrooms and slice.

2. Finely mince the garlic and onion. Sauté with olive oil over medium heat. Once the garlic and onions are sautéed, add the bird's beak chili peppers so they can be slightly roasted.

3. Add the mushrooms and cook until juice is released.

4. Add the chicken broth and epazote leaves. Let it boil.

5. Salt to taste.

6. At the end, add the shredded chicken_

—•—

Ingredientes:

500 g de hongos frescos (champiñones)
2 dientes de ajo
1/2 cebolla
1 cucharada de aceite de oliva
2 chiles de árbol
1 lt de caldo de pollo
1 rama de epazote
1/2 pechuga de pollo cocida y desmenuzada
Sal

Ingredients:

18 oz mushrooms
2 garlic cloves
1/2 onion
1 tbsp olive oil
2 bird's beak chili peppers
34 fl oz chicken broth
3 epazote leaves (Mexican tea)
1/2 chicken breast, cooked and shredded
Salt

CHILES EN NOGADA

Preparación:

1. En un comal, asar los chiles poblanos, hasta que la piel se queme o levante; procurar que la textura sea suave pero firme. Ponerlos dentro de una bolsa de plástico, retirar 5 minutos después, eliminar cuidadosamente el excedente de piel. Hacer un corte a lo largo del chile, sin llegar a los extremos; retirar semillas y venas. Reservar.

Relleno:

1. En una olla con agua, cocer a fuego medio la carne de cerdo, agregar la media cebolla, el diente de ajo y el laurel; agregar sal al gusto. Retirar del fuego y escurrir.

2. En un sartén, calentar el aceite a fuego medio, sofreír la cebolla y el diente de ajo picado, hasta que se vean transparentes. Agregar los jitomates y el perejil picado, sofreír hasta que el jitomate se suavice. A continuación, incorporar la carne de cerdo cocida, dejar cocinando a fuego lento durante 5 minutos. 3. Finalmente, añadir los piñones, almendras, acitrón, naranja cristalizada, pasas y manzana. Dejar cocinando aproximadamente 10 minutos, hasta que la carne esté casi seca.

Salsa nogada:

1. Verter a la licuadora la leche, nueces, queso, canela y azúcar. Dejar en refrigerador por 30 minutos para que espese.

Emplatado:

1. Llenar los chiles con el relleno de carne y acomodar en plato. A continuación, bañar con la salsa nogada, adorna sobre el chile, con las semillas de granada y perejil picado_

Ingredientes:

4 chiles poblanos grandes

Relleno:

350 g de pierna de puerco molida
1 cucharada de aceite
1 diente de ajo pelado
1 diente de ajo picado
1 hoja de laurel
1/2 cebolla
1/4 de cebolla picada
40 g de perejil picado
2 jitomates sin semillas, picados
30 g de piñones
1 manzana pelada y picada
30 g de almendras peladas y picadas
30 g de acitrón picado en cubos
100 g de naranja cristalizada picada
100 g de pasas
Sal al gusto

Salsa Nogada:

1 tazas de leche
70 g de queso cotija rallado
60 g de nuez de castilla fresca, pelada y picada
10 g de canela en polvo
10 g de azúcar

Emplatado:

60 g de granos de granada roja
20 g de perejil, picado

CHILES EN NOGADA

Preparation:

1. On a griddle, roast the poblano peppers until the skin burns or falls away; ensure that the texture is soft but firm. Put the peppers in a plastic bag, and remove five minutes later; carefully remove the excess skin. Make a cut along the pepper, without going to extremes; remove seeds and veins. Reserve.

Filling:

1. In a pot of water, cook pork over medium heat; add half an onion, the garlic, and bay leaf. Add salt to taste. Remove from heat and drain.

2. In a skillet, heat oil over medium heat, sauté the chopped onin, and minced garlic until translucent. Add the tomatoes and chopped parsley; stir-fry until the tomatoes soften. Then add the cooked pork; leave to simmer for five minutes. Finally, add the pine nuts, almonds, citron, crystallized orange, raisins, and apple. Let cook about 10 minutes, until the meat is almost dry.

Nogada Sauce:

1. Pour into blender milk, nuts, cheese, cinnamon, and sugar. Leave in refrigerator for 30 minutes to thicken.

To serve:

1. Fill the peppers with the meat. Add the walnut sauce on the top of the chiles. Decorate with the pomegranate grains and the parsley_

—•—

Ingredients:

4 large poblano chiles

Filling:

12 oz of ground pork leg
1 tbsp oil
1 clove garlic, peeled
1 clove garlic, minced
1 bay leaf
1/2 onion
1/4 chopped onion
1/4 cup chopped parsley
2 tomatoes, seeded, chopped
1/4 cup pine nuts
1 apple, peeled and chopped
1/4 cup peeled and chopped almonds
1/4 cup diced citron
3.5 oz of chopped crystallized orange
3.5 oz raisins
Salt to taste

Nogada Sauce:

1 cup milk
1/2 cup grated Cotija cheese
1/2 cup fresh walnut, peeled and chopped, Castilla
4 tsp ground cinnamon
1 tsbp sugar

To Serve:

1/2 cup pomegranate grains
1/2 cup parsley, chopped

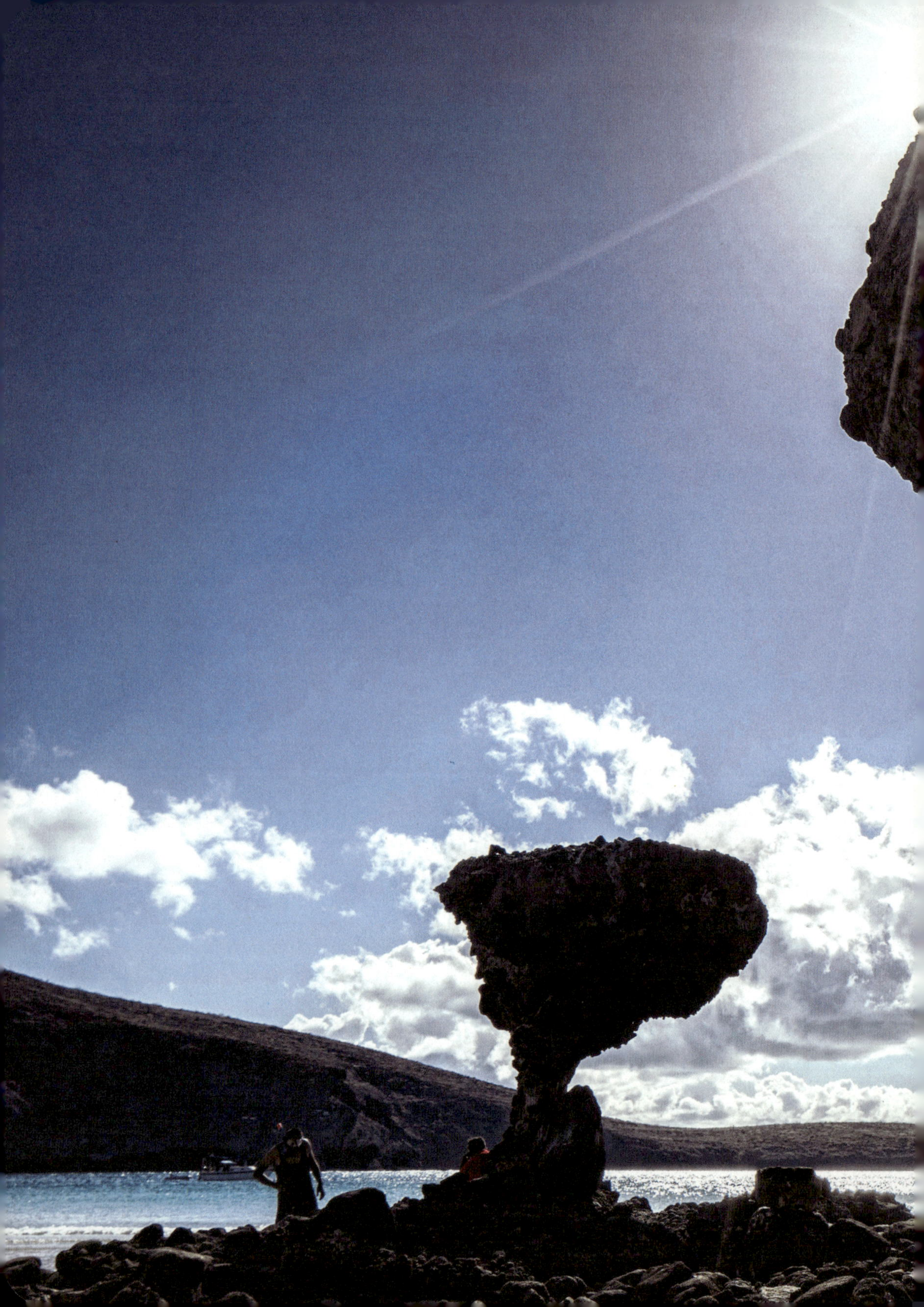

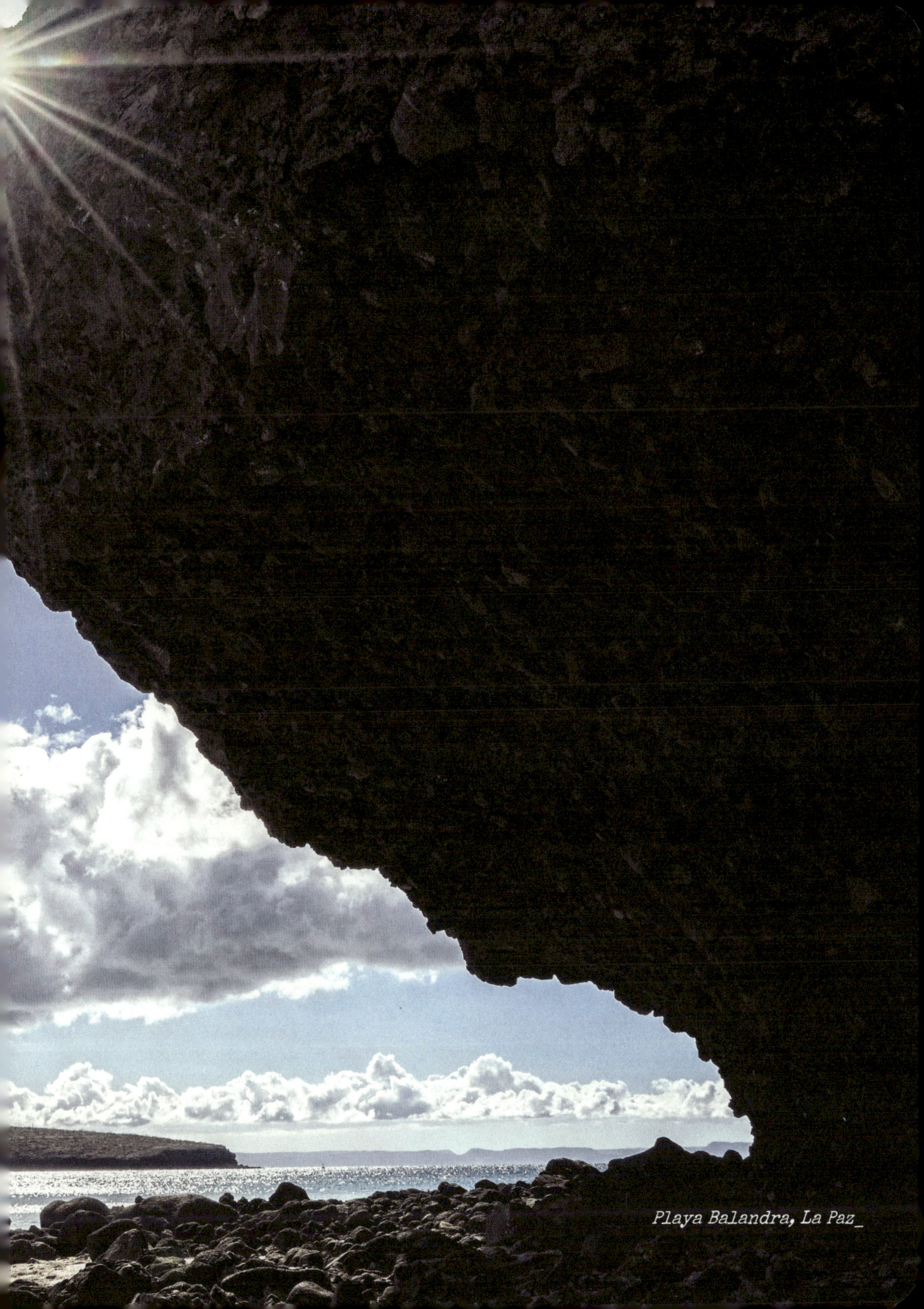

*Playa Balandra, La Paz_*

MOLE POBLANO

1. Freír los chiles y escurrir perfectamente todo el aceite. Es preferible, si se dejan toda la noche en un lugar seco y cálido en la cocina. Posteriormente, asar todas las semillas hasta que queden doradas.

2. Freír el pan, igual que se hizo con los chiles. Saltear todas las verduras y frutas con la manteca de cerdo. Tostar todas las especias en una cacerola. Mezclar en la licuadora todos los ingredientes anteriores (semillas, chiles, pan, verduras, frutas y especias) con el chocolate previamente derretido y el piloncillo hasta obtener una salsa espesa.

3. Para preparar el platillo, utilizar de preferencia una olla de barro rojo, tomar la salsa espesa e incorporar junto con el pollo, poco a poco y por partes, al calor; saltear todo _

Porciones: 25/5 Litros:

250 g chile mulato ancho maduro
250 g chile pasilla
125 g chile ancho
125 g de chipotle seco
125 g de chile morita
250 g chile guajillo
125 g cacahuate
125 g almendras sin pelar
125 g nueces de castilla con piel
125 g ajonjolí tostado
250 g pan baguette o bolillo salado
75 g uvas pasas
1.5 tabletas de chocolate
Pizca de comino
Pizca de clavo de olor
Pizca tomillo
1 piezas de anís estrella
250 g de manteca de cerdo
Pizca de laurel

1 1/2 hojas de aguacate
1/2 hojas santas
Pizca de pimienta negra entera
125 ml de concentrado de res
50 g de canela en rama
40 g de ajo tatemado
125 g de cebolla tatemada
250 g de plátano macho frito maduro
125 g de sal de grano
60 g de piloncillo
60 g de semillas de girasol sin cascara
750 g de tomate guaje
250 ml de aceite de canola
2 lt de caldo de pollo
1/4 mazo de cilantro

MOLE POBLANO

1. Deep fry the chiles and drain all the oil. Let the chiles sit, preferably overnight, in a dry, warm place in the kitchen. Grill all the seeds until they become golden. Deep fry the bread, and repeat the same process as the chiles. Sauté all the vegetables and fruits with the pork. Toast all the spices in a saucepan.

2. Blend all the previous ingredients (seeds, chiles, bread, vegetables, fruits, and spices) with the chocolate and the molasses in a food processor until they become a paste.

3. To prepare the mole, take the paste, and hydrate with the chicken stew, slowly and part by part, preferably in a red clay pot_

25 portions/5 liters:

9 oz mulato pepper
9 oz pasilla pepper
4.5 oz ancho pepper
4.5 oz dry chipotle pepper
4.5 oz morita or chipotle pepper
9 oz guajillo pepper
4.5 oz peanuts
4.5 oz almonds with skin
4.5 oz walnuts with skin
4.5 oz toasted sesame seed
9 oz baguette bread or sourdough bread
1/2 cup raisins
1 1/2 tablets Mexican rustic chocolate
A pinch of cumin
A pinch of cloves
A pinch of thyme
1 piece star anis
9 oz pork lard
A pinch of laurel
1 1/2 avocado leaves
1/2 acuyo leaves
A pinch whole black peppercorns
1/2 cup demiglasse
1 oz cinnamon stick
1 oz roasted garlic
4.5 oz roasted onion
9 oz dry deep fried macho bananas
4.5 oz sea salt
2 oz molasses
2 oz peeled sunflower seeds
1.5 lb saladette tomatoes
1/2 pints canola oil
4 pints caldo de pollo (chicken broth)
1 bunch of cilantro

TOTOPOS Y SALSA
CHIPS AND SALSA

Salsa:

1. En un recipiente, mezclar una cucharada de aceite, vinagre, cilantro, cebolla, chile serrano y machacar.

2. Agregar sal y pimienta al gusto.

Totopos:

1. Calentar bastante aceite en un sartén a fuego alto y freír las tortillas partidas hasta que estén doradas. Escurrir, dejar enfriar y servir con la salsa_

—•—

For the sauce:

1. In a bowl mix a tablespoon of oil, vinegar, parsley, onion, and chiles, and mash for a couple of minutes.

2. Add the tomato, and salt and pepper to taste.

For the chips:

1. Heat the remaining oil on a pan over high heat and fry the corn triangle tortillas until golden and crisp. Place on a paper towel to drain excess oil. Serve with the salsa_

—•—

Ingredientes:

500 g de tortillas previamente cortados en triángulos
500 g de tomate picado
1/2 cebolla picada
5 manojos de cilantro picado
5 piezas de chile serrano picado
Aceite
Sal
Pimienta
Vinagre de manzana o blanco

Ingredients:

1 lb corn tortillas cut in triangles
1 lb diced tomato
1/2 diced onion
Freshly chopped parsley
5 finely chopped serrano chiles
Oil
Salt
Pepper
White or apple vinegar

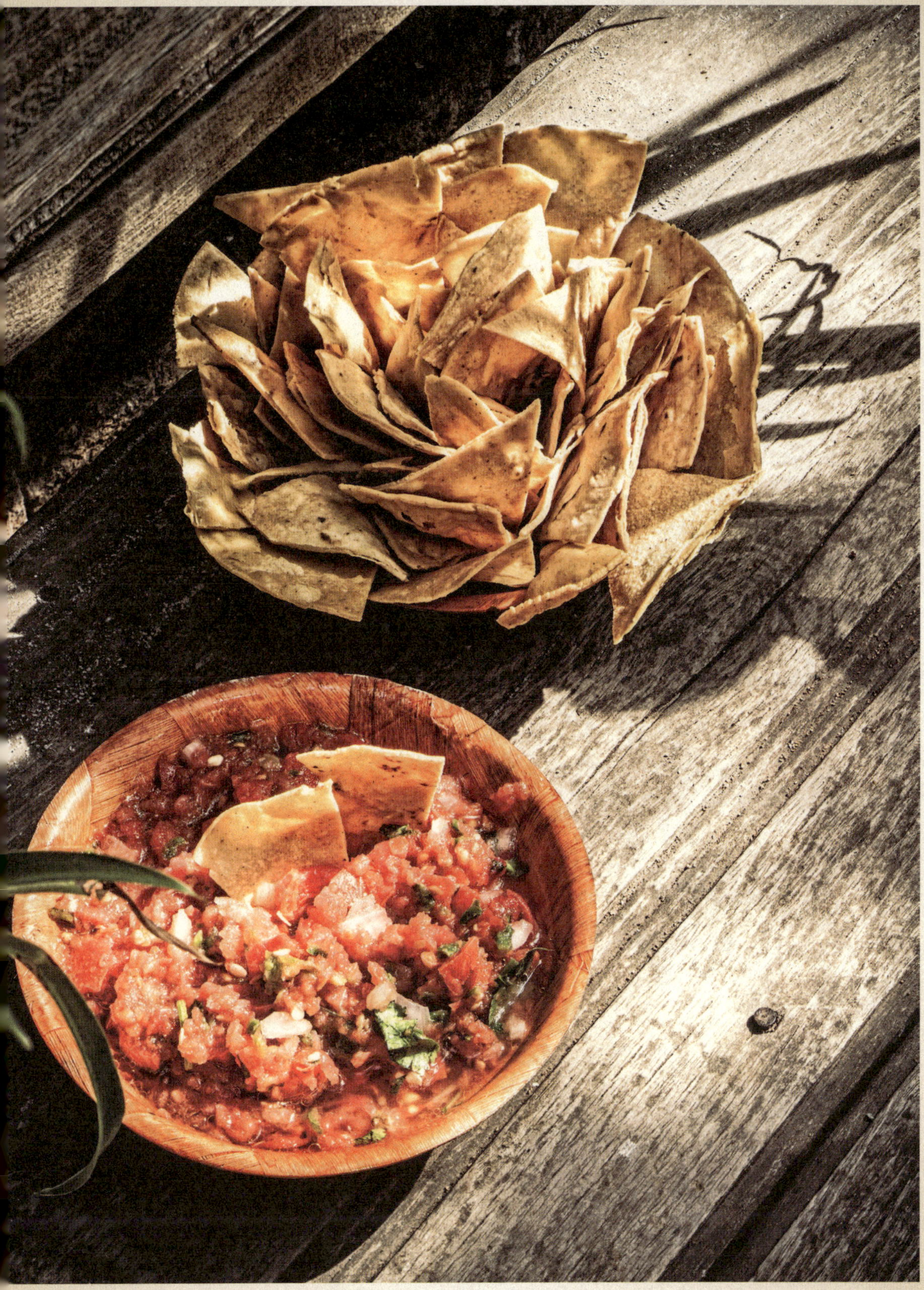

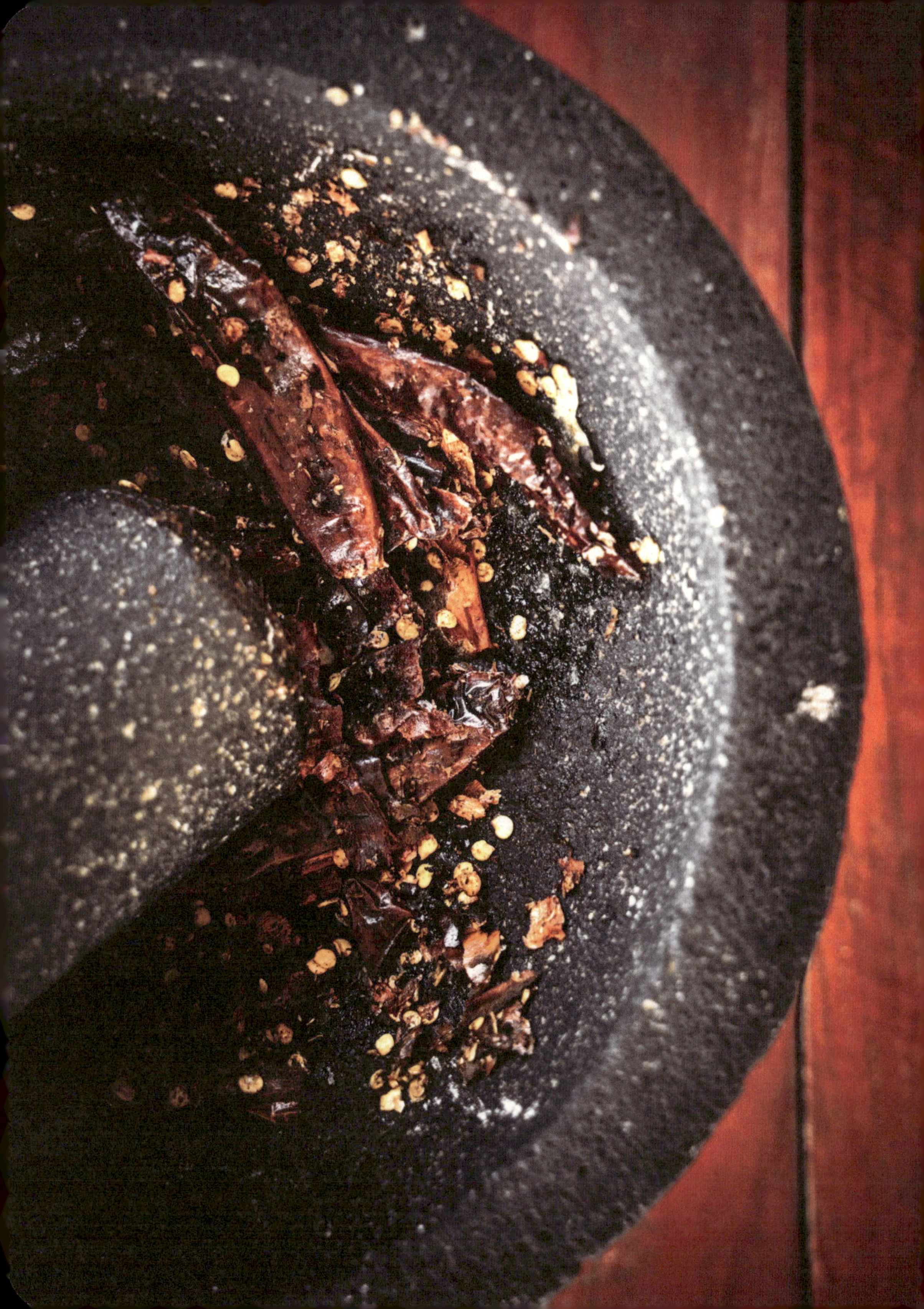

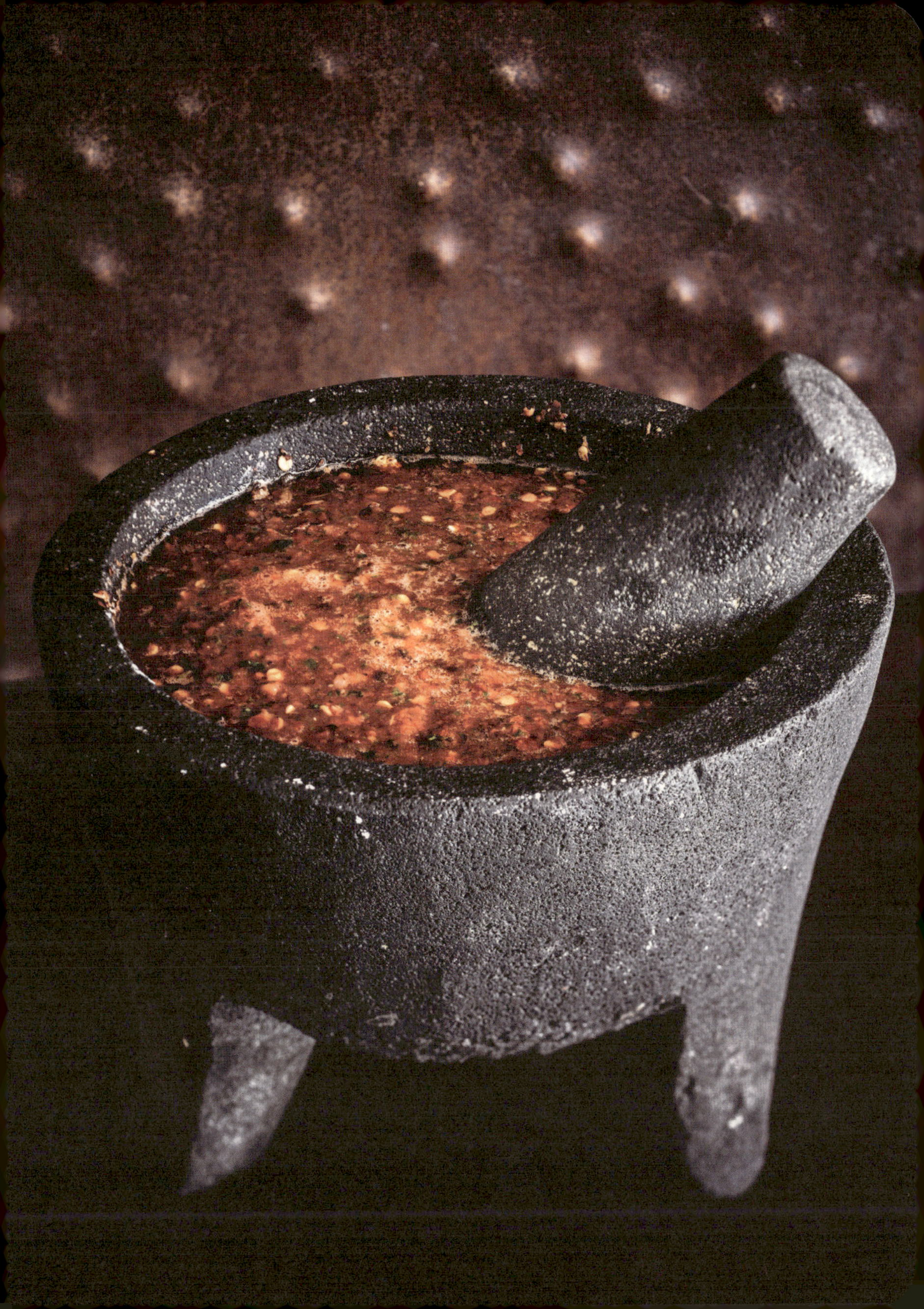

SALSA DE CHILE DE ÁRBOL
BIRD'S BEAK CHILI SAUCE

1. Poner a asar en un comal los chiles de árbol y sacarlos de inmediato.

2. Cortar en mitades los jitomates y asar en su totalidad.

3. Poner una cucharadita de sal de mar en el molcajete, agregar los ajos y los chiles, moler lo mejor posible. Colocar en un plato aparte.

4. Agregar al molcajete, uno a uno los trozos de jitomate y moler. No quedará completamente molido, eso es lo rico de esta salsa. Una vez que esté todo martajado (a medio moler), revolver chiles, jitomates y cilantro picado. Agregar sal al gusto.

5. Para finalizar, regresar al molcajete y así presentar en la mesa. Se puede decorar con una rama de cilantro.

*Si no se cuenta con molcajete o mortero se puede poner en la licuadora a velocidad lenta por unos pocos segundos para que no quede completamente licuada. Lo interesante de esta salsa es sentir los trozos de los ingredientes_*

1. Toast the chili peppers in a pan.

2. Cut the tomatoes in half and roast.

3. In a molcajete add a teaspoon of grain salt, garlic, and chili pepper; mash it evenly. Set aside.

4. Add one by one the sliced tomato and coarsely mash, for a textured sauce. Add the chiles and parsley. Add salt to taste.

5. Serve on the molcajete, and garnish with fresh parsley.

*Note. If you do not have a molcajete you can use a food processor or blender on slow speed for a couple of seconds; do not liquefy. What's interesting about this sauce is the textures of its ingredients_*

Ingredientes:

Chiles de árbol seco al gusto
Sal de mar
3 tomates verdes
2 dientes de ajo
1 manojo de cilantro

Ingredients:

Dry bird's beak chili peppers, to taste
Coarse salt
3 green tomatoes
2 cloves of garlic
Parsley

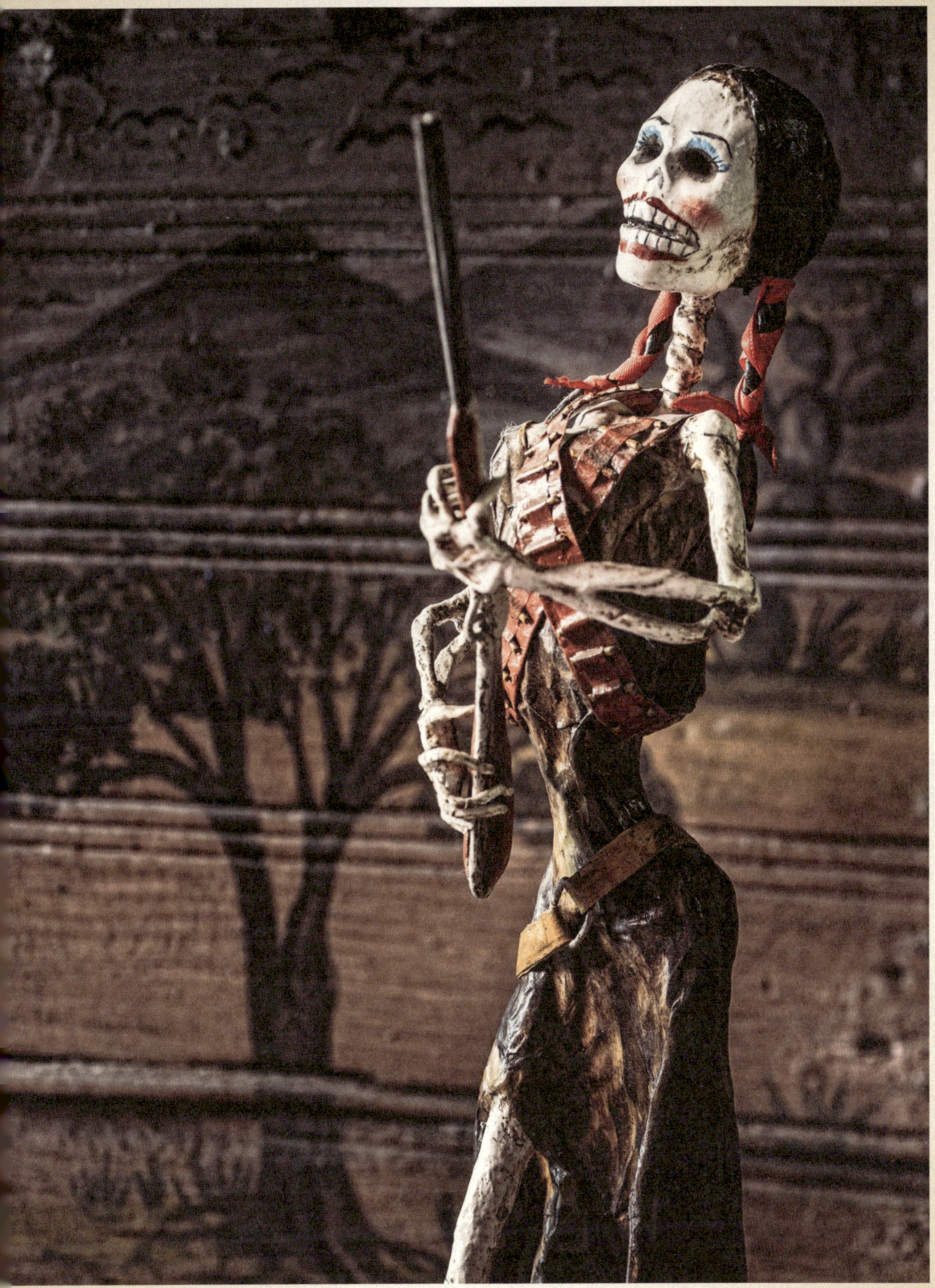

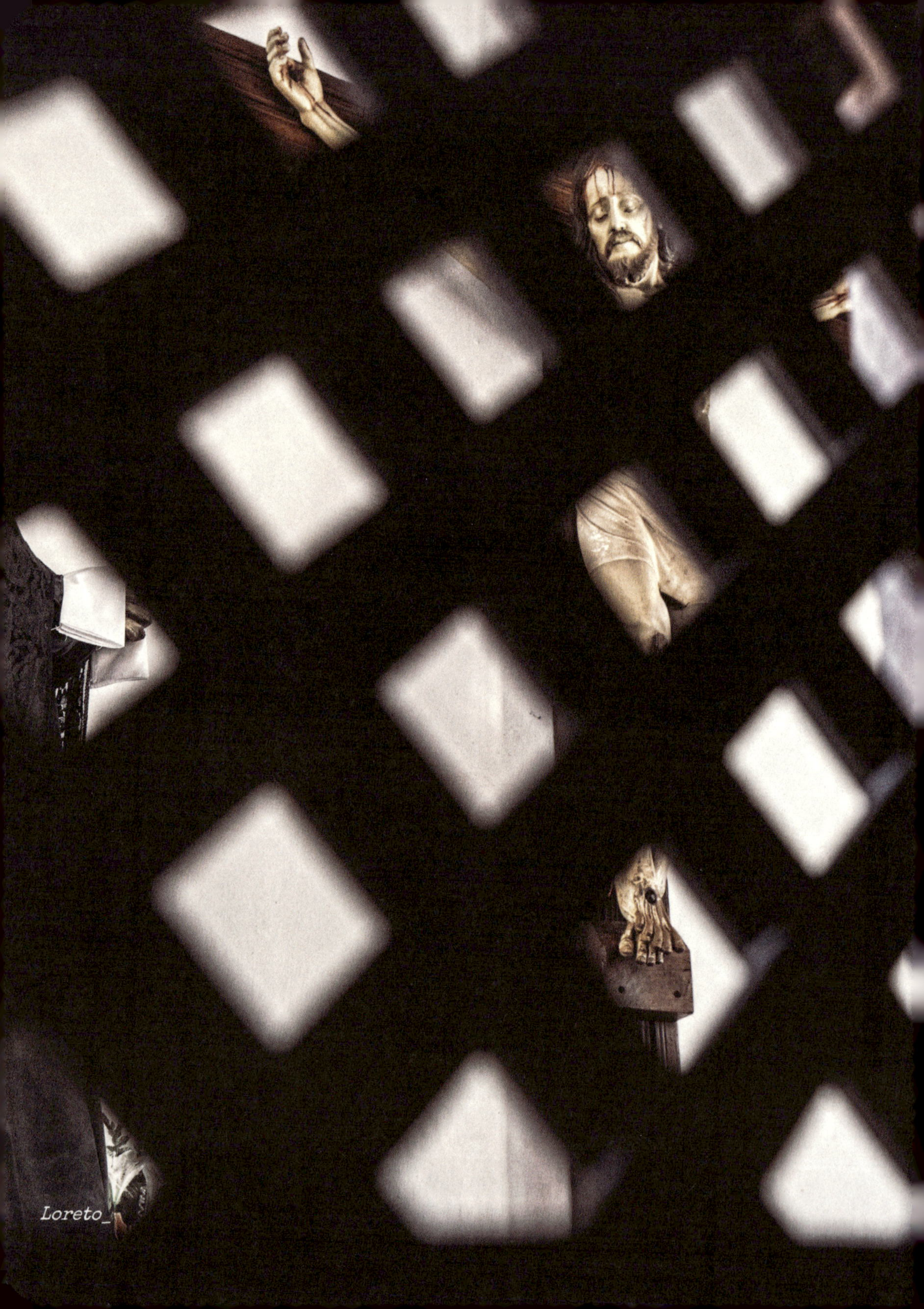
Loreto_

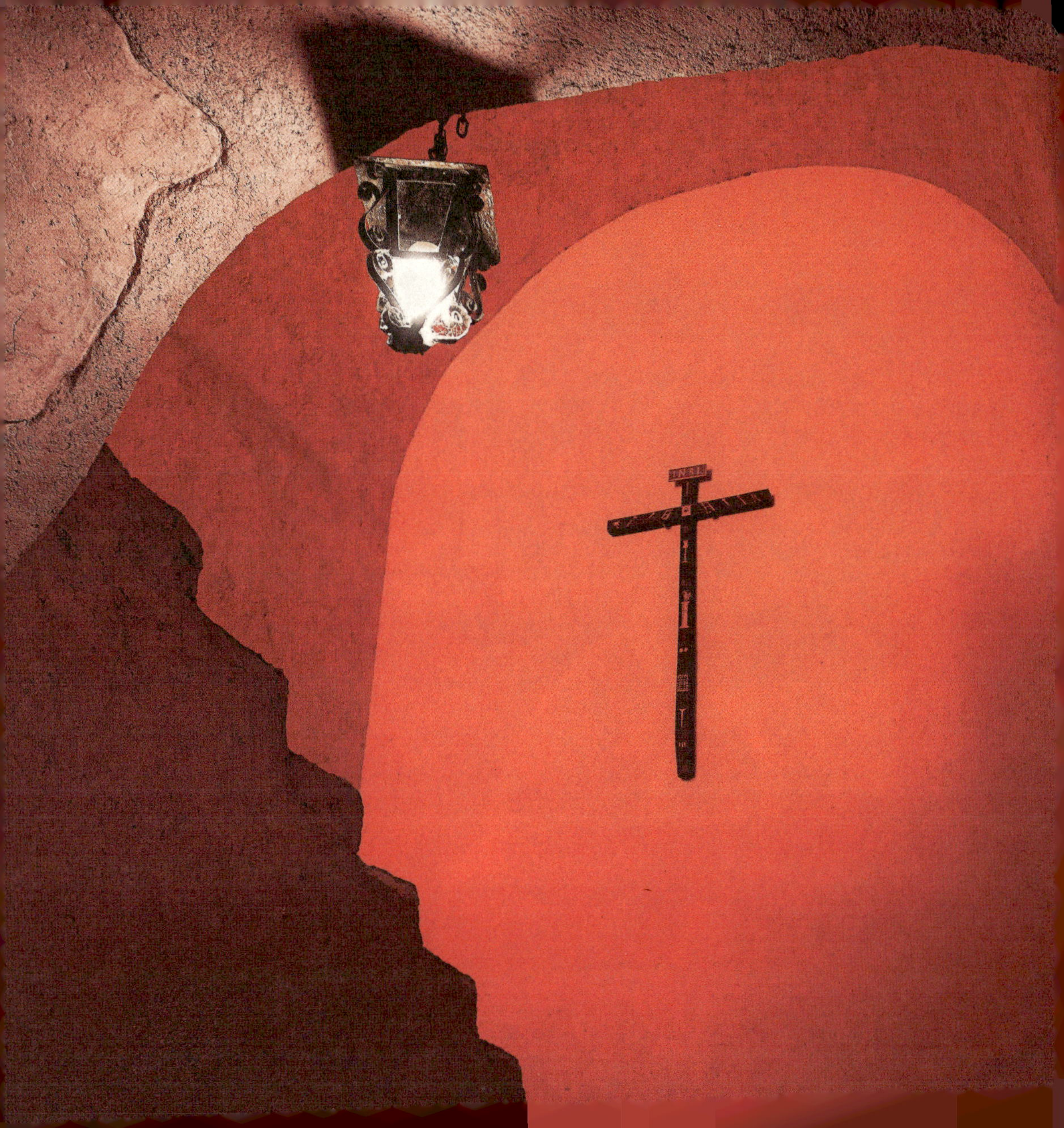

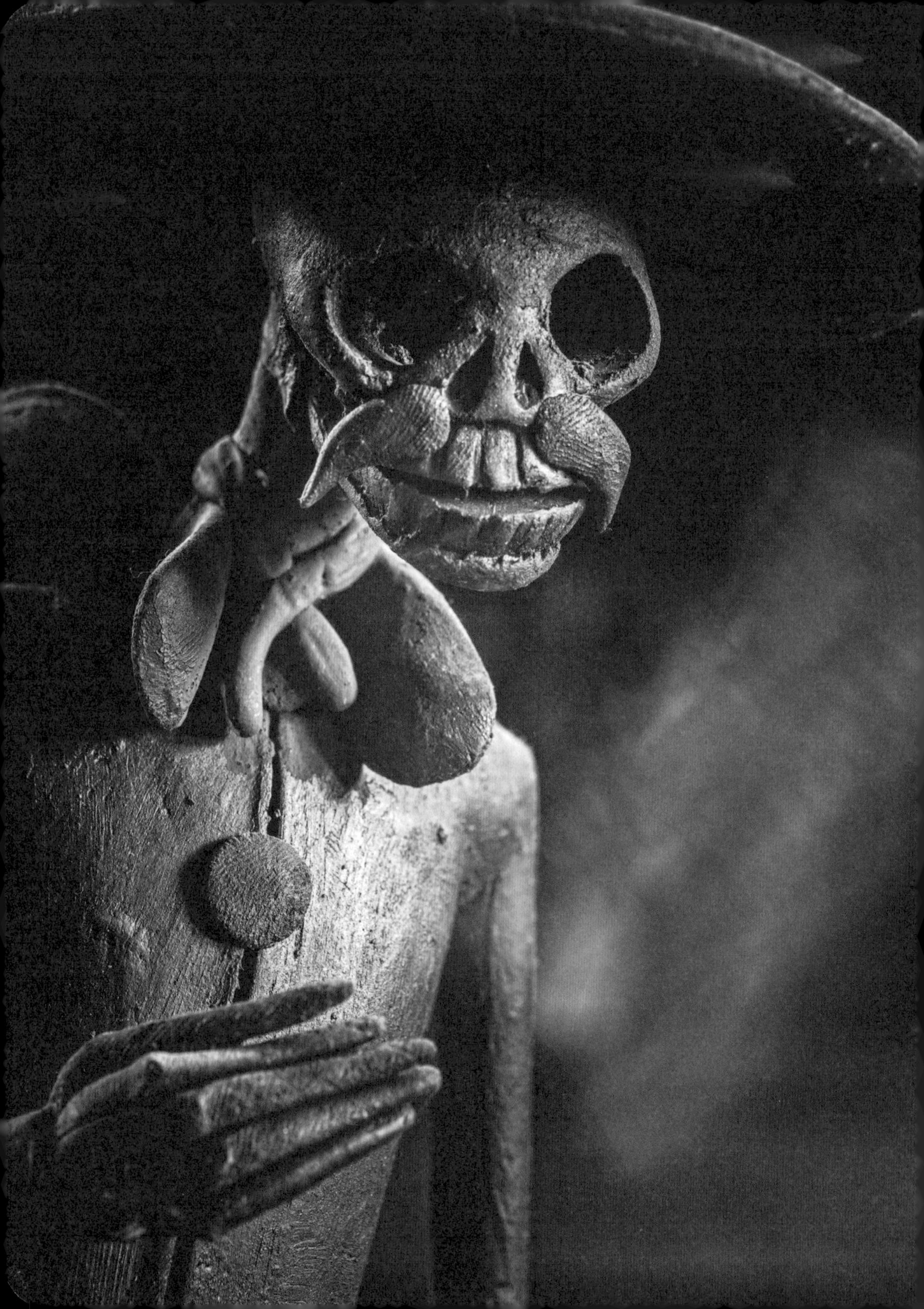

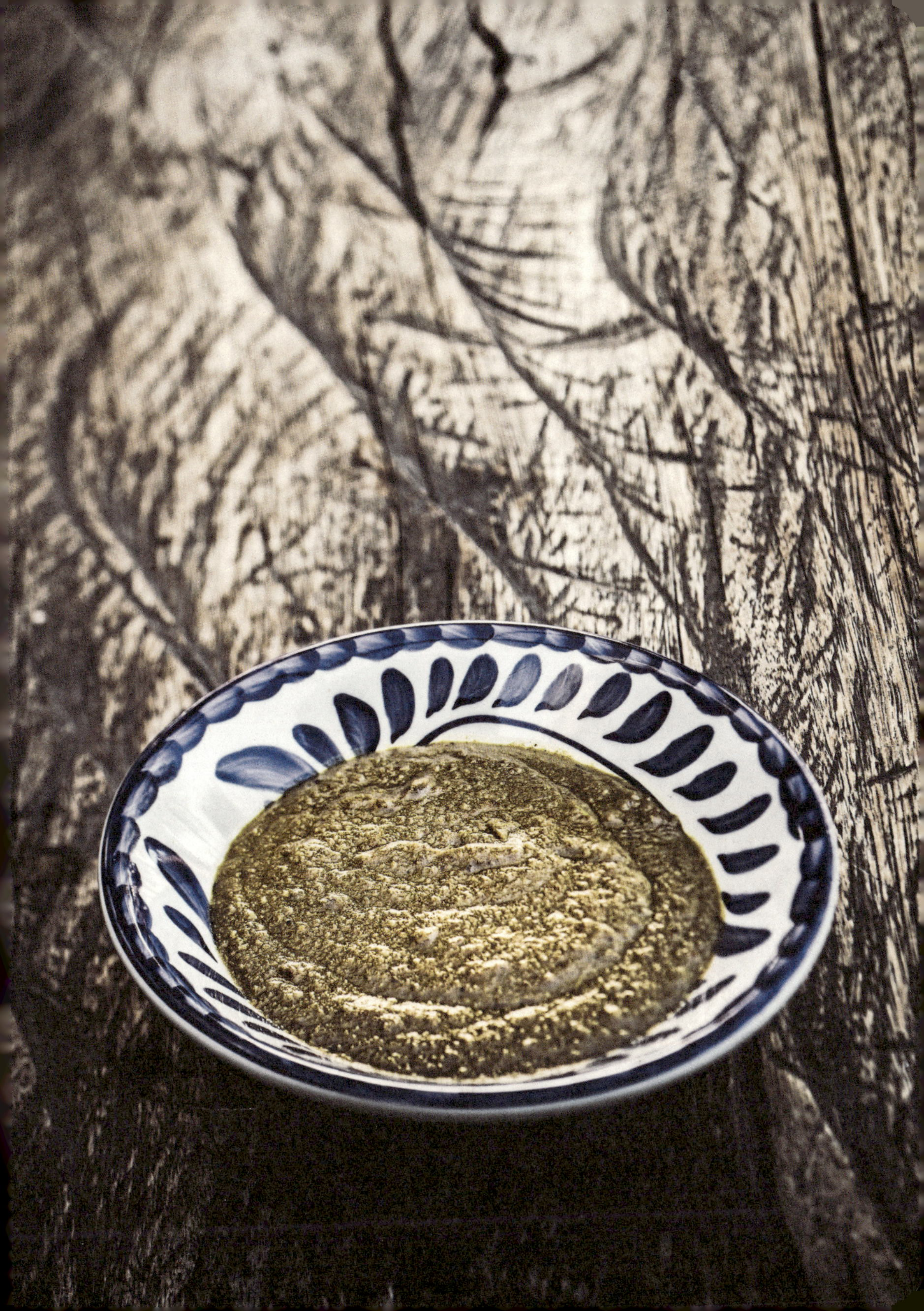

PIPIÁN VERDE CON ARÚGULA
GREEN MOLE WITH ARUGULA

1. Sofreír todas las especias y semillas con la grasa del pato. Después, con la misma grasa, acitronar todos los vegetales. Posteriormente freír los panes y tortillas, utilizando de nuevo la grasa.

2. Moler todo en un procesador de alimentos, agregando gradualmente el aceite de oliva junto con la salsa verde natural hasta que quede con una consistencia tersa y suave.

3. Rectificar sazón con el consomé de pollo, sal y azúcar_

—•—

1. Fry all the spices and seeds with duck fat; remove from pan. Leave the same fat in the pan to sauté all vegetables; remove from pan. After that, fry the bread and tortillas using the same fat.

2. Grind everything in a food processor and add olive oil gradually along with the natural green sauce until it reaches a smooth and soft consistency.

3. Adjust seasoning with chicken broth, salt, and sugar_

—•—

Ingredientes:

250 g de arúgula
1 kg de pepita verde
250 g de almendra pelada
1/2 kg de grasa de pato
1/2 kg de espinaca
150 g de chile cuaresmeño
300 g de chile poblano
50 g de ajo
300 g de cebolla
2 g de semilla de cilantro
2 g de cardamomo
300 ml Aceite de oliva
1 pieza de baguetin
3 lt de caldo de pollo
3 lt de salsa verde
4 piezas de tortilla tatemada
30 g de consomé de pollo en polvo
20 g de sal de grano
150 g de azúcar

Ingredients:

1/2 lb arugula
2 lb peeled green pumpkin seeds
1/2 lb peeled almond
1 lb duck lard
1 lb spinach
5 oz cuaresmeño pepper
10 oz poblano pepper
2 oz garlic
10 oz onion
A pinch cilantro seed
A pinch cardamom
10 fl oz olive oil
1 baguette (bread)
6 1/2 pints chicken bouillon
6 pints small green tomato sauce
4 pieces roasted tortilla
4 tbsp powdered chicken bouillon
4 tsp sea salt
5 1/2 oz sugar

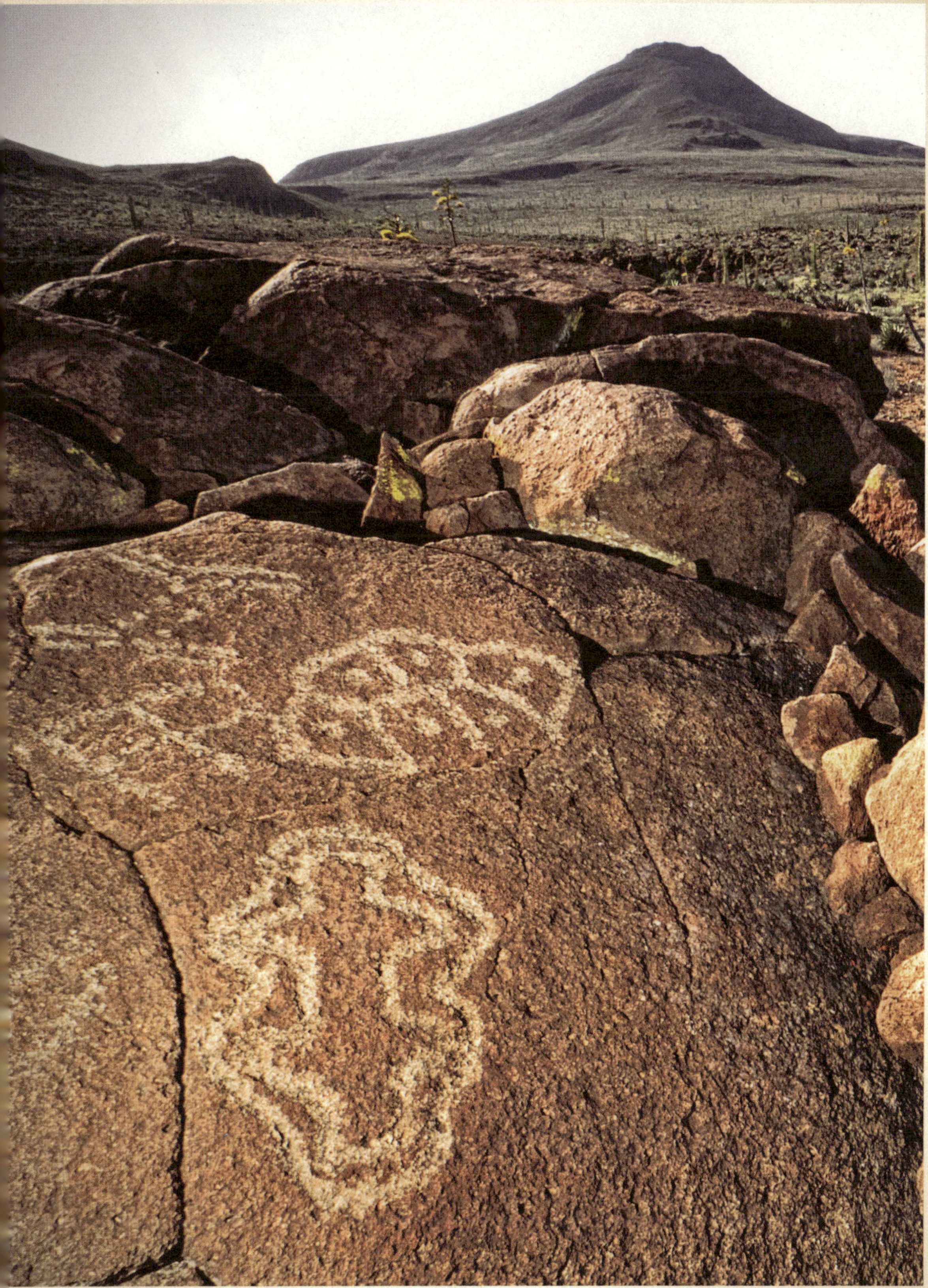

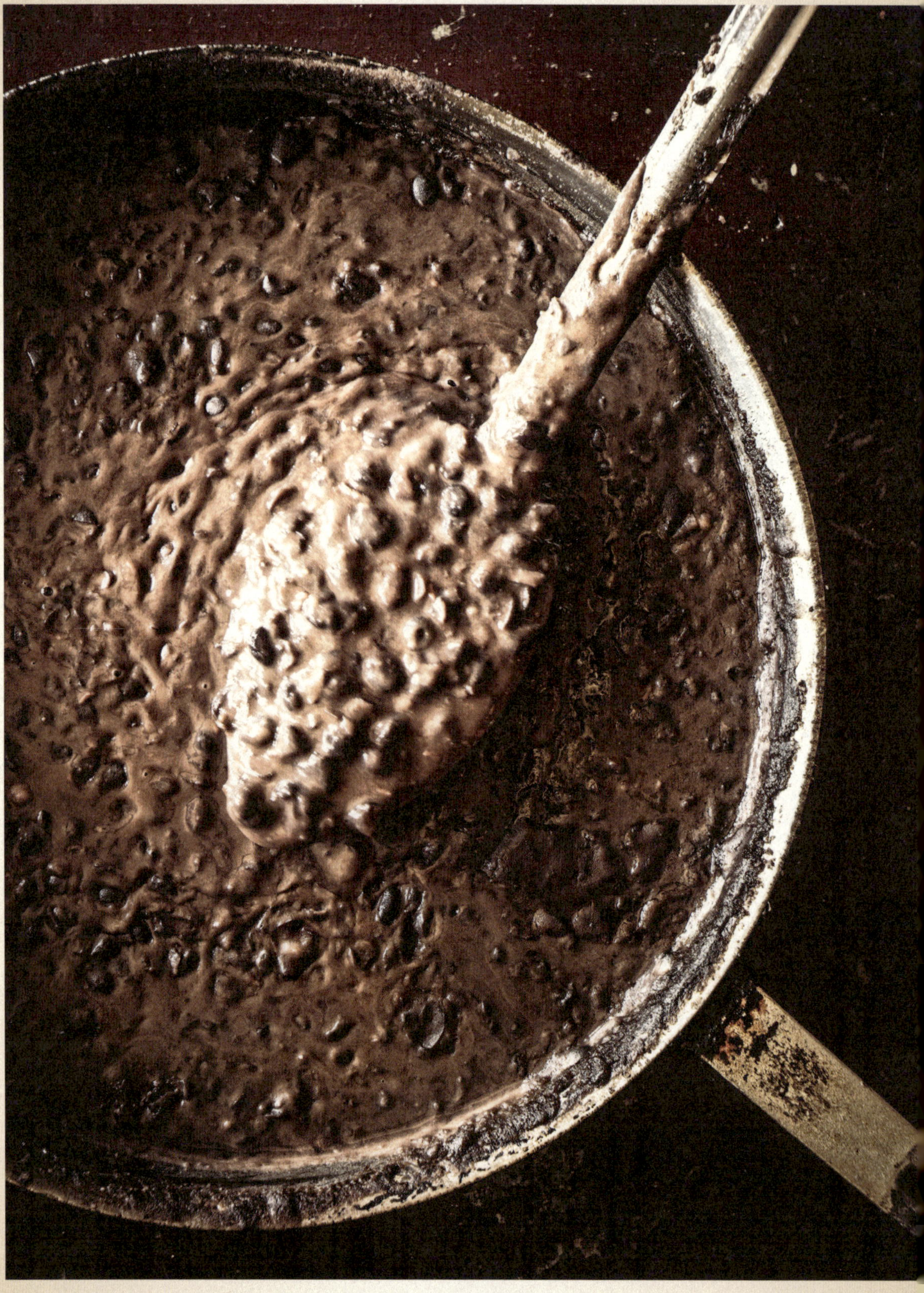

FRIJOLES NEGROS DE LA OLLA
BLACK BEANS

1. Limpiar los frijoles verificando que no haya piedras.

2. Se ponen a remojar la noche anterior y se elimina el agua de remojo.

3. Poner a hervir en una olla de barro, la cebolla picada, el epazote, el aceite de olivo y los frijoles negros remojados.

4. Sazonar con sal al gusto_

—•—

1. Soak the beans overnight; drain the water.

2. In a clay pot boil the chopped onion, epazote, olive oil, and beans until fully cooked. Salt to taste_

—•—

Ingredientes:

1 kg de frijol negro
1 cebolla mediana finamente cortada
1 cucharada aceite
Sal
Una rama de epazote

Ingredients:

35 oz black beans
1 onion, finely chopped
1 tbsp oil
Salt
Epazote leaves (Mexican tea)

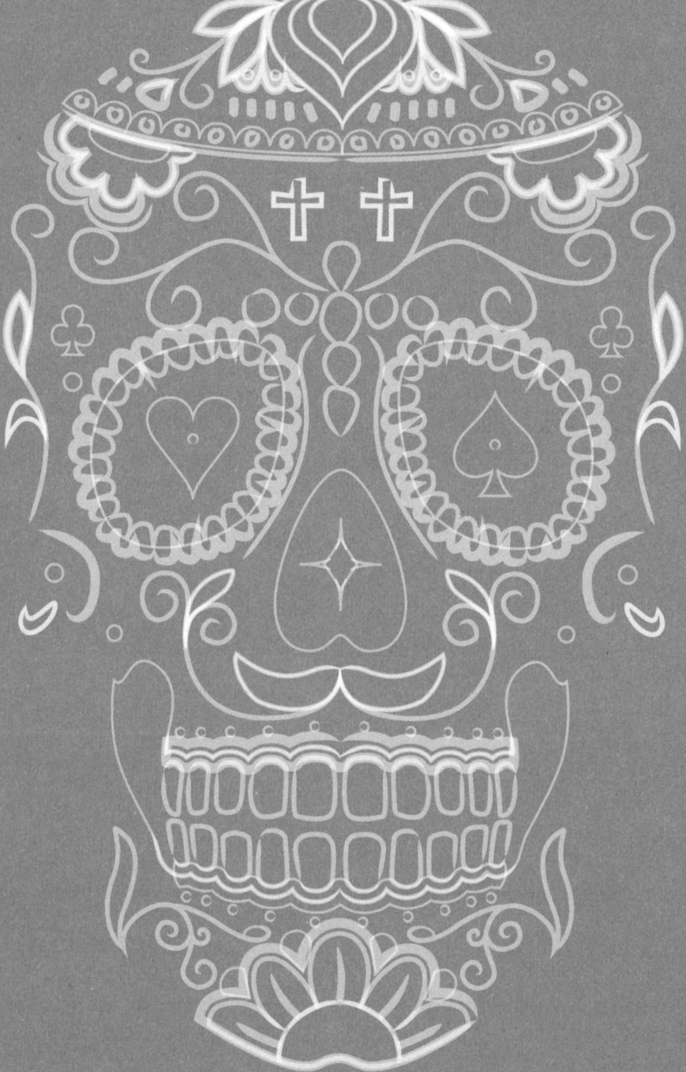

ENSALADA, SOPA Y TACOS
SALAD, SOUP, AND TACOS

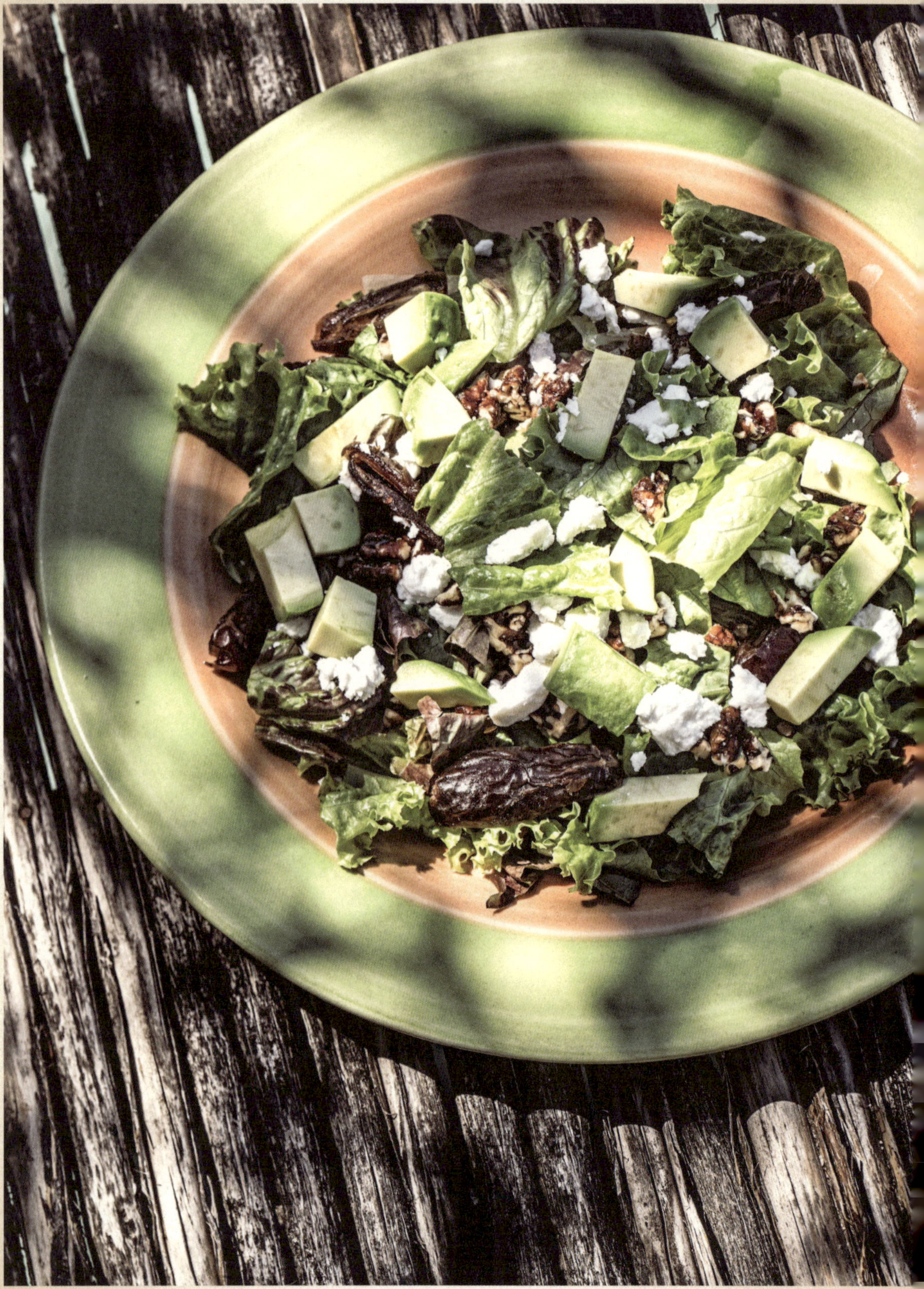

ENSALADA BRENTO
BRENTO SALAD

1. Para el aderezo, mezclar la mostaza Dijon con la miel hasta obtener una consistencia cremosa uniforme y agregar el aceite. Sazonar con sal y pimienta al gusto.

2. En un plato, colocar las lechugas, aderezar con la mezcla de mostaza y ornamentar con los dátiles, las nueces, el queso y rebanadas de aguacate.

3. Servir con pechuga de pollo o pescado a la parrilla_

—•—

1. Mix the mustard and honey for a uniform consistency, and little by little add the olive oil, salt, and pepper to taste.

2. On a serving dish place the mixed lettuces and pour the mustard dressing. Add the dates, nuts, goat cheese, and sliced avocado.

3. Serve as is or accompany with grilled fish fillets or chicken breasts_

—•—

Ingredientes 4 personas:

4 porciones de lechuga mixta orgánica
100 g de dátiles sin semilla
100 g de nueces caramelizadas
1 Aguacate
100 g de queso de cabra

Aderezo de mostaza:

2 cucharadas de miel de agave
4 cucharadas de mostaza de Dijon
180 ml de aceite de oliva extra virgen
Sal y pimienta al gusto

Ingredients:

4 servings of organic lettuce mixture
3.5 oz pitted dates
3.5 oz caramelized nuts
1 avocado
3.5 oz goat cheese

Mustard dressing:

2 tbsp agave honey
4 tbsp dijon mustard
3/4 cup olive oil
Salt and pepper

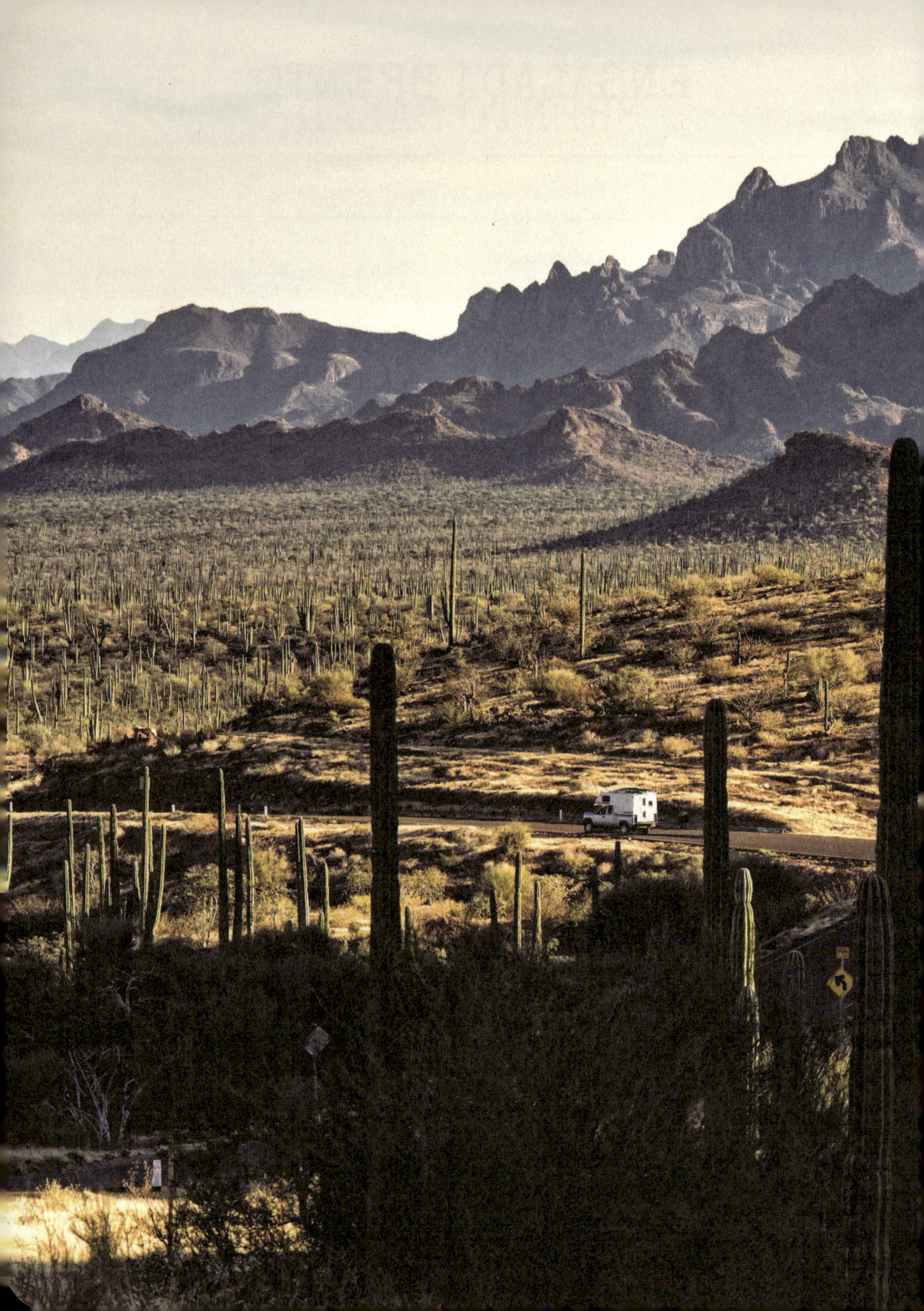

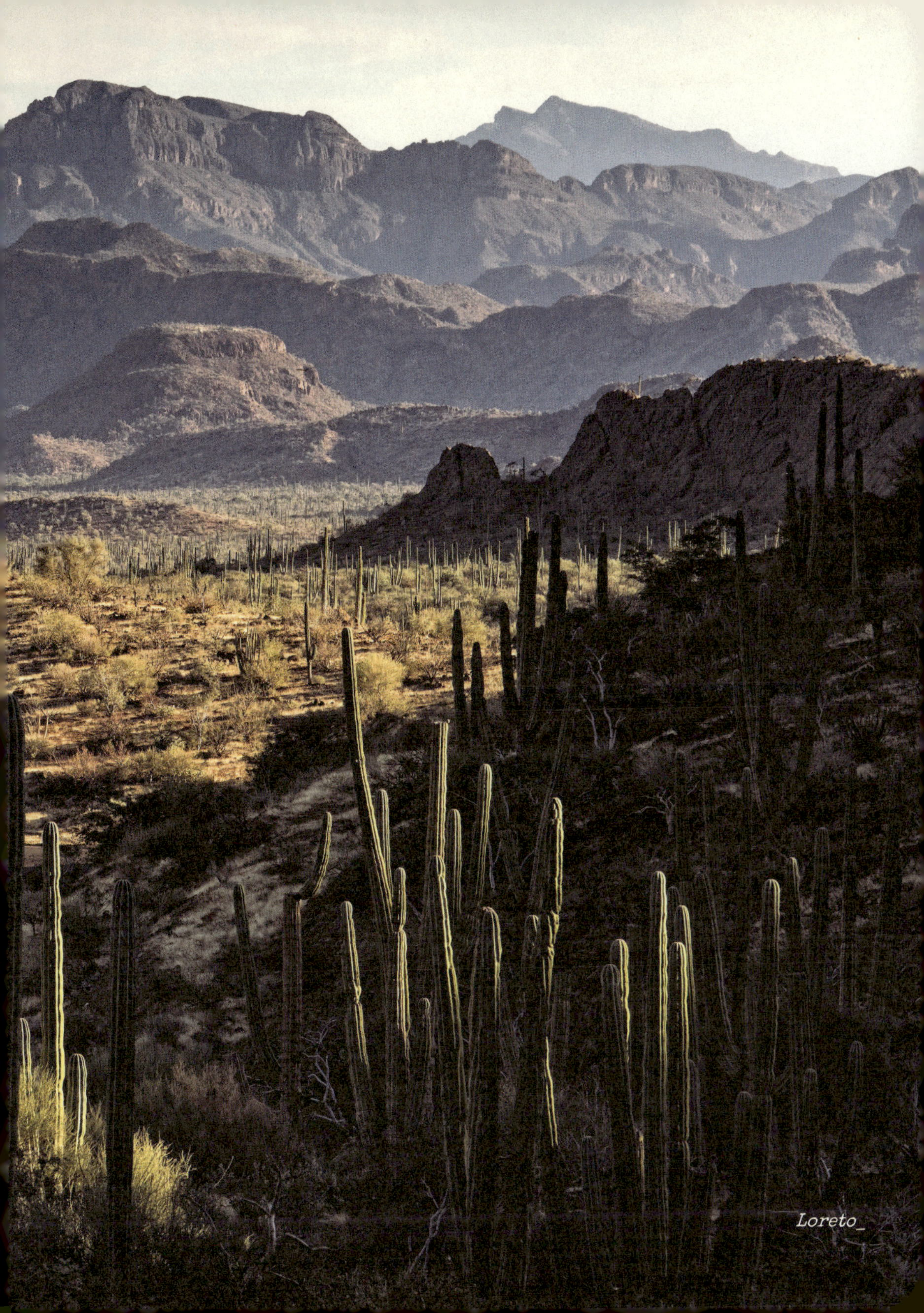

Loreto_

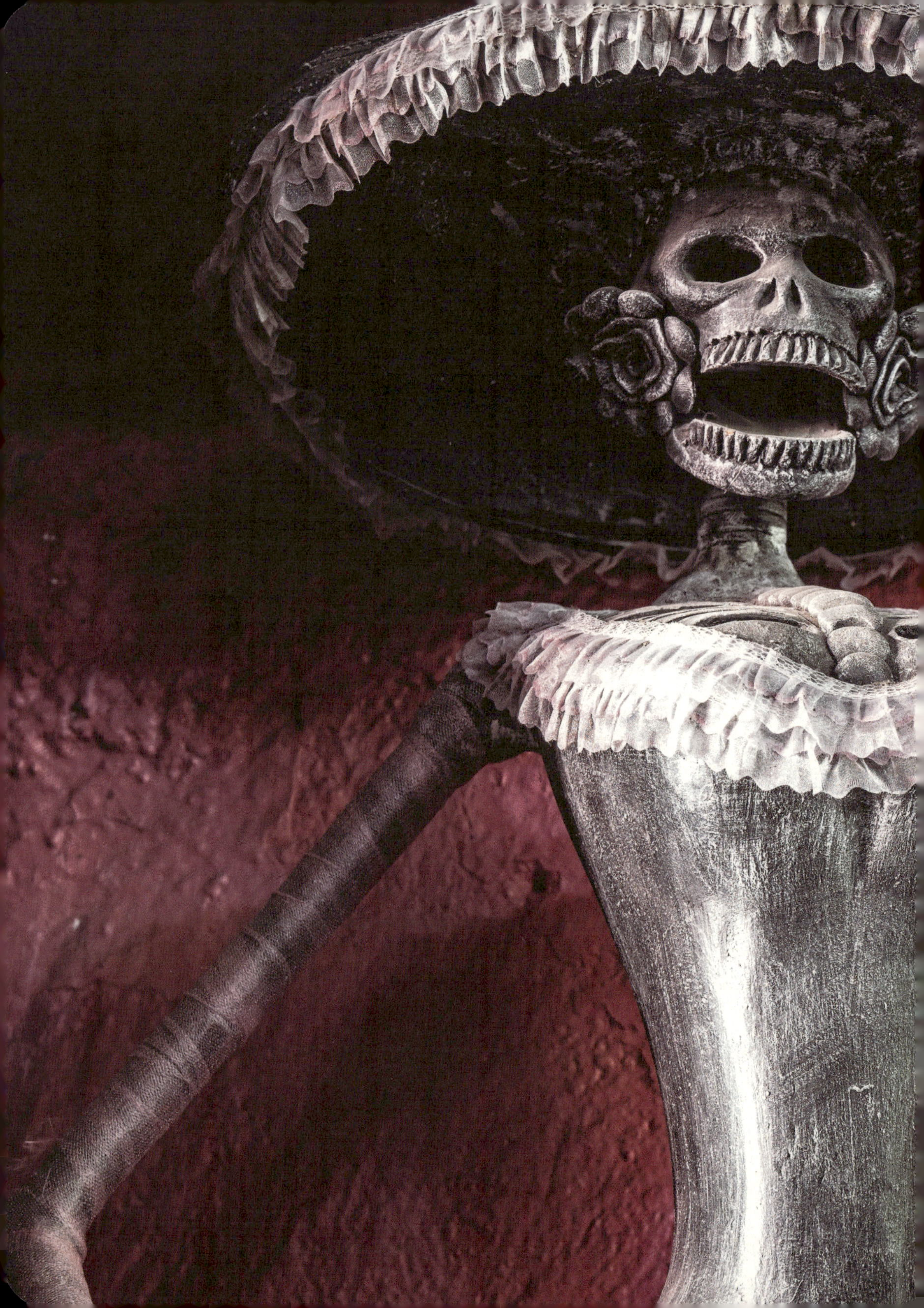

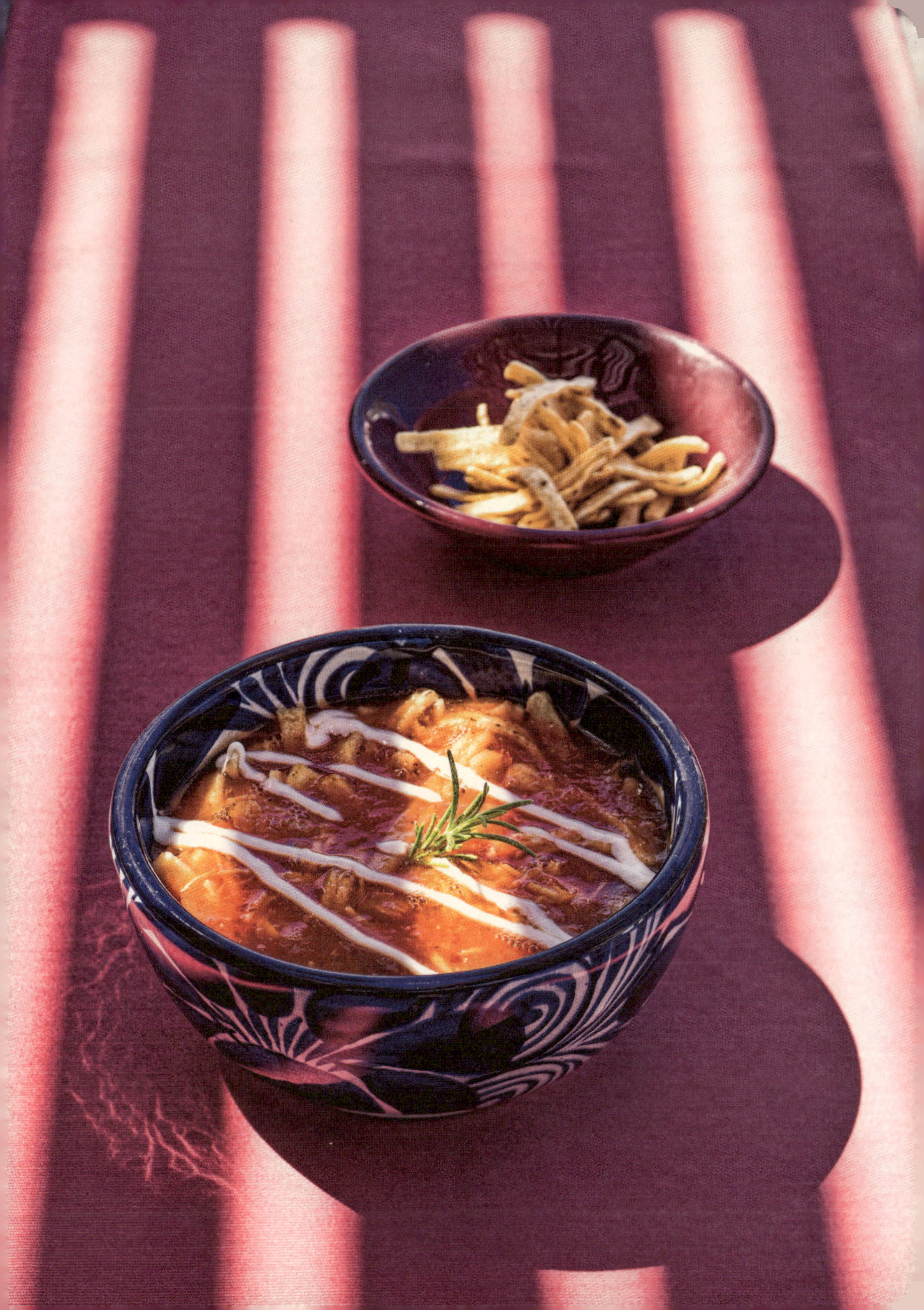

SOPA DE TORTILLA
TORTILLA SOUP

1. Cortar las tortillas en juliana. Freír en aceite caliente hasta que tengan una textura crujiente.

2. En una olla aparte, cocer pollo con agua, cebolla, sal y cilantro. Desmenuzar cuando esté cocido y reservar el caldo.

3. Verter en la licuadora el caldo de pollo con cebolla, ajo, jitomate y chile chipotle; licuar.

4. Colocar esta salsa en una cazuela y poner al fuego lento para que hierva hasta que cambie de color. Agregar más caldo de pollo y epazote; agrega sal al gusto. Dejar hervir.

5. En un plato hondo poner las tortillas fritas y agregar el caldo hasta cubrir por completo. Agregar queso rallado y crema.

*La sopa de tortilla de Landi's es catalogada como una de las mejores de la Baja y tanto su familia como amigos dicen que es reconfortante como una caricia_*

1. Julienne the tortillas. Fry them in hot oil until crisp.

2. Boil chicken with water, salt, onion, and parsley. Once cooked, shred the chicken and reserve, including the broth.

3. Blend the chicken broth with onion, garlic, tomato, and chipotle chiles.

4. Place on a pot and heat; let it simmer until it darkens a little bit. Add more chicken broth and the epazote. Salt to taste. Let it boil.

5. Serve the tortilla crisps on a plate and pour broth till tortillas are covered. Add shredded cheese and sour cream.

*Chef Landi's tortilla soup is catalogued as one of Baja's best; both friends and family agree that it is as comforting as it could be_*

Ingredientes:

6 tortillas de maíz
1/4 de cebolla
1 diente de ajo
5 jitomates
4 chiles chipotle ahumados
1 manojo de cilantro
1 rama de epazote
1 lt de caldo de pollo
1/2 pechuga de pollo
Aceite de canola
Crema
Queso
Sal

Ingredients:

6 corn tortillas
1/4 onion
1 clove of garlic
5 tomatoes
4 smoked chipotle chiles
3 epazote leaves (Mexican tea)
2 pints chicken broth
1/2 chicken breast
Canola oil
Sour cream
Cheese
Salt

ALBÓNDIGAS DE PESCADO
FISHBALLS

1. Calentar en una cacerola grande una cucharada de aceite vegetal con los huesos de pescado. Agregar la zanahoria, apio y la cebolla en cubos grandes. Dorar 10 minutos, agregar 1 litro de agua y 2 hojas de laurel; hervir 40 minutos y reservar.

2. En una sartén caliente, agregar la harina de maíz; retirar en cuanto ésta se torne más obscura y reservar.

3. En un recipiente mediano colocar la cebolla, cilantro, pescado, huevos, sal, orégano y la harina tostada de maíz. Mezclar todo muy bien, inicialmente con la ayuda de una cuchara de madera y después con las manos, hasta que estén completamente combinados. Dejar reposar 10 minutos y hacer albóndigas medianas.

4. Verter el caldo de pescado a una cacerola grande y dejar en hervor continuo. Agregar las albóndigas. Dejar que hierva todo a fuego lento durante aproximadamente 10 minutos o hasta que las albóndigas estén cocidas por dentro.

5. Se recomienda servir con un poco de arroz, jugo de limón y tortillas de maíz_

1. In a large pan heat a tablespoon of olive oil with the fishhead bones. Add the carrot, celery, and onion. Sauté for 10 minutes, add one liter of water and two bay leaves. Boil for forty minutes and reserve.

2. In a hot pan add the flour and stir. Remove from heat once it changes to a darker color.

3. In a medium bowl add onion, parsley, fish, eggs, salt, oregano, and toasted flour. Mix well with a wooden spoon until well-combined. Let it rest for 10 minutes, and form medium-size balls.

4. Add the fishballs to the boiling broth and let it simmer for 10 minutes or until balls are fully cooked.

5. It is recommended to serve with white rice, lemon juice, and corn tortillas_

Ingredientes:

250 g de filete de pescado (cochito)
150 g de cebolla picada
10 g de orégano
20 g de ajo picado
20 g de cilantro picado
2 Huevos
30 g de harina de maíz
300 g de huesos de pescado (cabeza)
30 g de apio picado en cubos
30 g de zanahoria picada en cubos grandes
10 ml de jugo de limón
5 g de hoja de laurel
15 ml de aceite vegetal

Ingredients:

9 oz diced triggerfish
1 cup diced onion
2 tsp oregano
2 tbsp chopped garlic
0.7 oz chopped parsley
2 eggs
1 oz corn flour
10 oz fishhead bones
1 oz diced celery
1 oz diced carrot
2 tsp lemon
1 bay leaf
3 tsp vegetable oil

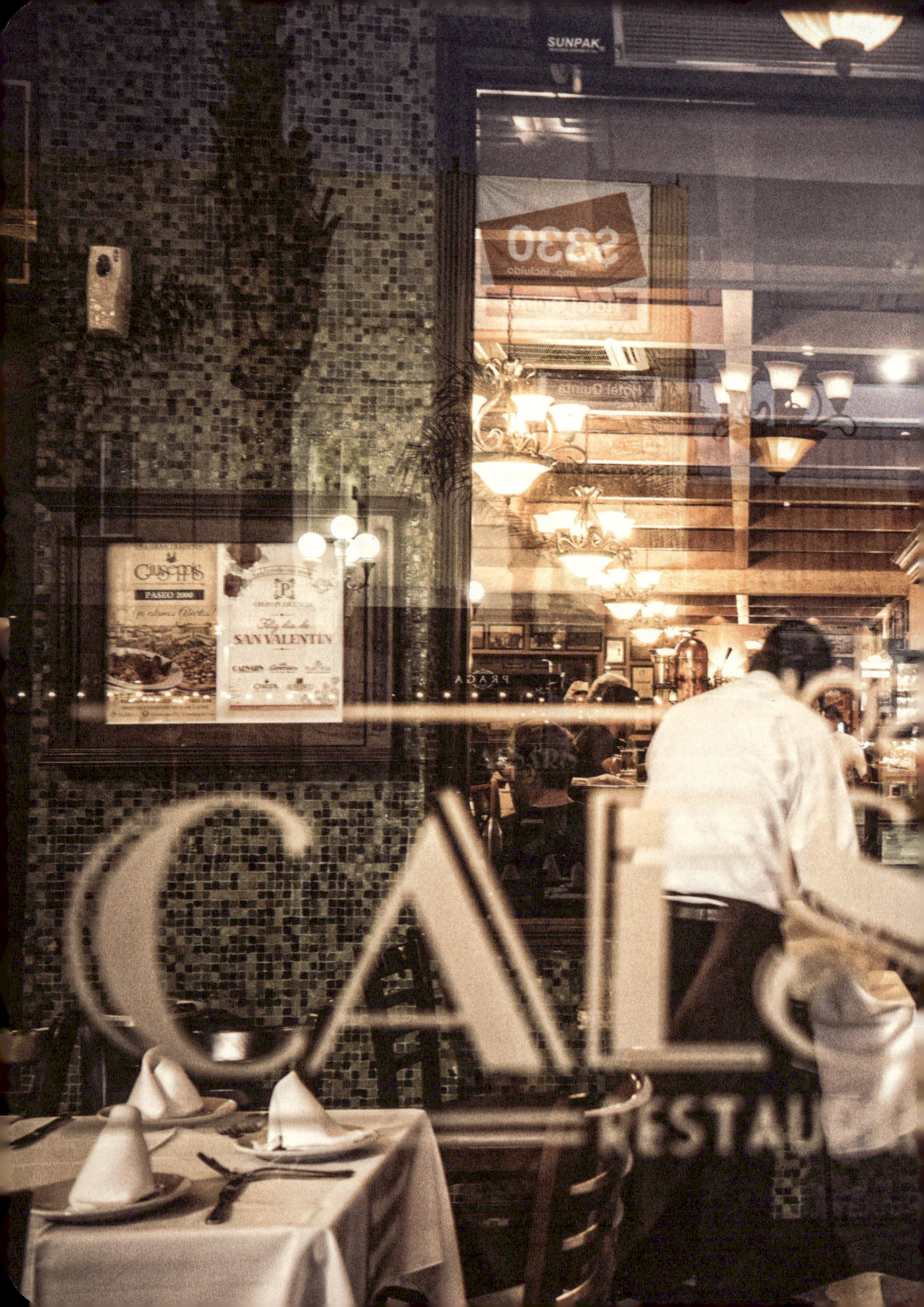
SUNPAK
PASEO 2000
SAN VALENTIN

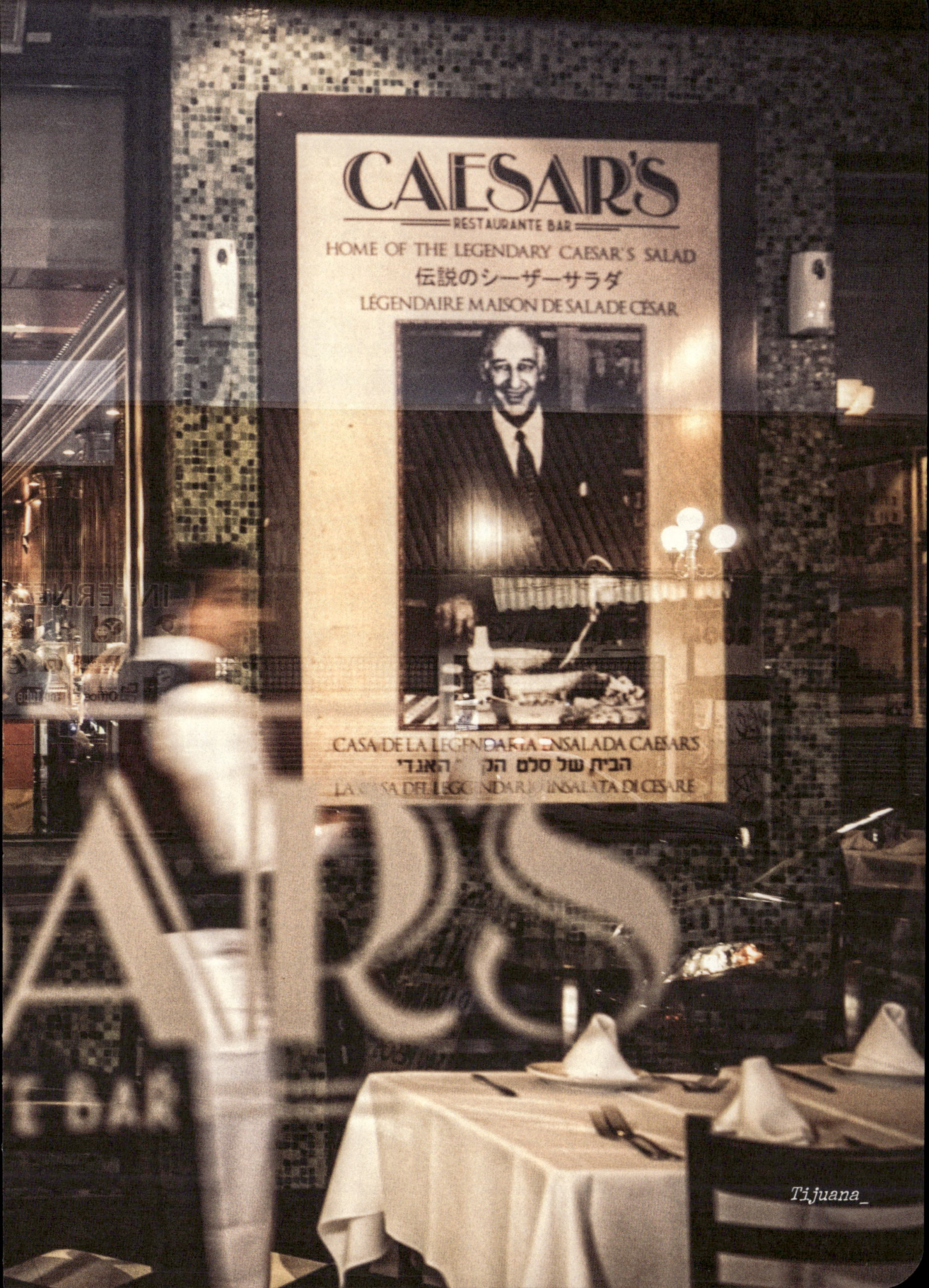
CAESAR'S
RESTAURANTE BAR
HOME OF THE LEGENDARY CAESAR'S SALAD
伝説のシーザーサラダ
LÉGENDAIRE MAISON DE SALADE CÉSAR
CASA DE LA LEGENDARIA ENSALADA CAESAR'S

Tijuana_

LA ENSALADA CÉSAR

El norte de la península es cuna de uno de los platillos más conocidos a nivel mundial, la famosa Ensalada César.

Existen algunas variantes en la historia de su invención, pero lo que sí se sabe es que tuvo su origen en el 'Hotel César' ubicado en Av. Revolución en Tijuana, en 1940. Existen versiones que explican que el creador original fue el Chef Livo Santini, quien una noche tras cerrar el servicio de cocina, recibió la tardía visita de un grupo de aviadores y elaboró este platillo de restos de comida, convirtiéndose en un éxito instantáneo. Posteriormente César Cardini, el dueño del hotel, se adjudicaría la autoría de este manjar.

Otras versiones afirman que fue el mismo Cardini quien invitó a algunos amigos a comer y, sin tener nada que ofrecerles, utilizó sobrantes de comida que revolvió en un tazón para satisfacer el paladar de sus invitados de inesperada y sabrosa forma_

—•—

Preparación:

1. En un tazón de madera se muele la anchoa junto con el ajo, la pimienta, la mostaza, la salsa inglesa y el jugo de limón. Se incorpora la yema de huevo para obtener textura.

2. Agregar el aceite de oliva para crear el volumen y consistencia deseada y finalizar con el queso parmesano_

Ingredientes (4 personas)

20 piezas de hoja lechuga romana
200 g de taz de aceite de oliva extra virgen
20 g de salsa inglesa
15 g mostaza Dijon
15 g de ajo triturado
1 yema de huevo
15 g jugo de limón verde
3 g pimienta negra
35 g queso parmesano
4 piezas de croutones
40 g de anchoas

THE CAESAR SALAD

The northern peninsula is also the birthplace of one of the most famous dishes worldwide.

There are some variations in its origin, but what is known is that it originated in the Hotel César, located on Revolution Avenue in Tijuana in 1940. One version explains that the original creator was the Chef Livo Santini, who one night after closing the kitchen service received a late visit of a group of airmen and prepared this dish out of leftovers, becoming an instant success. Later the owner of the hotel, Caesar Cardini, named this delicacy after himself.

Other versions say it was Cardini who invited some friends to eat and, having nothing to offer them, used leftovers that he stirred in a bowl to satisfy the palate of his guests in an unexpected and tasty way_

—•—

Preparation:

1. In a wooden bowl grind the anchovies and garlic, pepper, mustard, Worcestershire sauce, and lemon juice. The yolk is incorporated to achieve texture.

2. Add olive oil to create volume and the desired texture; finish by adding Parmesan cheese_

Ingredients (serves 4)

20 leaves romaine lettuce
7 oz extra virgin olive oil
1 oz Worcestershire sauce
1/2 oz Dijon mustard
1/2 oz crushed garlic
1 egg yolk
1/2 oz lime juice
1 tsp black pepper
1.2 oz Parmesan cheese
4 croutons
1.4 oz anchovies

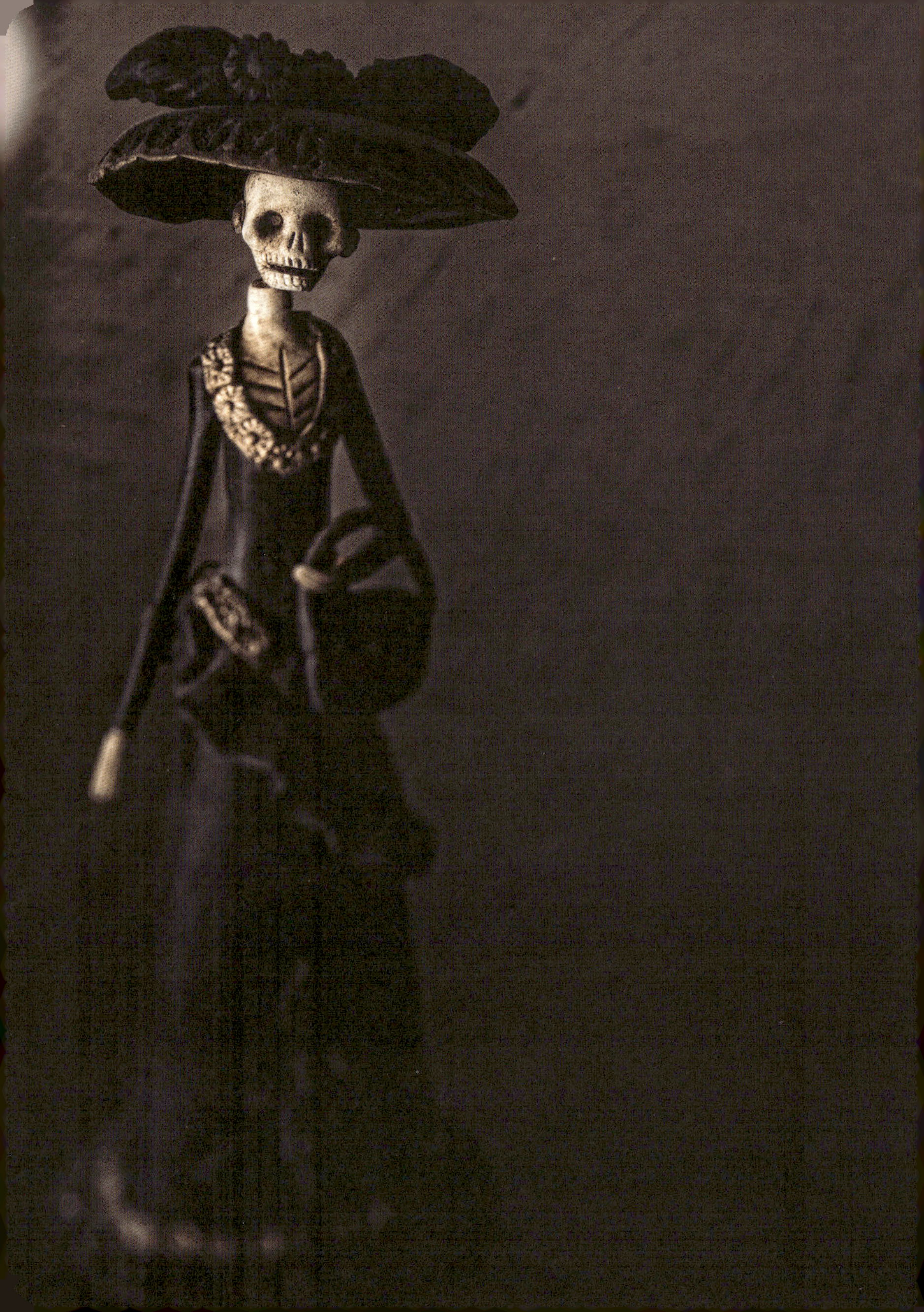

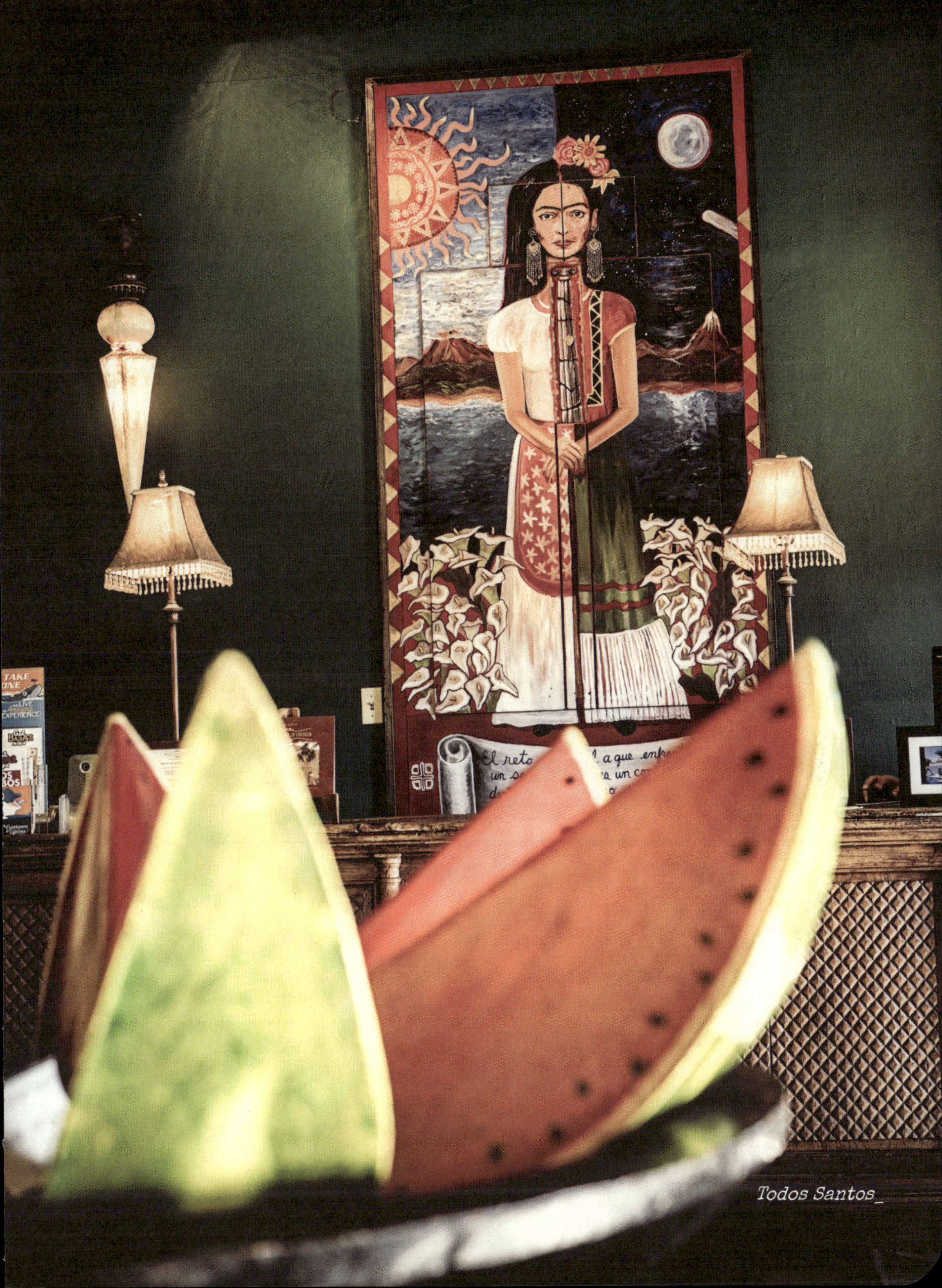

Todos Santos_

BURRITOS DE MACHACA DE MANTARRAYA
SHREDDED MANTA RAY MEAT BURRITOS

1. Cortar la papa en cubos de 25 mm aproximadamente.

2. Cortar el chile poblano en rajas.

3. Picar el ajo y la cebolla.

4. Saltear la machaca con las verduras en el aceite de oliva. Rectificar sazón si es necesario.

5. Calentar las tortillas de harina y embarrar los frijoles individualmente. Agregar la machaca sazonada y enrollar en forma de burrito.

6. Servir los burritos en el plato acompañándolos con queso fresco, guacamole, limón y salsa para acompañar_

1. Cut potatoes into cubes of about one inch.

2. Cut the chile poblano rajas.

3. Chop the garlic and onion.

4. Stir-fry the mashed vegetables with olive oil. Adjust seasoning if necessary.

5. Heat the tortillas and smear individually with beans. Add the seasoned, shredded stingray meat and roll into burrito.

6. Serve burritos on the plate accompanied by cheese, guacamole, lemon and sauce_

Ingredientes:

80 g de machaca de mantarraya casera
80 g de frijoles refritos bayos
2 piezas de tortillas de harina
60 g de guacamole
30 g de queso fresco
20 g de chile poblano
20 g de cebolla picada
20 g de papa rouset
5 g de Aajo
15 ml de aceite de oliva
3 limones en tercios
6 ml de salsa asada

Ingredients:

3 oz shredded stingray meat
3 oz of refried bayos beans
2 pcs flour tortillas
3/4 cup guacamole
2 tbsp fresh cheese
1 poblano chile
2 tbsp chopped onion
2 tbsp russet potatoes
1/2 tbsp garlic
1 tbsp olive oil
3 lemons cut into thirds
1 tsp roasted sauce

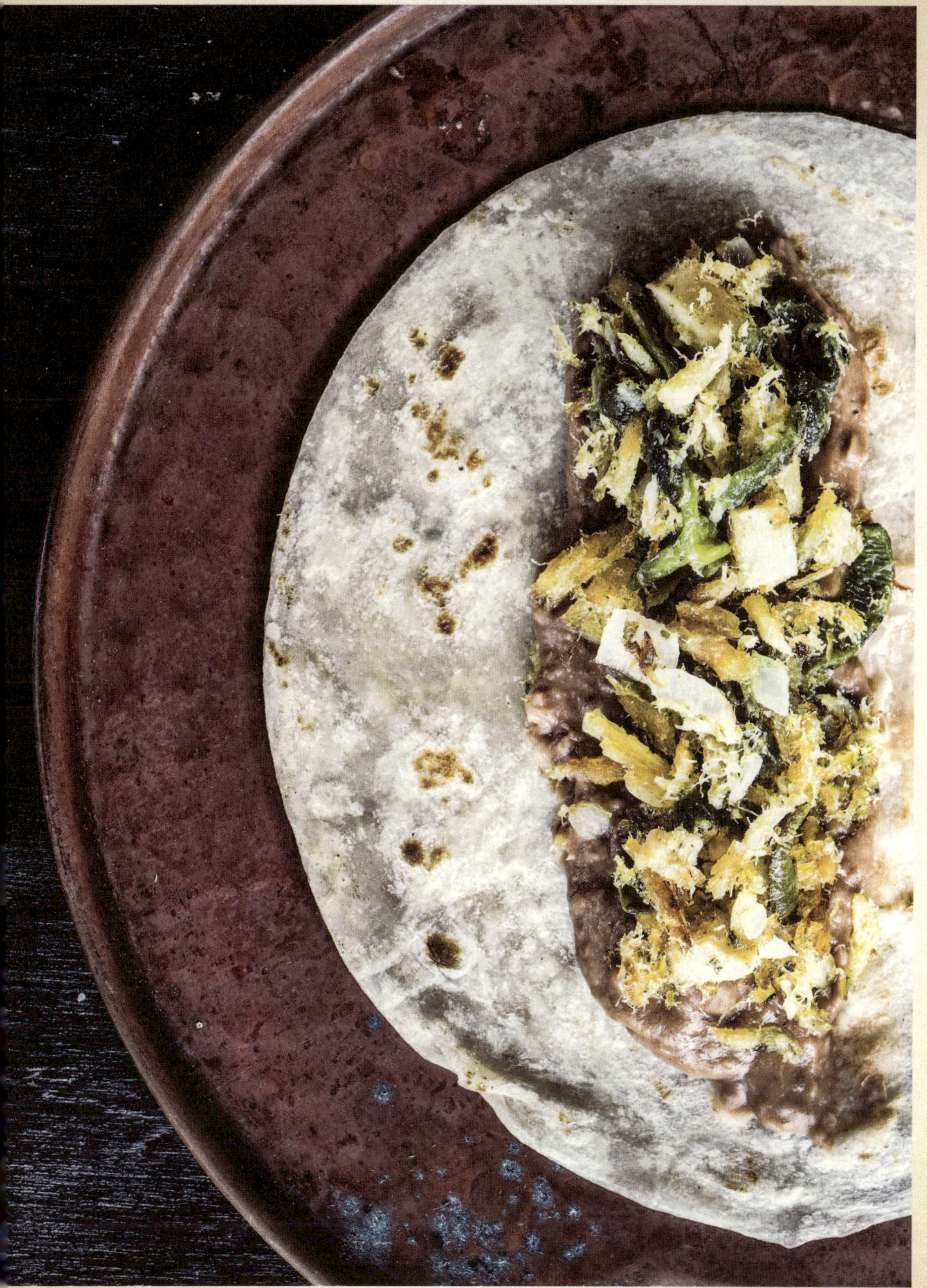

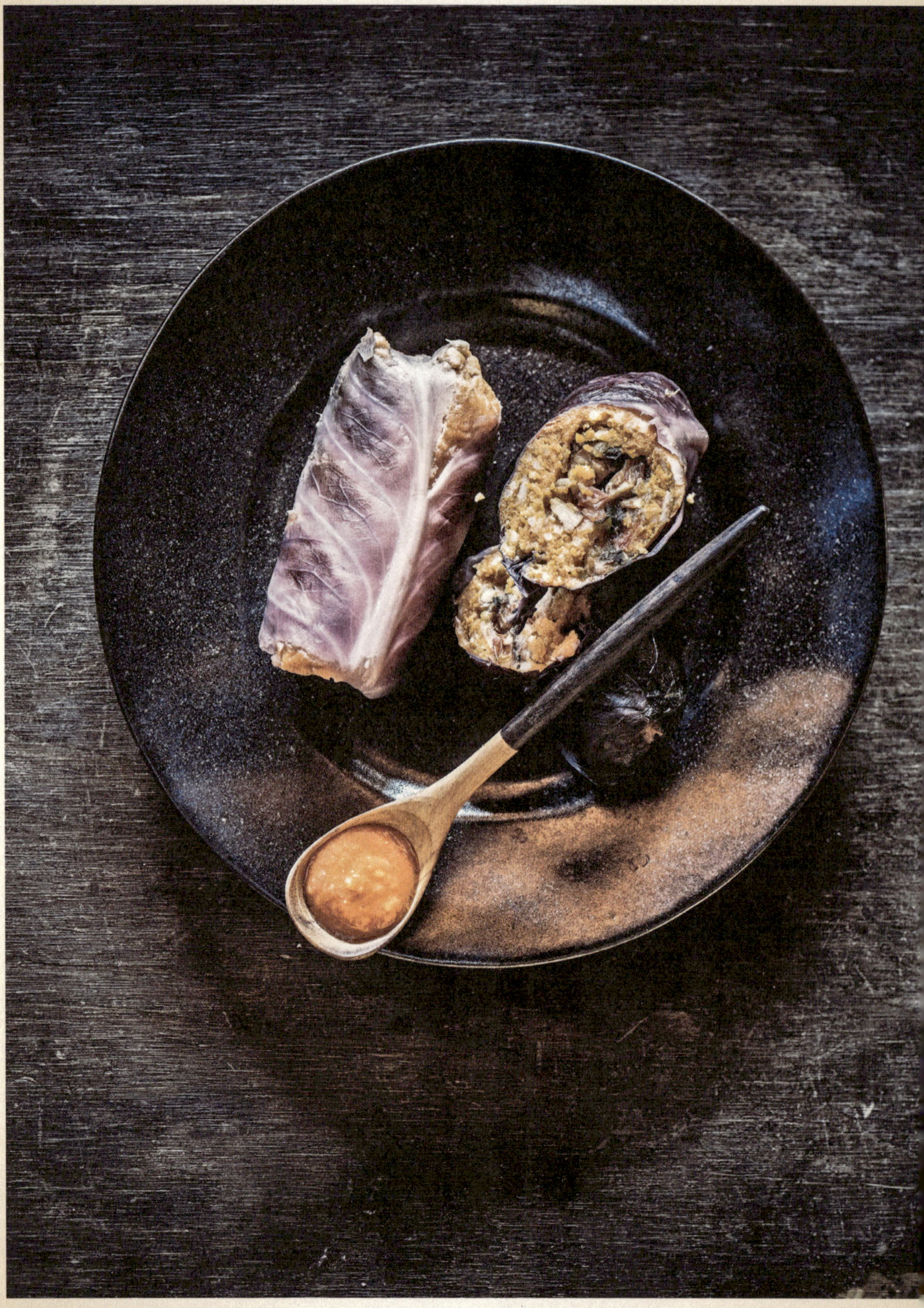

TAMALES SIRIANOS
SIRIAN TAMALES

1. Hervir agua en una cacerola y cocer las hojas de col durante 10 minutos, hasta que estén totalmente flexibles. Colar y reservar en frío.

2. Poner una sartén chico a fuego alto y agregar el arroz blanco para cocer con 100 ml de agua y una pizca de sal. Una vez cocido dejar enfriar y reservar.

3. En una cacerola, hervir 2 litros de agua con chile guajillo, ajo y la mitad de la porción de cebolla. Agregar el frijol y cocer hasta que esté totalmente tierno, 3 horas aproximadamente. Licuar hasta crear una salsa espesa y reservar.

4. Tatemar el jitomate, licuar y reservar. En un tazón, poner la harina de trigo, el arroz cocido, el jugo de tomate y la manteca de puerco previamente derretida y amasar hasta lograr una textura completamente uniforme. Reservar.

5. Picar finamente el resto de la cebolla, el chile poblano, las pasas y la carne de conejo. Cocinar en un sartén con aceite. Reservar.

6. Extender una hoja de col morada y colocar una capa ligera de masa preparada. Agregar el guisado de conejo. Envolver en forma de taco, amarrar con cordón de algodón y reservar.

7. Hervir agua en una vaporera, colocar los tamales en forma vertical y dejar cocinar tapados por 30 minutos hasta que la masa esté totalmente cocida. Reservar. Calentar la salsa de frijol y bañar los tamales _

1. Boil water and add the red cabbage for 10 minutes until flexible. Reserve.

2. Place a small pot over high heat and add the white rice with 1/2 cup of water and a dash of salt. Once cooked, let it rest and cool.

3. Boil two liters of water with the guajillo chiles, garlic, and half the onion. Add the beans and cook until tender (three hours approximately). Blend for a thick sauce and reserve.

4. Grill the tomato; blend and reserve. In a bowl place the wheat flour, cooked rice, tomato juice, and melted lard; mix well to form a consistent dough. Reserve.

5. Finely chop the rest of the onion, poblano chiles, raisins, and rabbit meat. Cook in a pan with oil. Reserve.

6. Spread a spoonful of dough on a cooled red cabbage leaf. Add a spoonful of rabbit stew. Fold over to form a taco and secure with the cotton cord.

7. Place the tamales in a steamer and cook for 30 minutes or until the dough is completely cooked. Pour over the bean sauce and serve _

Ingredientes:

200 g de col morada deshojada
200 g de harina de trigo
30 g de arroz
50 g de tomate saladet
60 g de ajo
100 g de cebolla blanca
30 g de pasas
250 g de carne de conejo
40 g de chile poblano
40 g de frijol
40 g de manteca de puerco
40 g de chile guajillo
50 cm cordón de algodón

Ingredients:

7 oz red cabbage leaves
7 oz wheat flour
1 oz rice
2 oz tomato
2 oz garlic
3.5 oz white onion
1 oz raisins
9 oz rabbit meat
1.5 oz poblano chiles
3 tbsp beans
3 tbsp lard
1.5 oz guajillo chiles
20-inch cotton cord

EMPANADAS DE CARNE

1. Colocar en un tazón toda la harina y agregar una cucharada de sal incorporando poco a poco la manteca y el agua, mientras se amasa vigorosamente hasta lograr una textura uniforme. Hacer bolitas de 30 g. Reservar.

2. Hervir agua y agregar una cebolla, una cabeza de ajo, sal y la carne.

3. Cocer la carne, desmenuzar y reservar.

4. Tatemar el jitomate con el ajo hasta que tengan un poco de ceniza en su exterior. Reservar.

5. Poner a hervir un poco de agua en una cacerola y agregar los chiles guajillos; dejar hirviendo por 15 minutos. Reservar junto con el agua donde se cocinaron.

6. En una licuadora colocar los ajos, con el jitomate y los chiles; licuar hasta crear una pasta roja. Reservar.

7. Picar el chile poblano y la cebolla en julianas. Reservar.

8. En una sartén caliente freír la cebolla y el chile durante 5 minutos y agregar la carne, la salsa y las aceitunas. Cocinar 10 minutos más, salpimentar y reservar.

9. Formar las empanadas estirando las bolita de masa hasta lograr tortillas circulares y delgada. Rellenar con el guisado de carne y cerrar formando un medio círculo, sellar las orillas con un tenedor.

10. Colocar una cacerola con aceite a fuego alto y agregar una empanada. Freír durante 3 minutos aproximadamente.

11. Se sirven con salsa picosa y un poco de crema agria natural acompañado de frijoles refritos como guarnición_

Ingredientes:

240 g de carne de res (pecho)
15 g de ajo
50 g de cebolla
100 g de jitomate
50 g de chile poblano
40 g de chile guajillo
30 g de aceituna sin hueso
5 g de sal
5 g de pimienta
100 g harina de trigo
25 g de manteca de puerco
40 ml de agua
1 lt de aceite vegetal

BEEF EMPANADAS

1. In a bowl mix the wheat flour and a teaspoon of salt. Little by little add the lard and water, mixing thoroughly for a consistent dough. Divide into 2 tbsp balls. Reserve.

2. Boil water and add an onion, one clove of garlic, beef, and salt.

3. Once beef is cooked, remove from heat and shred. Reserve.

4. Grill the tomato with a clove of garlic.

5. Boil the guajillo chiles in water for 15 minutes, reserve it all (the liquid too).

6. In a blender add the grilled garlic, tomato, guajillo chiles, and water. Blend well until smooth.

7. Julienne the poblano chiles and onion.

8. Add oil to a pan and sauté for five minutes. Add the shredded beef, sauce, and olives. Cook for 10 minutes and add salt and pepper to taste.

9. Flatten each ball to tortilla-like thickness. Spoon a tablespoon of beef mixture into the middle and fold over one end of the circle to form a half moon, or empanada. Seal the edges by pressing well.

10. Fry each empanada on high heat for three minutes approximately.

11. Serve with a hot sauce, sour cream, and beans_

Ingredients:

0.5 lb beef
0.5 oz garlic
1/3 cup onion
2/3 cup cherry tomato
2 oz poblano chiles
1/2 cup guajillo chiles
1 oz pitted olives
1 tsp salt
1 tsp pepper
3.5 oz wheat flour
3 tsbp lard
3 tsbp water
34 fl oz vegetable oil

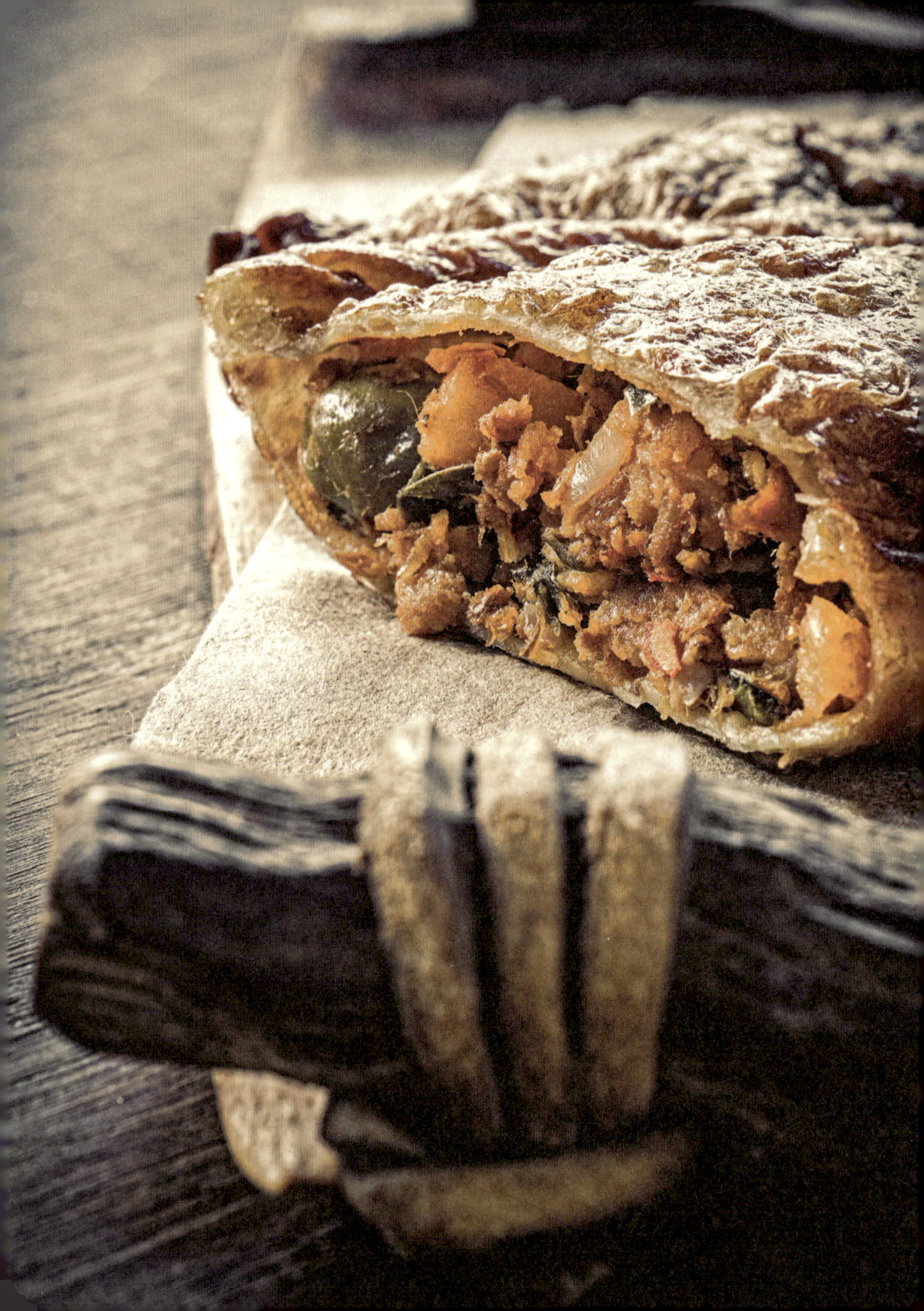

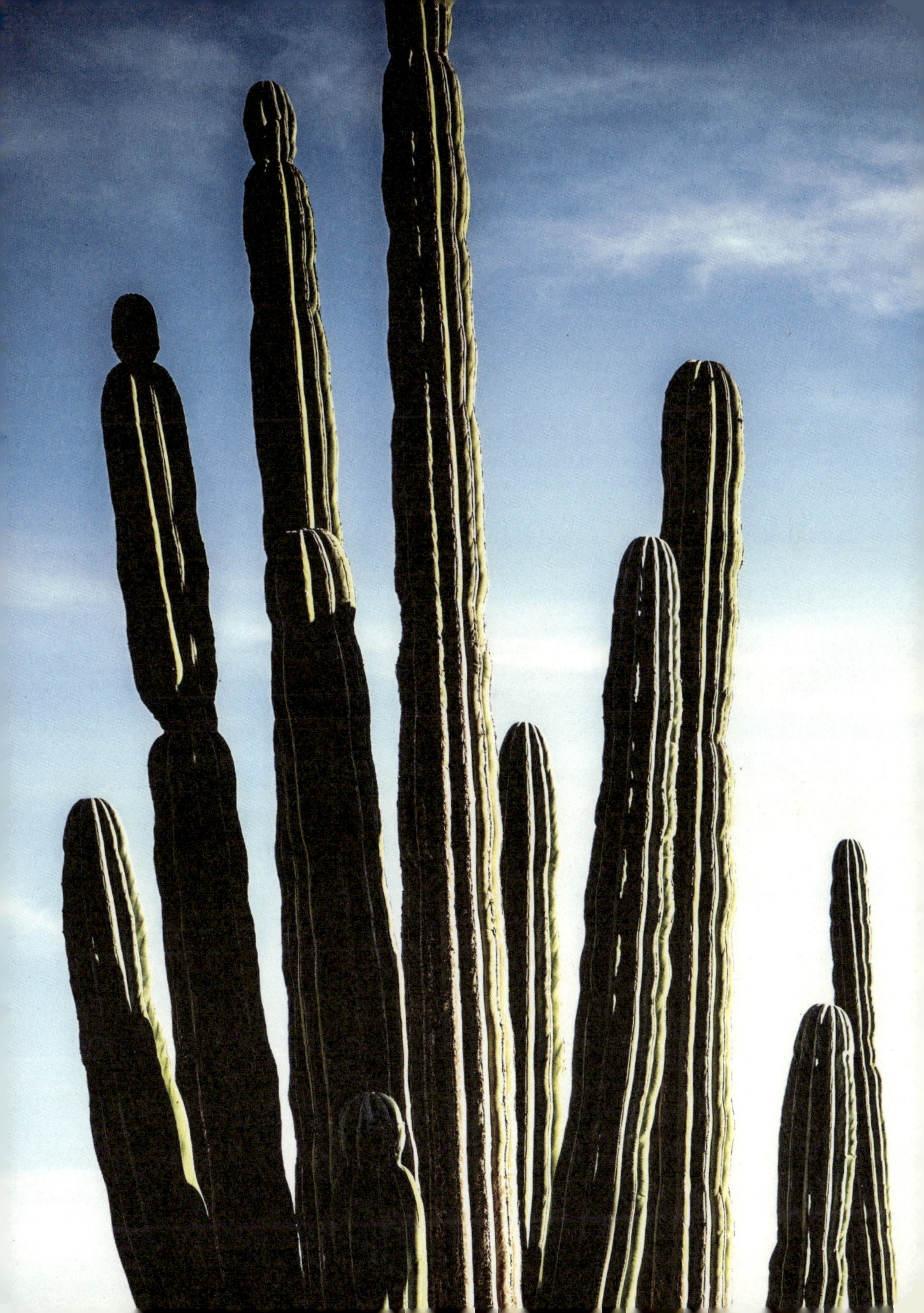

ENSALADA DE NOPALES
CACTUS SALAD

1. Se lavan y cortan los nopales en rectángulos pequeños.

2.Se coloca en un recipiente con agua y sal, esto es para retirar la baba. Se deja reposar media hora.

3. Se enjuagan bajo el chorro de agua y se llevan a fuego en una olla con agua, sal y un chorrito de vinagre (esto también ayuda a cortar la baba).

4. El punto de cocción es igual que cualquier verdura, cuando estén blandos y masticables (esto depende del gusto, si gustan más tierno o al dente), se retiran y escurren en un colador.

5. Se corta en pequeños cubos la cebolla y el tomate.

6. Se pica finamente el cilantro (previamente desinfectado).

7. Cuando los nopales estén fríos mezclan con el resto de los ingredientes (cebolla, tomate, cilantro) y se le agrega sal al gusto_

1. Wash and cut the cactus into small rectangles.

2. Place in a bowl with water and salt; this is to remove the slime. Let stand half an hour.

3. Rinse under running water and bring to a boil in a pot with water and salt and a splash of vinegar (this also helps to cut the slime).

4. The point of cooking is just like any vegetable; when they are soft and chewy (this depends on the taste, if you like more tender or al dente) remove and drain in a strainer.

5. Cut tomatoes and onions into small cubes.

6. Clean and chop cilantro finely.

7. When the nopales are cool, mix with the remaining ingredients (onion, tomato, cilantro) and add salt to taste_

Ingredientes:

6-8 nopalitos tierno (suelen comprarse limpios y sin espinas)
1 cebolla pequeña
2 tomates rojos
1 manojo de cilantro
Sal
Vinagre

Ingredients:

6 to 8 tender cactus paddles (nopales), rinsed clean
1 small onion
2 red tomatoes
1 bunch cilantro
Salt
Vinegar

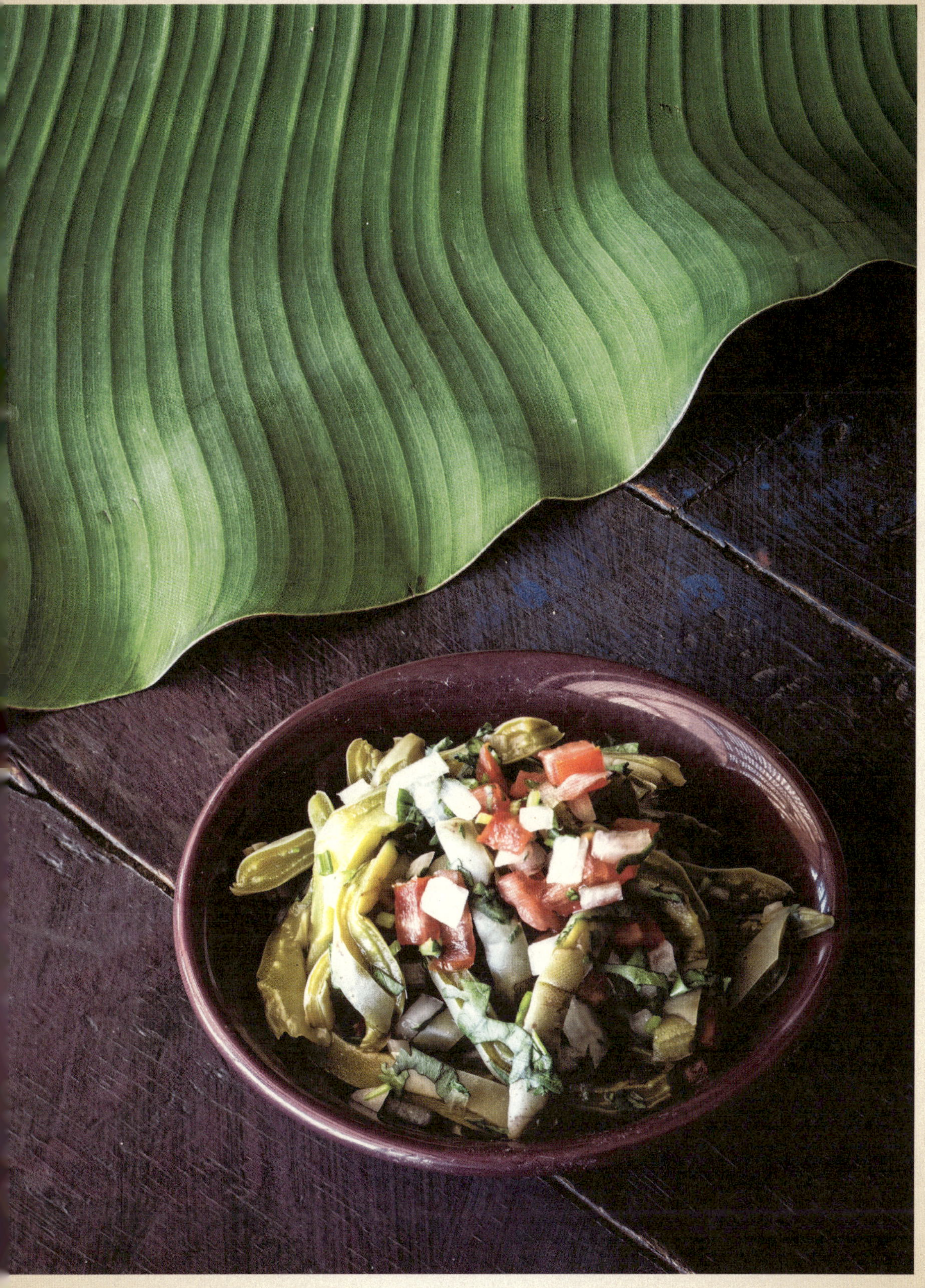

MACHACA DE RES
BEEF MACHACA

1. Picar en cubos chicos las papas y sazonar con un poco de sal. Freír y retirar del aceite cuando estén bien fritas. Reservar.

2. Picar la cebolla en rebanadas pequeñas y delgadas junto con el chile poblano. Reservar.

3. Picar en cubos chicos el tomate y reservar.

4. En una sartén muy caliente, agregar una cucharada de aceite de canola junto con la cebolla y el chile. Saltear por un lapso de 5 minutos y agregar el jitomate, la machaca y la papa; cocinar por 10 minutos hasta que la machaca quede bien mezclada con los vegetales e hidratada con el jitomate.

5. Se sirve acompañada de frijoles, un buen queso fresco y tortillas de harina _

1. Cube the potatos and salt them. Sauté, and once done, remove from heat. Set aside.

2. Finely slice the onion and poblano chiles. Reserve.

3. Cube the tomato and set aside.

4. In a hot pan add a tablespoon of canola oil, onion, and chiles. Cook for five minutes, and add the tomato, shredded beef, and potato. Cook for 10 minutes more until the beef is mixed well with the vegetables and the tomato has released its juice.

5. Serve with beans, a good Mexican style cheese (fresco), and flour tortillas _

Ingredientes:

400 g de carne de res
30 g de ajo
15 g de sal de grano
15 g de chile de árbol
50 g de cebolla
50 g de jitomate
60 g de papa
50 g de chile poblano
Sal al gusto
Aceite de canola

Ingredients:

14 oz shredded beef
1 oz garlic
1 tbsp rock salt
1 tbsp bird's beak chiles
2 oz diced onion
2 oz cherry tomato
2.2 oz potato
2 oz poblano chiles
Salt
Canola oil

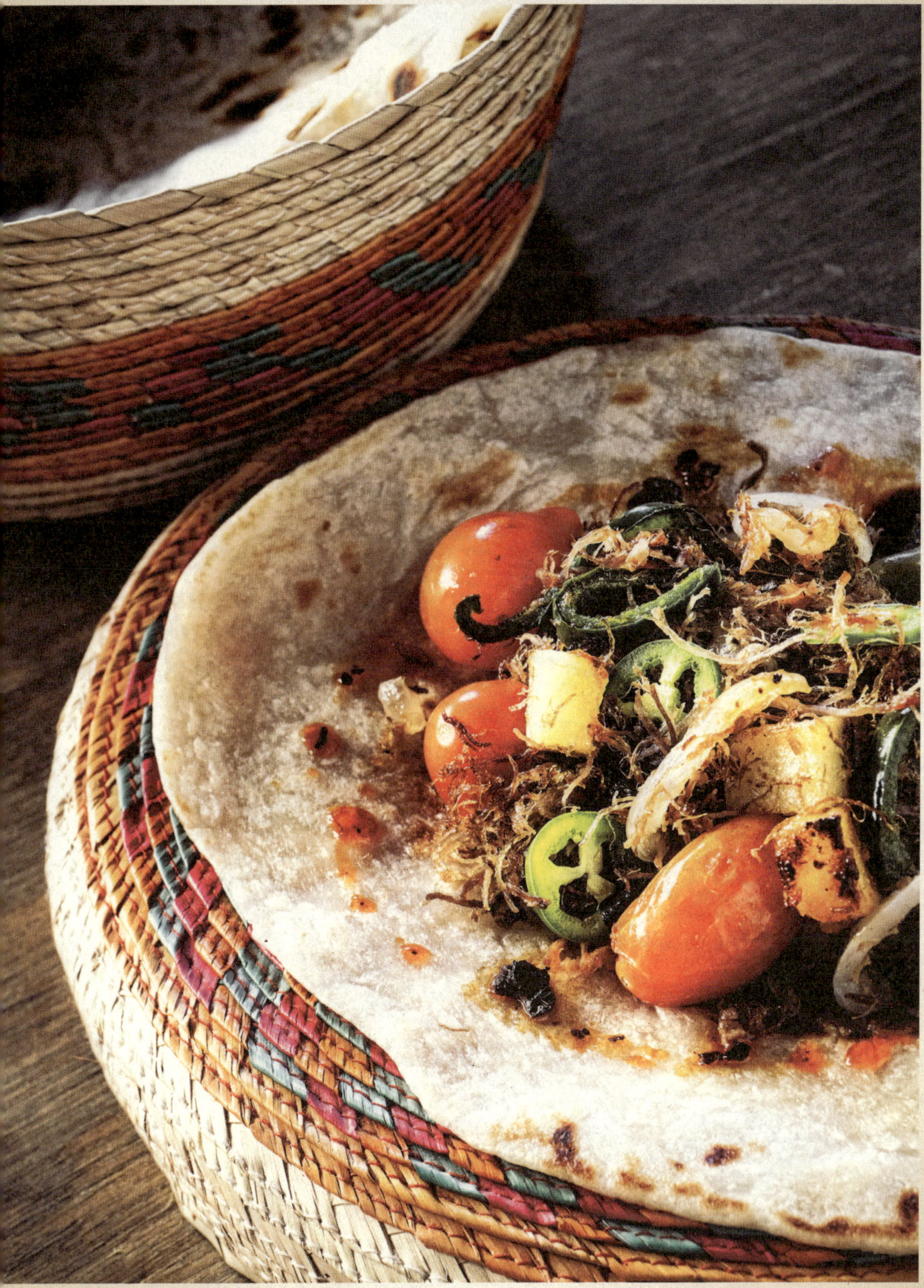

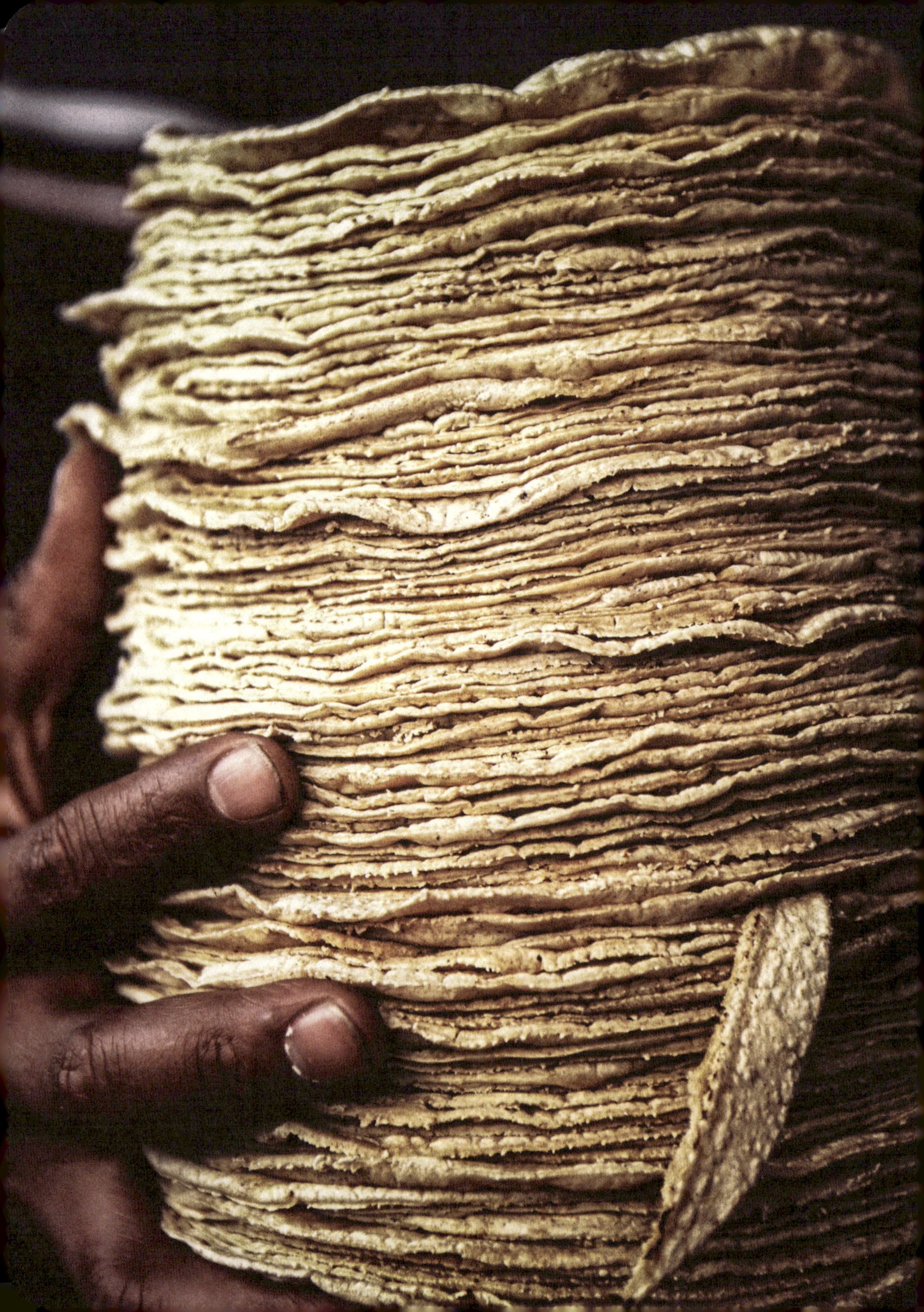

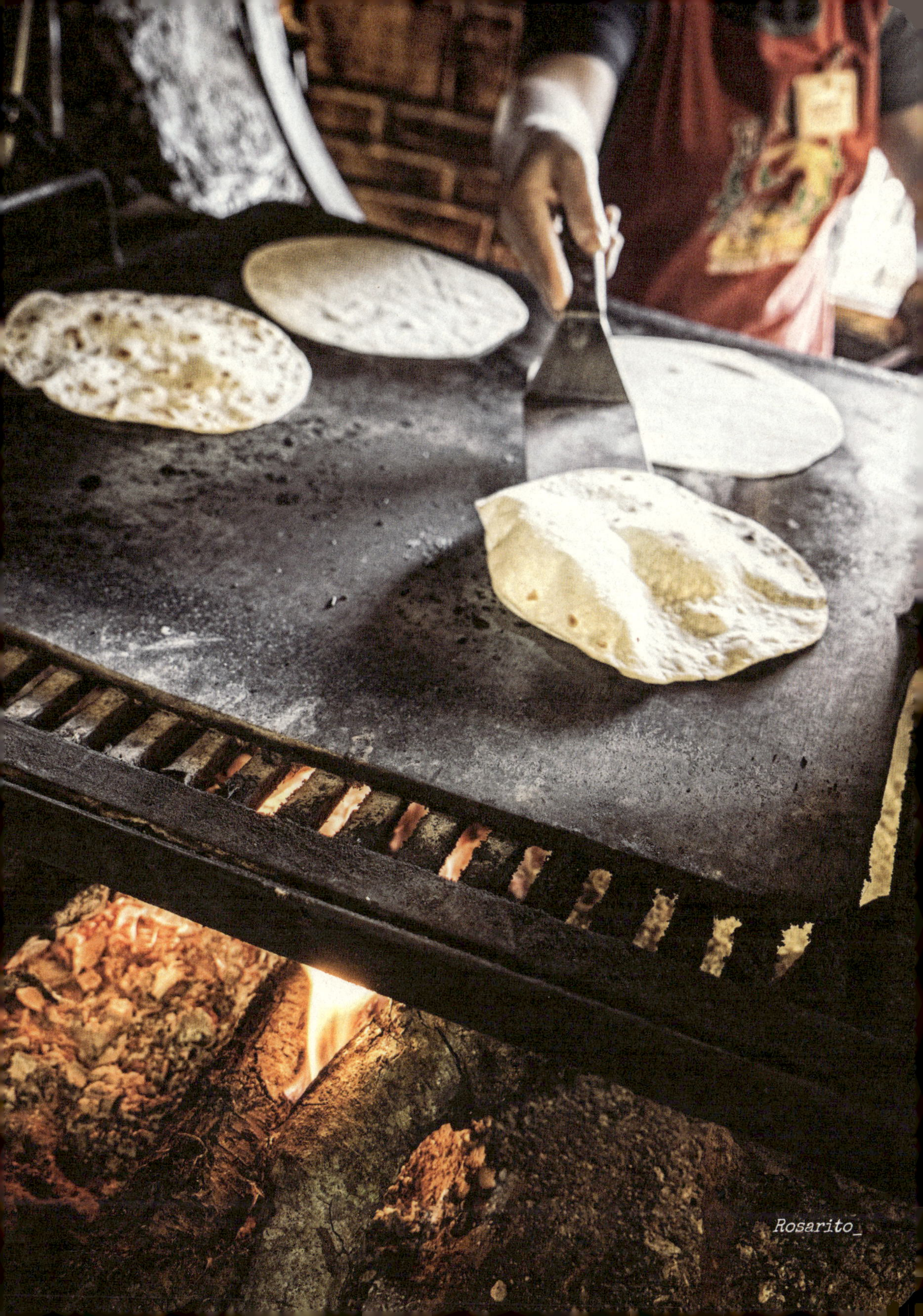

Rosarito_

LA TORTILLA, IDENTIDAD CULINARIA EN MÉXICO

La tortilla es indiscutiblemente versátil en su preparación y degustación, es un complemento que se saboreamos con todos los sentidos desde niños. En el pasado era clásico ver como las preparaban las abuelitas en casa, moliendo el maíz en el molino o en el metate, preparando la masa con agua y cal para darle forma con sus manos y cocerlas en el comal. En México es típico ir a la tortillería y ser seducidos con el aroma que inunda el lugar. Nada como ese momento donde la tortilla se desliza por la palma de la mano, se le agrega sal y queda lista para saborear.

En el norte del país también existe la tortilla de harina. Y aunque difieren en su preparación y cocción, el resultado sigue siendo igual de delicioso; compañeras perfectas de la machaca o los tacos de carne asada. Bien dicen en el norte: “Si son de harina, ni me las calientes”.

La tortilla es la protagonista de la dieta en México, alcahueta de antojos y costumbres. No importa si son grandes o chicas, azules o doradas, de maíz o harina, tostadas, fritas, horneadas, recién hechas, recalentadas, la mejor manera de saborearla es con tu platillo favorito, disfrutando hasta el último bocado. Todo el día, todos los días_

—•—

Preparación:

1. Hervir el agua en una olla con la mantequilla y manteca hasta que suelte el hervor.En un tazón colocar harina, polvo de hornear, sal y hacer una fuente.

2. En el centro, añadir el agua hervida poco a poco hasta lograr una masa de consistencia blanda. Se hacen unas bolitas (llamadas “testales”) de 5 cm y se van extendiendo con un rodillo o prensa hasta obtener el grueso deseado. Se cuecen en comal caliente_

Ingredientes:

500 g de harina
50 g de manteca
1 pizca de polvo para hornear
1 cucharadita de Mantequila
1 lt de agua
Sal

THE TORTILLA'S CULINARY IDENTITY IN MEXICO

The tortilla in Mexico is unquestionably versatile in both preparation and taste, and we enjoy it since childhood with all of our senses. It was usual to watch as our grandmothers cooked at home, grinding corn at the mill or the metate (grindstone), preparing dough with water and lime to shape with our hands and cook on the griddle. It is so typical to go to the tortilla shop and be seduced by the aroma that fills the place. And nothing compares to that moment when we slide a tortilla down to the palm of our hand, adding salt and ready to enjoy.

In the north there is also the flour tortilla. And although they differ in their preparation and cooking, the result is still just as delicious—perfect companions for the machaca (shredded beef) or grilled meat tacos. They say in the North, "if they are flour, don't even heat them."

It was the star of the diet in Mexico, the celebrity of cravings and customs. And no matter how big or small, blue or gold, corn or flour, roasted, fried, baked, freshly made, reheated ... the best way to enjoy your favorite dish is enjoying it to the very last bite. All day every day_

—•—

Procedure:

1. Boil the water with the butter and lard.
In a bowl mix the flour, baking powder, and salt. Part in the middle and add the boiling water little by little, and mix for a soft consistency.

2. Form two inches ball and flatten with a rolling pin until you achieve the desired thickness. Place on a griddle until fully cooked on both sides_

Ingredients:

17 oz white flour
1/4 tbsp lard
1/4 tbsp baking powder
1 tbsp butter
1 lt water
Salt

BURRITOS DE VENADO
SHREDED DEER BURRITOS

1. Calentar el sartén con aceite. Agregar la cebolla y dorar hasta que esté transparente. Incorporar el chile morrón, el jitomate y guisar por unos minutos. Sazonar con sal y pimienta al gusto. Por último, agregar la machaca de venado y cocinar hasta que los ingredientes estén mezclados y cocidos en su totalidad.

2. En un comal calentar las tortillas de harina y rellenar con la machaca de venado_

—•—

1. Heat a pan with the oil. Add the onion and sauté until transparent. Add the bell pepper and tomato, and stir for a couple of minutes; add salt & pepper to taste. Lastly, add the shredded deer and cooked until everything is heated through.

2. Heat the flour tortillas on a griddle and add the machaca. Form burritos and serve_

—•—

Ingredientes:

250 g de machaca de venado previamente dorada
500 g de tomate picado
1/2 cebolla picada
1 pieza de chile morrón verde picado
8 tortillas de harina
4 cucharadas de aceite
Sal
Pimienta al gusto

Ingredients:

1/2 lb toasted shredder deer
1 lb diced tomato
1/2 chopped onion
1 chopped green bell pepper
8 flour tortillas
4 tbsp oil
Salt
Pepper

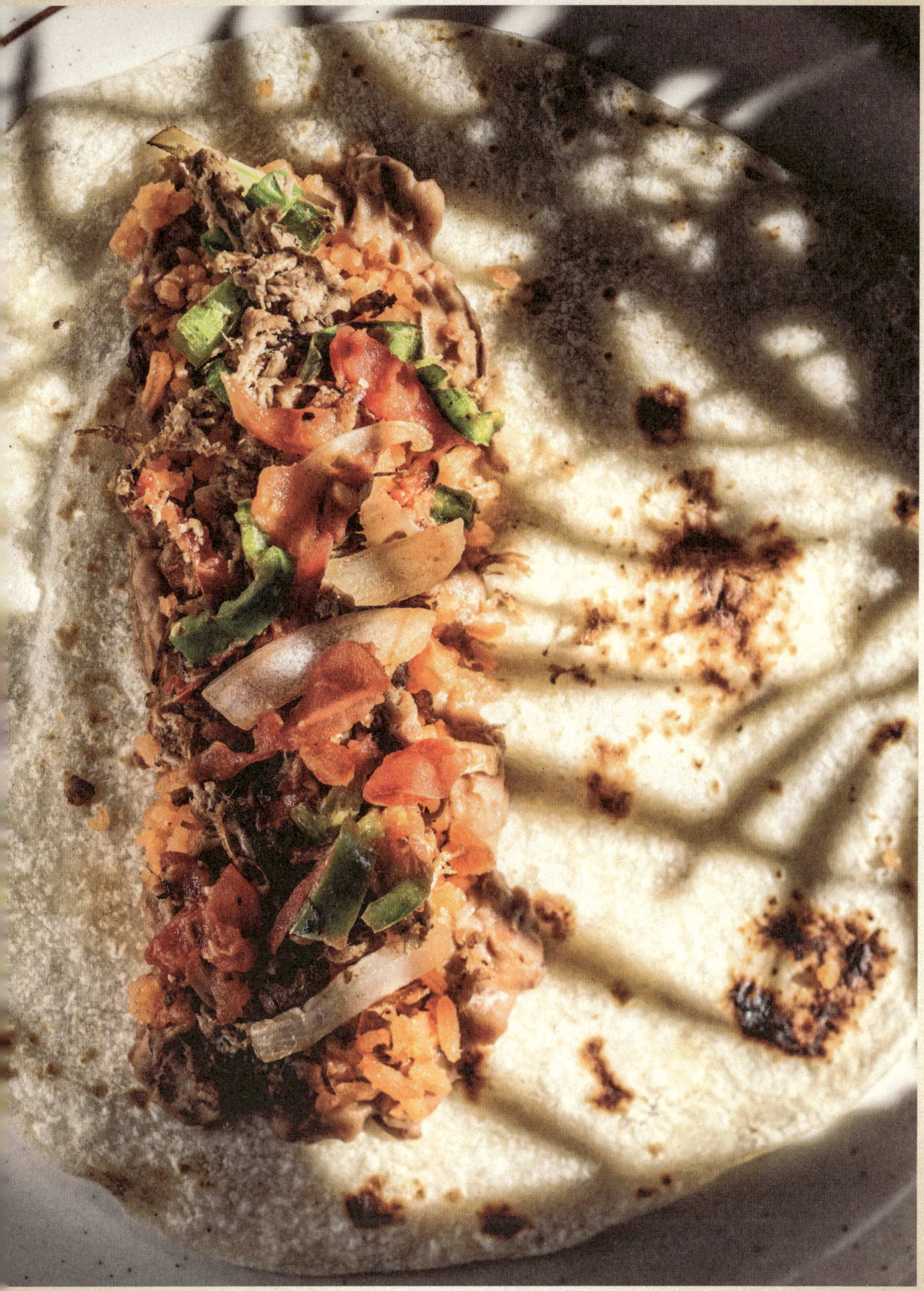

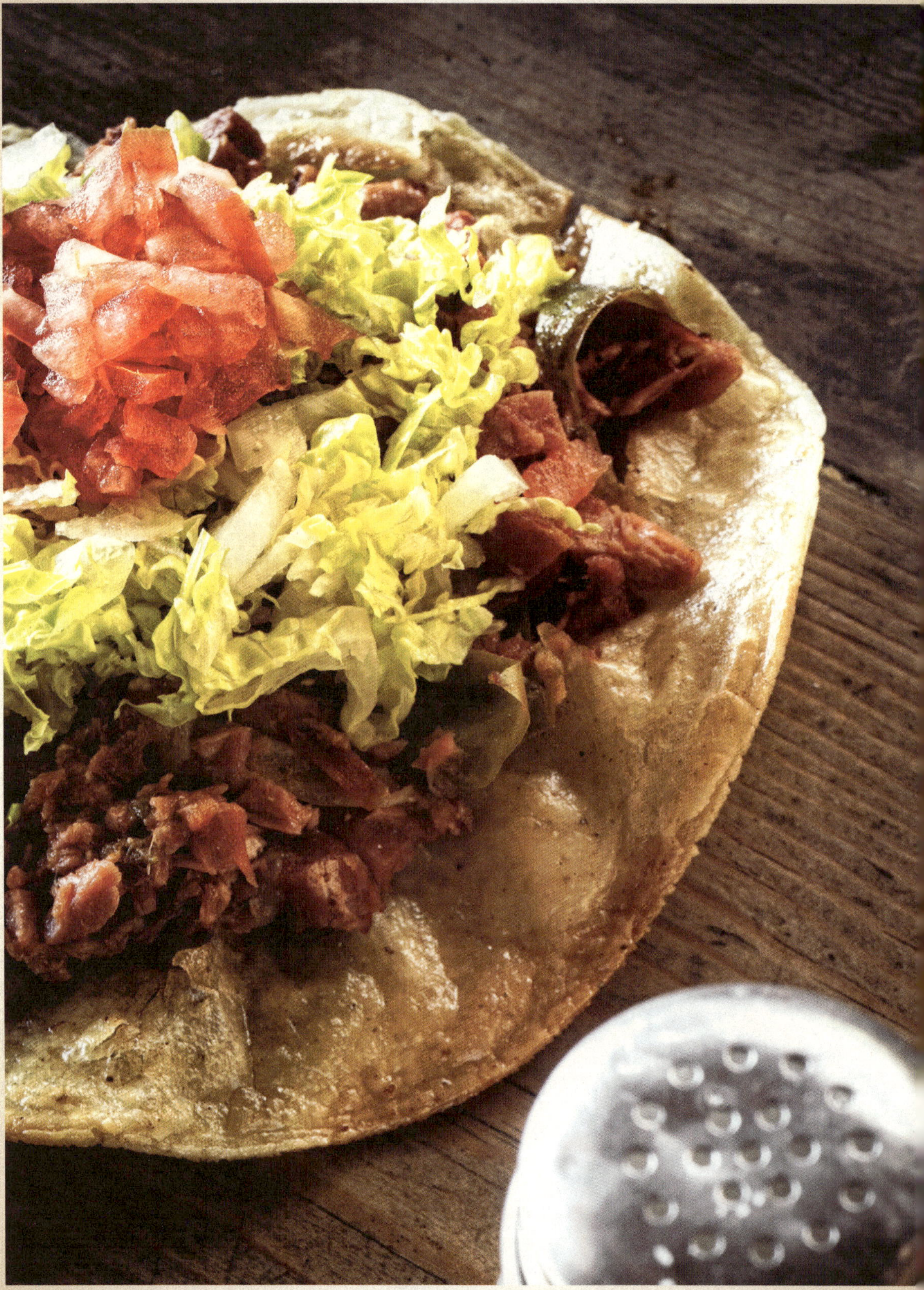

TACOS DE MARLIN
MARLIN TACOS

1. Calentar el sartén con aceite y freír la cebolla, el chile morrón y tomate. Sazonar con sal y pimienta al gusto. Agregar el marlín deshebrado y cocinar hasta que esté cocido. Rectificar el sabor y agregar sal o pimienta si se requiere.

2. En un comal calentar las tortillas de maíz con unas gotas de aceite y rellenar con el marlín. Colocar nuevamente en el comal y poner a dorar. Agregar lechuga y servir_

1. Heat the pan with oil and sauté the onion, bell pepper, and tomato; add salt and pepper to taste. Add the shredded marlin for a few minutes and cook.

2. On a griddle heat the tortillas with a couple drops of oil and fill with marlin. Let tortillas become golden, remove from heat, and add the lettuce; serve_

Ingredientes:

250 g de marlín previamente deshebrado
500 g de tomate picado
1/2 cebolla picada
1 pieza de chile morrón verde picado
12 tortillas de maíz
1/2 lechuga picada
4 cucharadas de aceite

Ingredients:

1/2 lb shredded marlin
1 lb chopped tomato
1/2 chopped onion
1 chopped green bell pepper
12 corn tortillas
1/2 head lettuce, finely sliced
4 tbsp oil

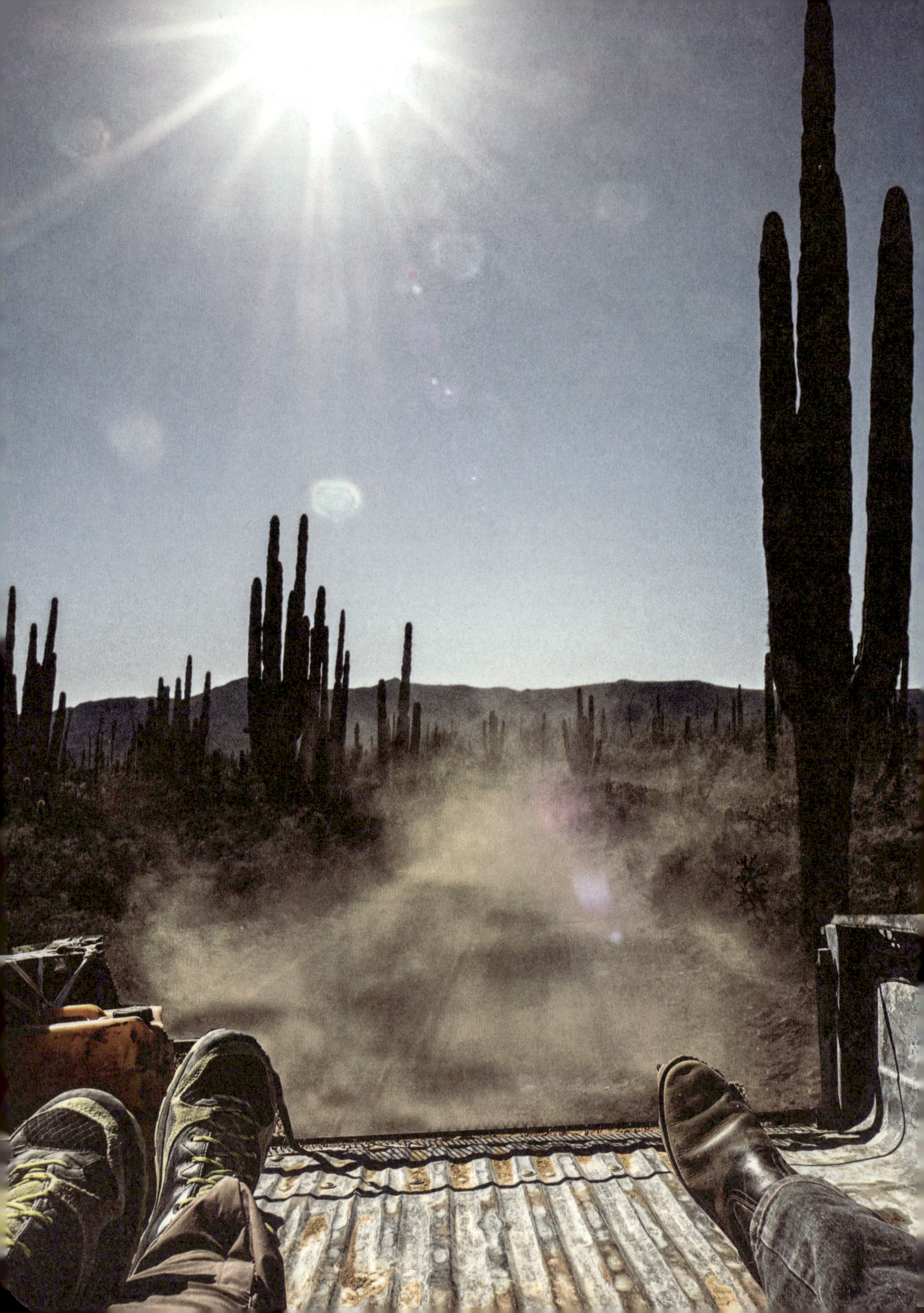

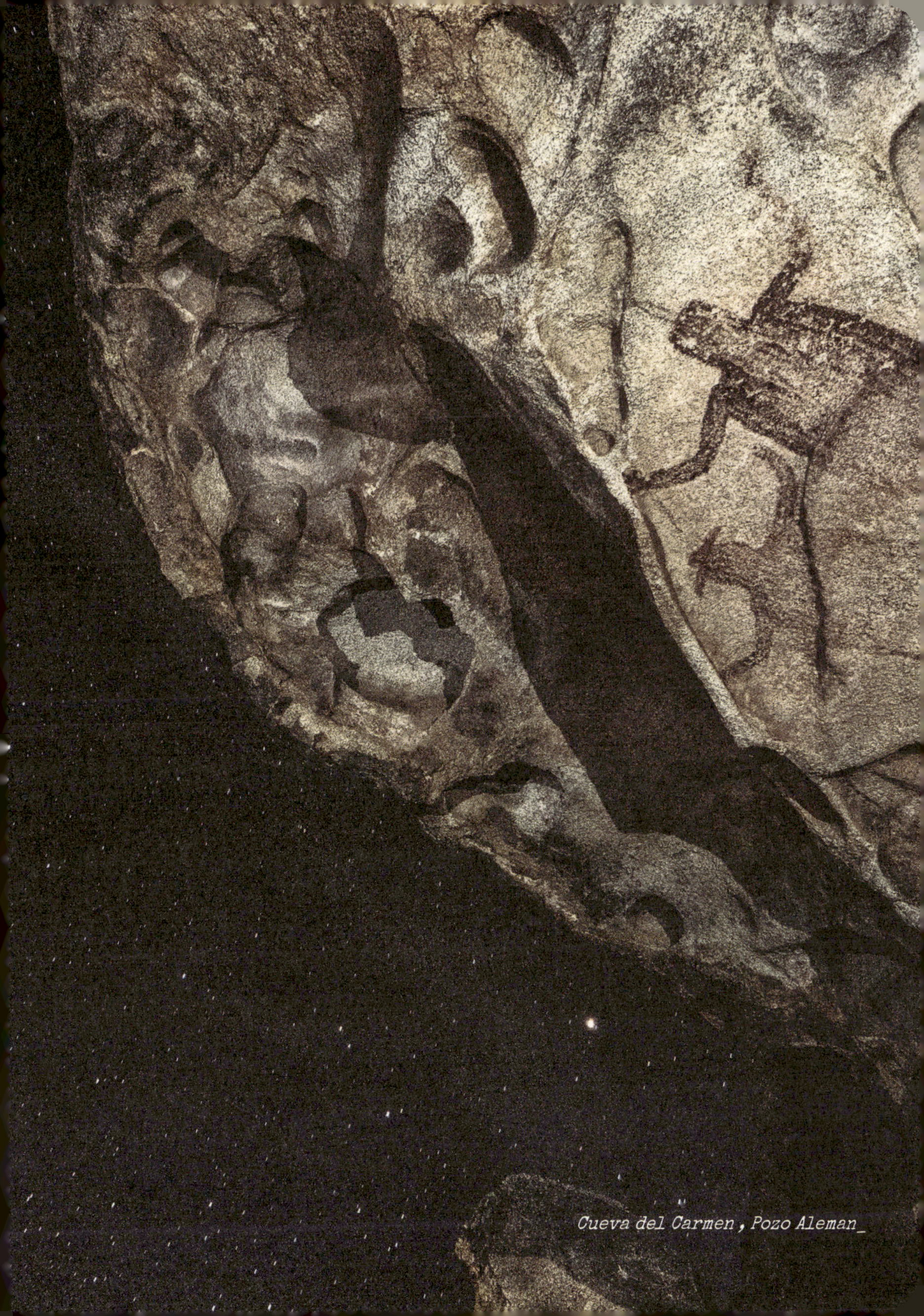

*Cueva del Carmen, Pozo Aleman_*

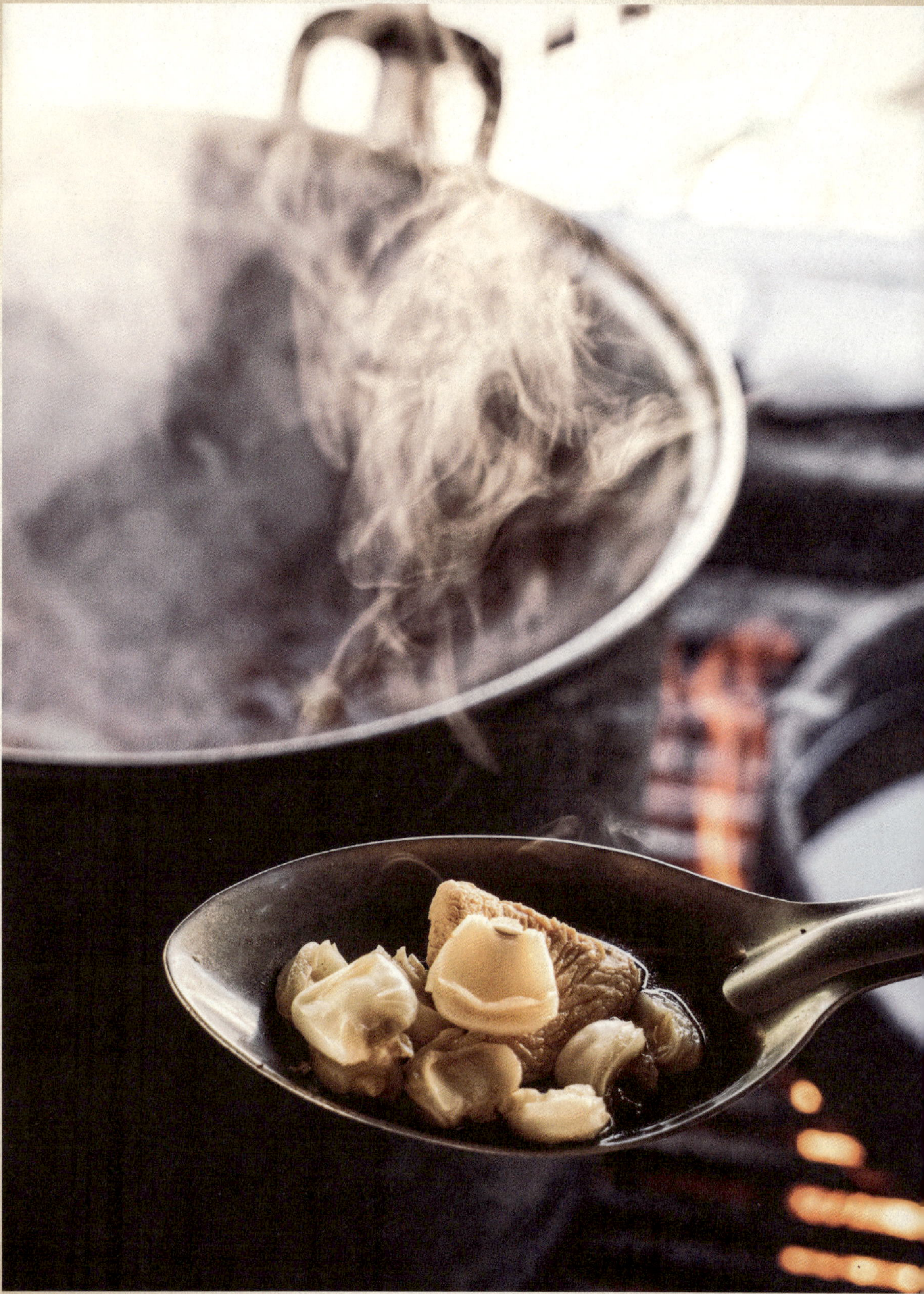

POZOLE DE PUERCO
PORK POZOLE

1. Poner a hervir el maíz con la cal por 15 minutos aproximadamente.

2. Retirar del fuego y enjuagar bien.

3. A continuación hervir con agua limpia hasta que reviente el grano, agregar la carne. Añadir la salsa y la sal al gusto.

Salsa:

1. Se desvenan los chiles, se doran y hierven para ablandar.

2. Licuar con el ajo y los tomatillos. Añadir al caldo_

1. Boil the hominy with the quicklime for 15 minutes.

2. Remove from heat and wash thoroughly.

3. Boil the hominy until it opens up, add the pork, sauce, and salt to taste_

Sauce:

1. Remove stems from chiles and roast over medium heat in a pan until golden brown.

2. Pour in a blender, add the garlic and tomato; mix well and strain. Set aside_

Ingredientes:

2 kg de espinazo de puerco
1 kg de maíz
1 cuchara de cal
10 chiles guajillo
5 chiles pasilla
10 tomatillos
6 dientes de ajo
Sal al gusto

Ingredients:

4.5 lb pork backbone
2.2 lb uncooked white hominy
1 tbsp quicklime (Calcium Hydroxide)
10 guajillo chiles
5 pasilla chiles
10 husk tomatoes
6 garlic cloves
Salt to taste

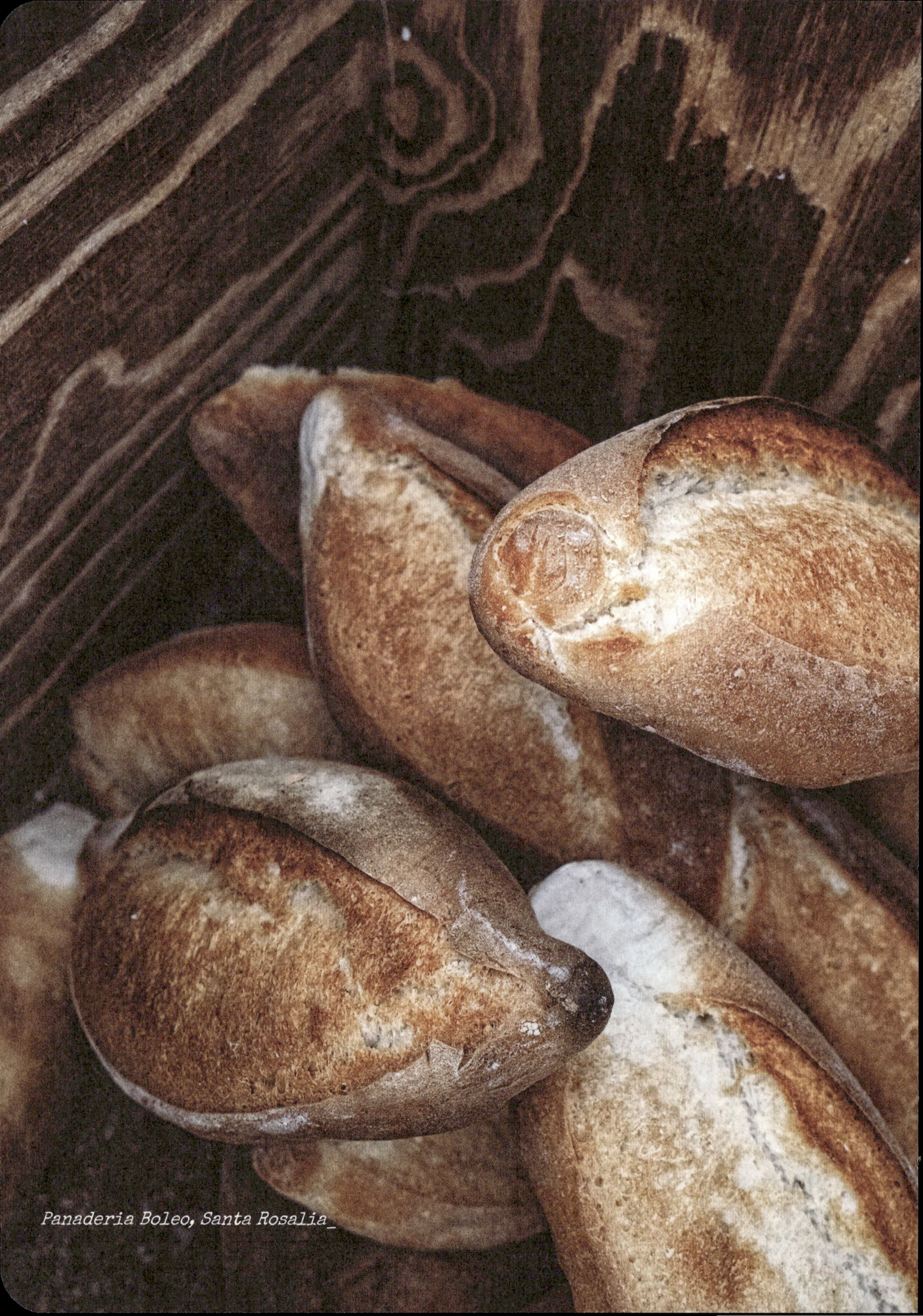

*Panaderia Boleo, Santa Rosalia_*

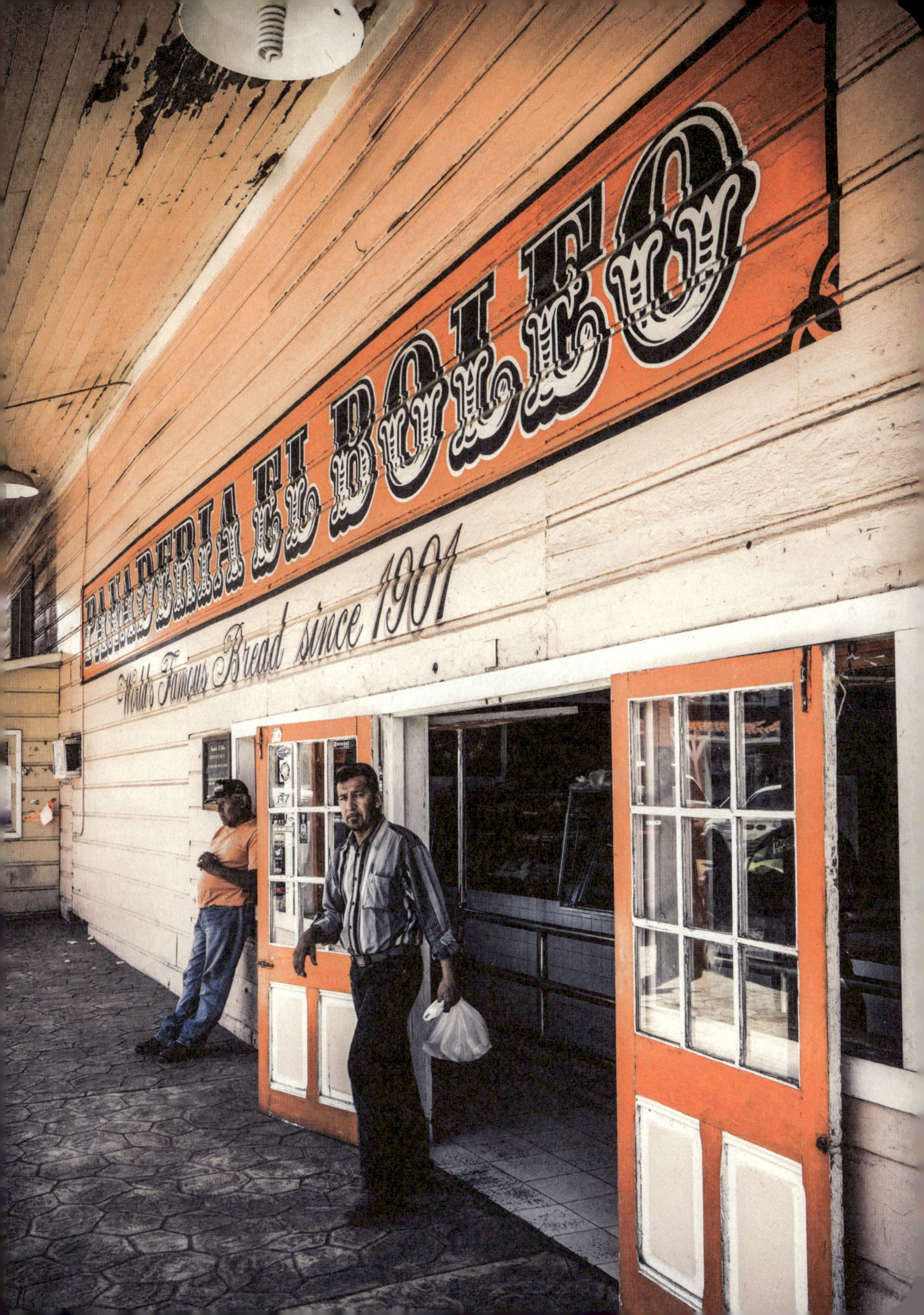
PANADERIA EL BOLEO
World's Famous Bread since 1901

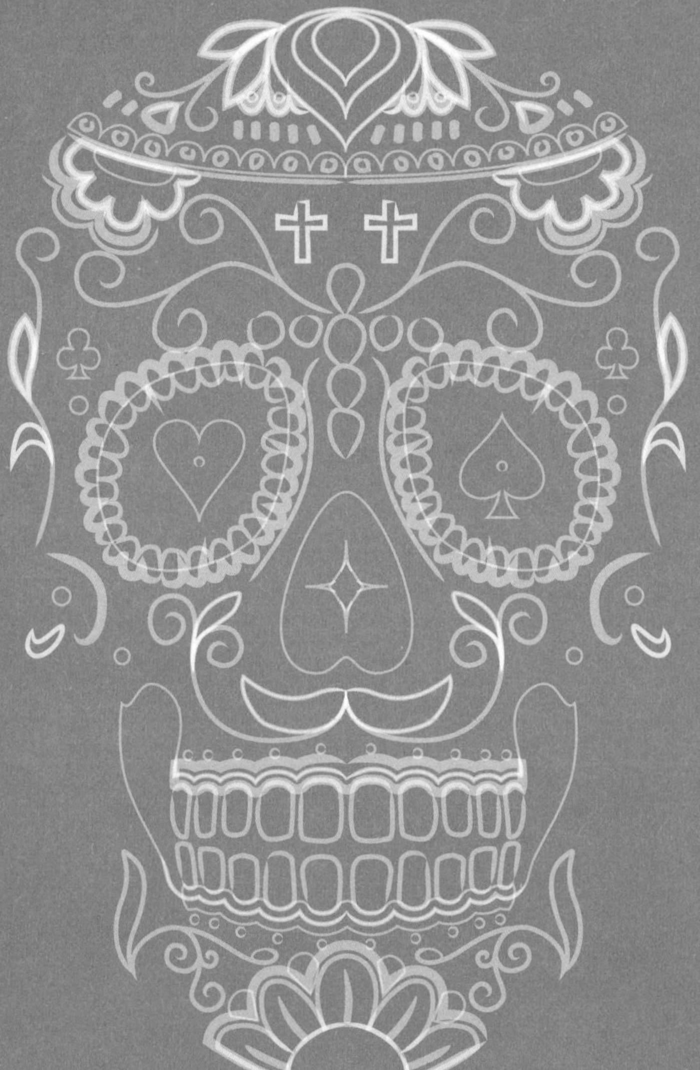

PESCADOS Y MARISCOS
SEAFOOD

PULPOS AL AJILLO
OCTOPUS IN GARLIC

1. En un sartén, sofreír ajo y cebolla picados, con aceite de oliva y un poco del aceite de mojillo sin el chile.

2. Saltear el pulpo a fuego medio y cortar la cocción con el jugo de un tercio de limón y un chorro de vino blanco.

3. Espolvorear la mezcla con pimentón, sal y pimienta.

4. Servir en el centro de un plato extendido, rodear con tostadas y coronar con un poco de chile guajillo del mojillo. Espolvorear cilantro fresco picado_

—•—

1. In a skillet, sauté garlic and chopped onion with olive oil and a little mojillo oil without chili.

2. Sauté octopus over medium heat, turn down the heat, and add the juice of a third of a lemon and a splash of white wine.

3. Sprinkle the mixture with paprika, salt, and pepper.

4. Arrange in the center of a serving platter surrounded by tostadas and garnish with some guajillo chile of the mojillo. Sprinkle with fresh chopped cilantro_

—•—

Ingredientes:

180 g de pulpo pre cocido
15 g de ajo picado
80 ml de base mojillo
10 g de pimentón de la Vera Chinata
50 g de cebolla morada
15 g de chile guajillo
30 ml de vino blanco
1 g de pimienta negra molida
30 g de limón
50 ml de aceite de oliva
2 tortillas hechas a mano
5 g de sal

Ingredients:

6 oz precooked octopus
5 tsp chopped garlic
6 tbsp mojillo base (just garlic and oil)
3 tsp smoked paprika (European)
4 tbsp red onion
1 pcs guajillo chile
2 tbsp white wine
pinch of ground black pepper
1/3 of a lemon
4 tbsp olive oil
2 tortillas, handmade
1 tsp salt

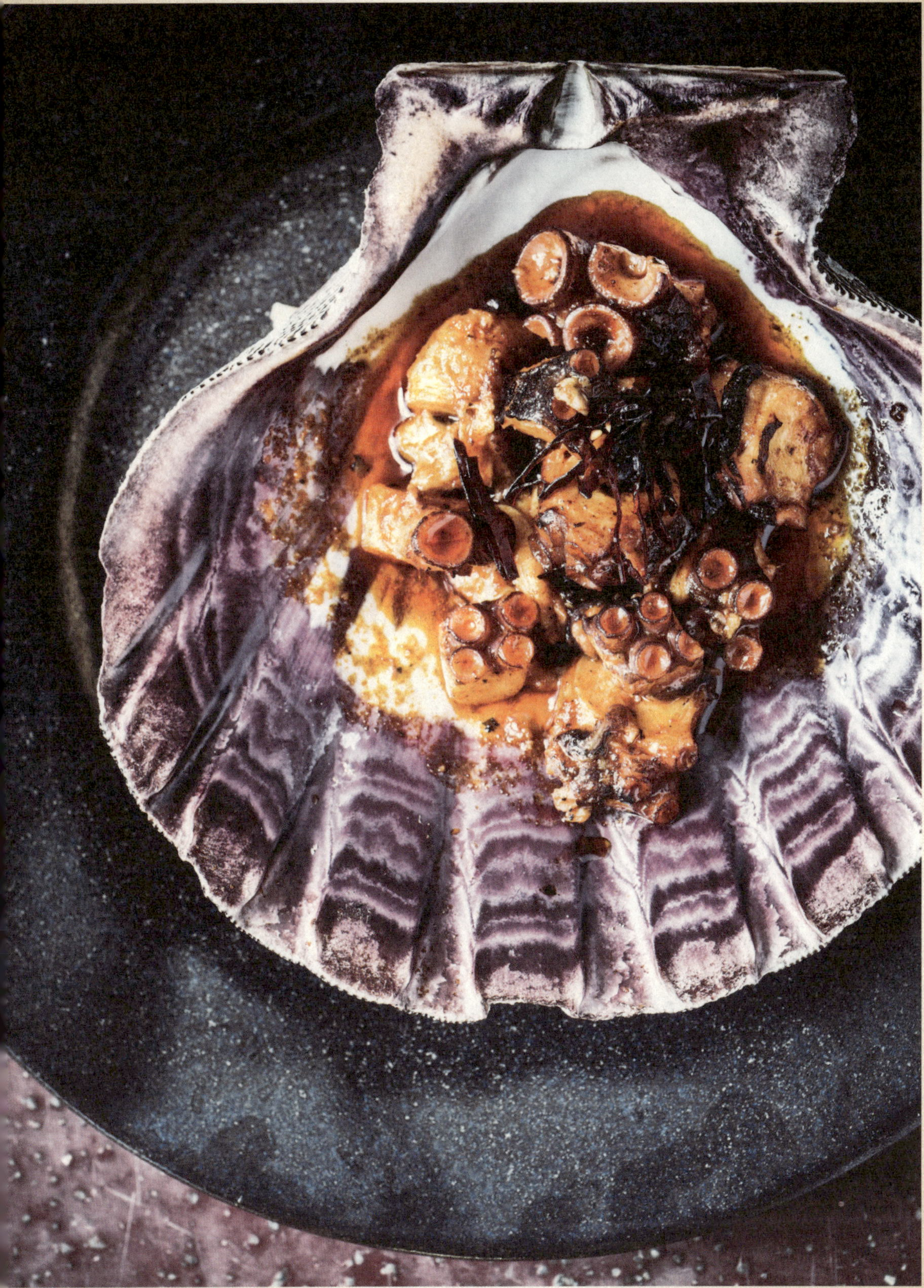

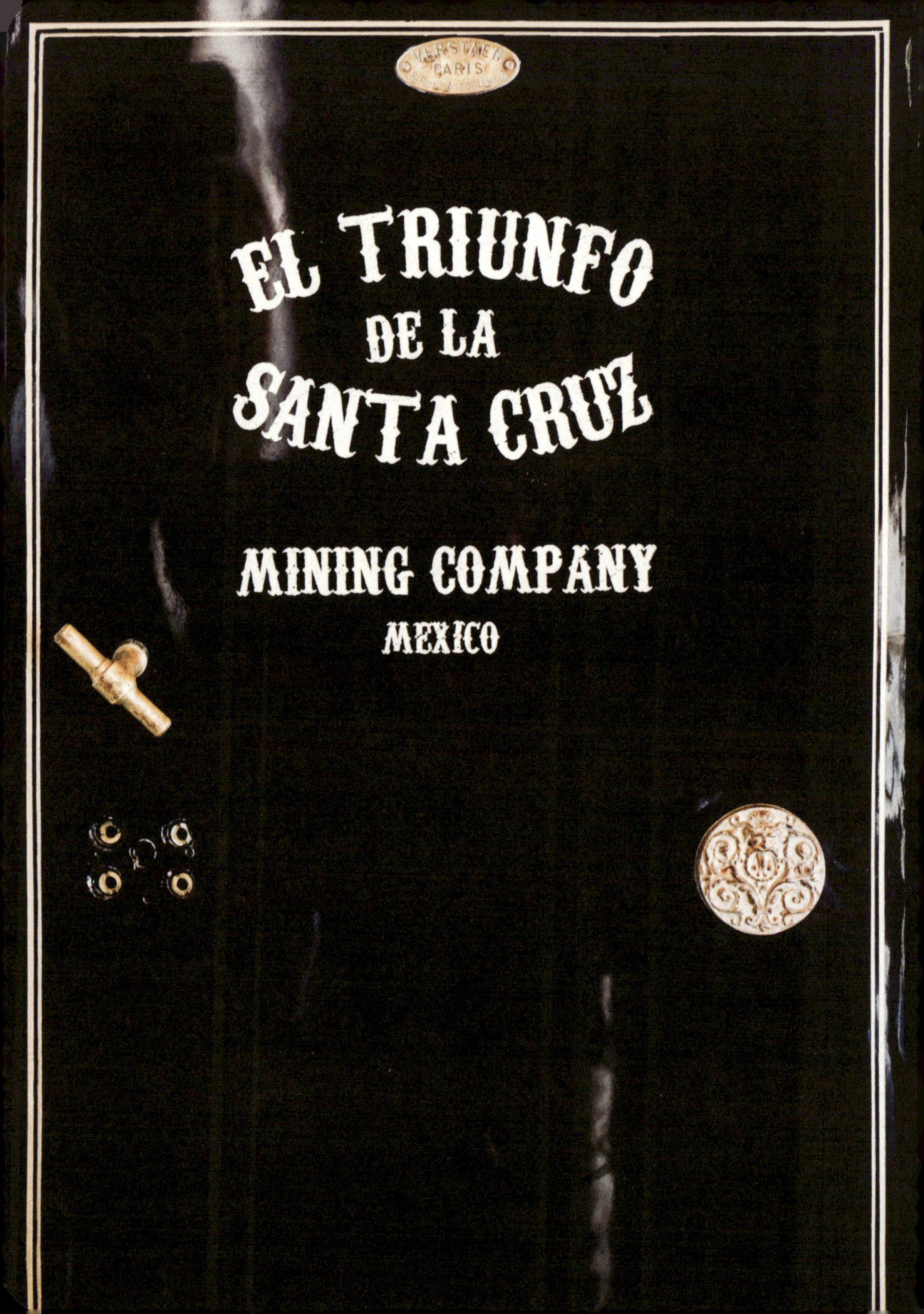
EL TRIUNFO
DE LA
SANTA CRUZ
MINING COMPANY
MEXICO

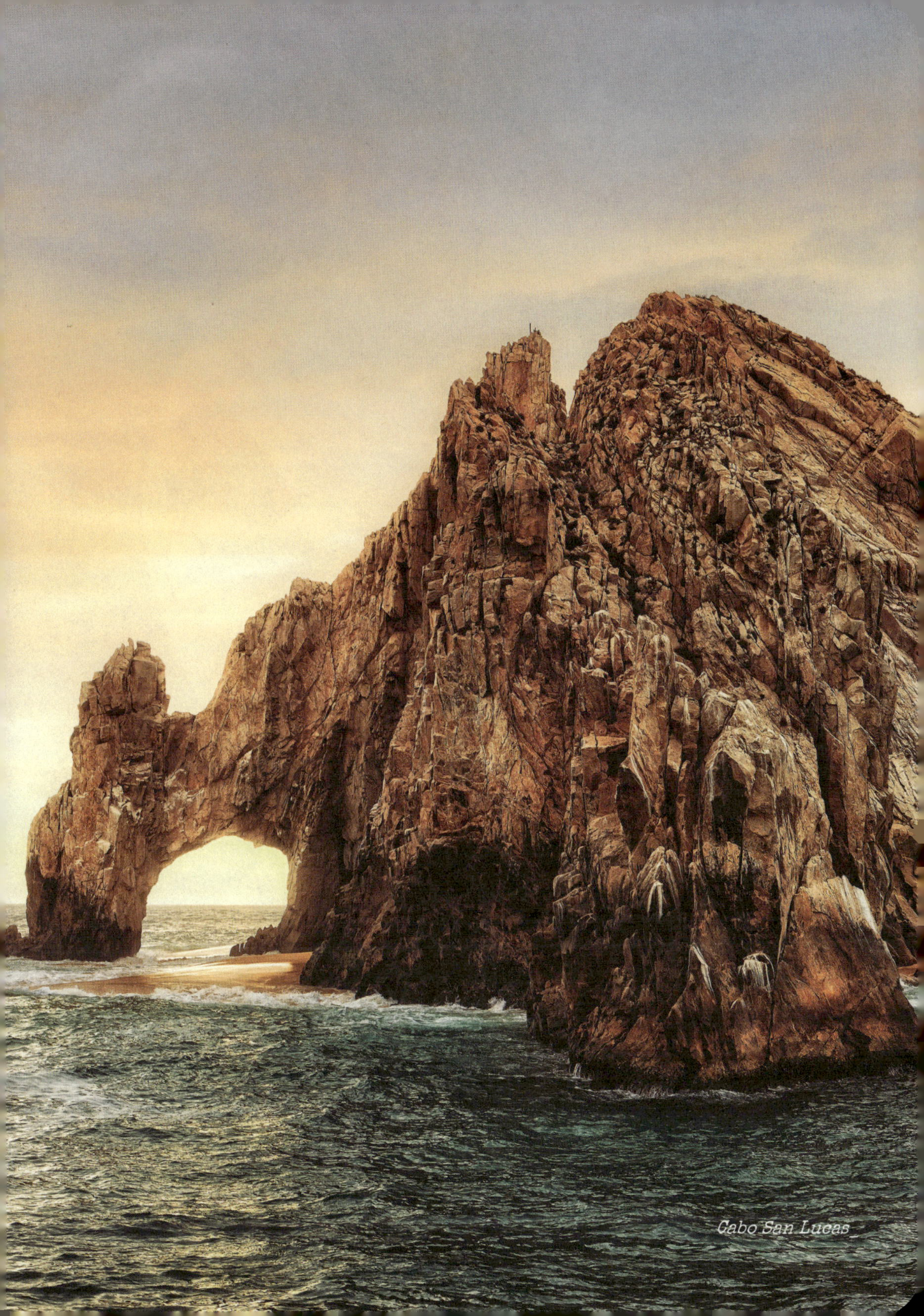
Cabo San Lucas

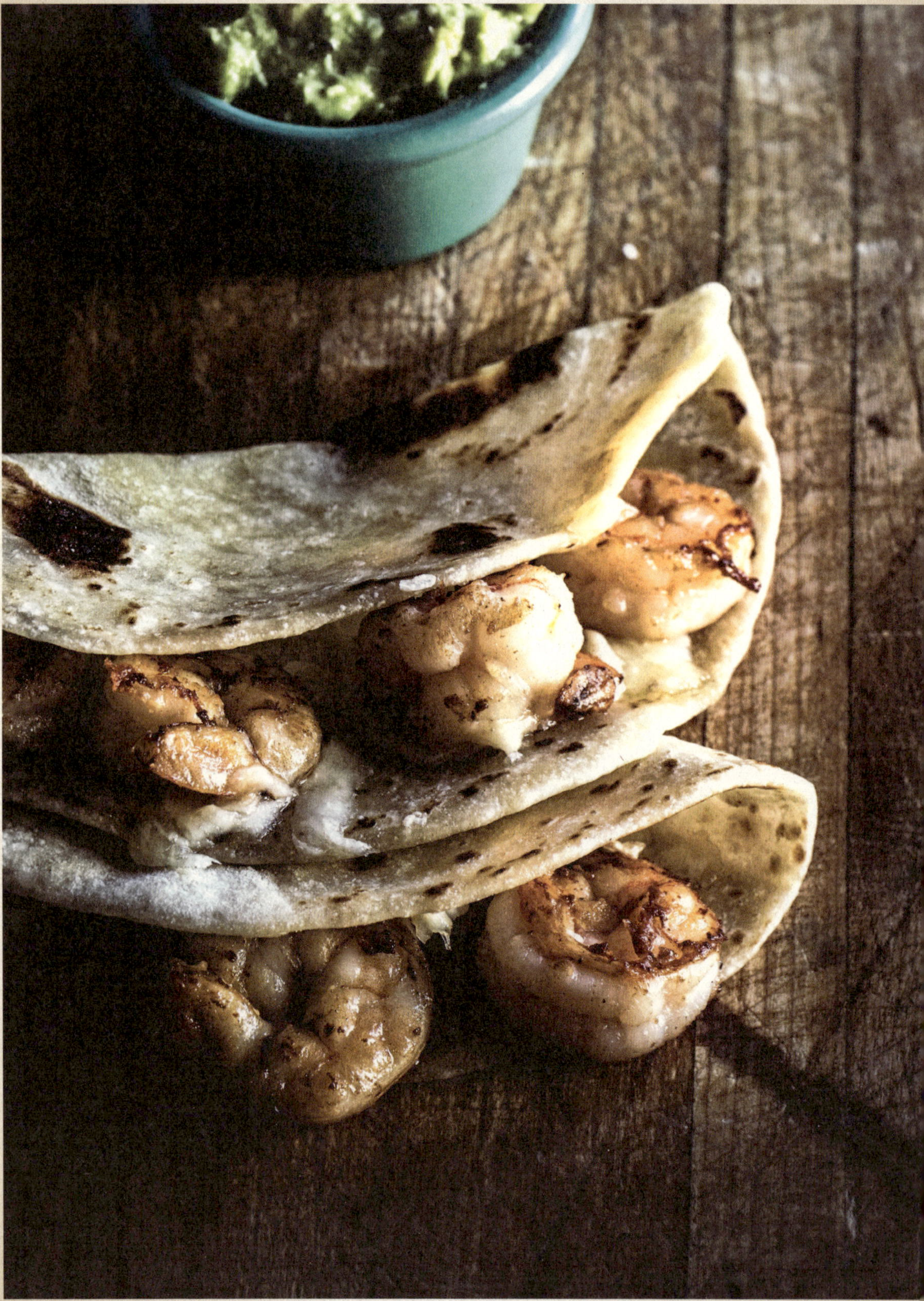

QUESADILLAS DE CAMARÓN
SHRIMP QUESADILLAS

1. Calentar las tortillas de harina o maíz.

2. Colocar el queso y el camarón sazonado en aceite de olivo con sal y pimienta, doblar la tortilla en mitades.

3. Si se desea, agregar más sal y pimienta al gusto.

4. Servir con salsa Pico de gallo (chile, tomate, cilantro y cebolla) y guacamole_

1. Season the shrimp with olive oil, salt, and pepper.

2. Heat the tortilla on a griddle; add the shredded cheese and shrimp.

3. Fold the tortilla in half, and once cheese has melted, remove from heat.

4. Accompany with pico de gallo and guacamole_

Ingredientes por pieza:

1 Tortilla de harina o de maíz
30 g queso chihuahua, gouda o mozzarella rallado
3 Camarones chicos, pelados y cocidos por quesadilla
Aceite de olivo
Sal

Ingredients:

1 corn or flour tortilla
1/2 cup Chihuahua gouda, or mozzarella cheese
3 small pieces of cooked and peeled shrimp
Olive oil
Salt

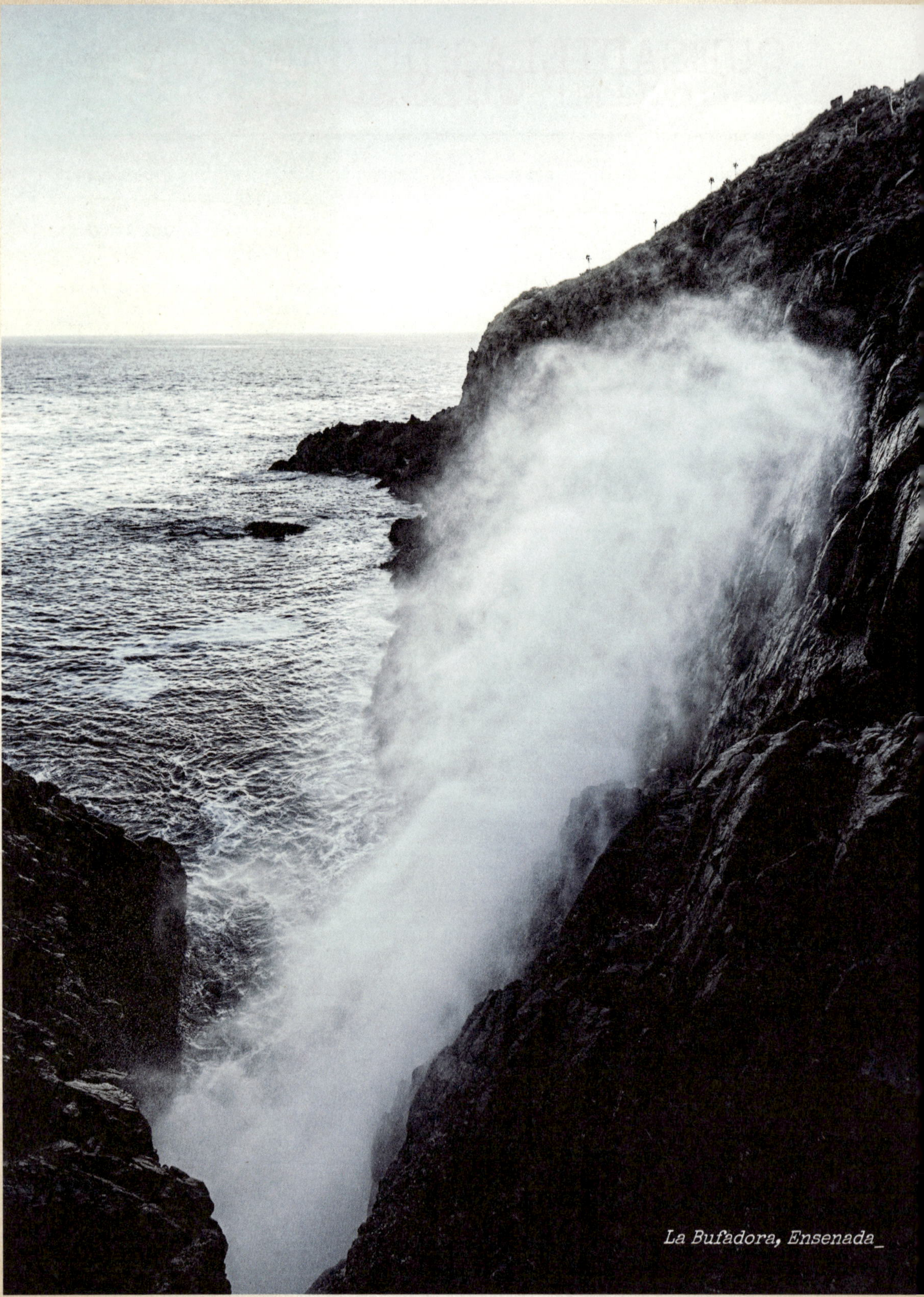
La Bufadora, Ensenada_

TACOS DE JUREL GOBERNADOR
GOVERNOR-STYLE MACKEREL TACOS

1. Derretir la mantequilla en un sartén y añadir la cebolla. Dejar caramelizar hasta que esté transparente. Reservar a fuego bajo.

2. Licuar los pimientos, alcaparras, jalapeños y el ajo. Verter la cebolla en esta mezcla y añadir un poco de aceite de oliva. Añadir la salsa de tomate, laurel, orégano y el jurel. Agregar un poco de agua, un manojo pequeño de cilantro y el chile chipotle. Mezclar todo. Dejar que se evapore el agua hasta formar una pasta gruesa, dejar enfriar.

3. Calentar un comal o plancha con una cucharadita de aceite de oliva y calentar las tortillas por los dos lados. Añadir el queso mozzarella y dejar dorar la tortilla ligeramente para que se derrita el queso. Agregar el estofado de jurel, doblar la tortilla a manera de quesadilla y terminar.

4. Para servir, se añade cilantro y cebolla picados, una rebanada de aguacate y salsa al gusto_

1. Melt the butter in a pan and add the onion. Let it caramelize until transparent. Reserve over low heat.

2. Blend the peppers, capers, jalapeño, and garlic. Pour over the onion and add a splash of olive oil. Add the tomato puree, bay leaves, oregano to taste and can of mackerel. Add a couple of tablespoons of water to help release the juices, a tablespoon of parsley, and chipotle chiles. Let the water evaporate, and turn off the heat.

3. On a griddle, with a couple of drops of olive oil, heat the tortillas on both sides. Add the mozzarella cheese and let the tortilla slightly toast and the cheese melt. Add the mackerel, fold over, and remove from heat.

4. Before serving, sprinkle with some chopped parsley and onions, avocado, and salt to taste_

Ingredientes:

1 lata de jurel ahumado
100 g de mantequilla
1 lata chica de aceitunas verdes
2 cebollas picadas finamente
1 manojo cilantro
1 caja pequeña de salsa de tomate
1 lata chica de jalapeños en rajas
1 lata chica de pimiento morrón
3 hojas de laurel
6 dientes ajo
200 g queso mozzarella
300 ml de aceite de oliva
1 cucharadita de chipotle
Tortillas de maíz
Orégano al gusto

Ingredients:

1 can smoked mackerel
1/2 cup butter
1 small can capers
2 finely chopped onions
A handful of parsley
1 small can of tomato puree
1 small can jalapeño chiles
1 small can bell pepper
3 bay leaves
6 garlic cloves
7 oz mozzarella
10 fl oz olive oil
1 tsp chipotle
Corn tortillas
Oregano

"Ensenada, the dead seal
The dog crucifix
Ghosts of the dead car sun
Stop the car!
I'm getting out, I can't take it
Hey, look out, there's somebody coming,
And there's nothing you can do about it ..."

(Ensenada, Poem by Jim Morrison)

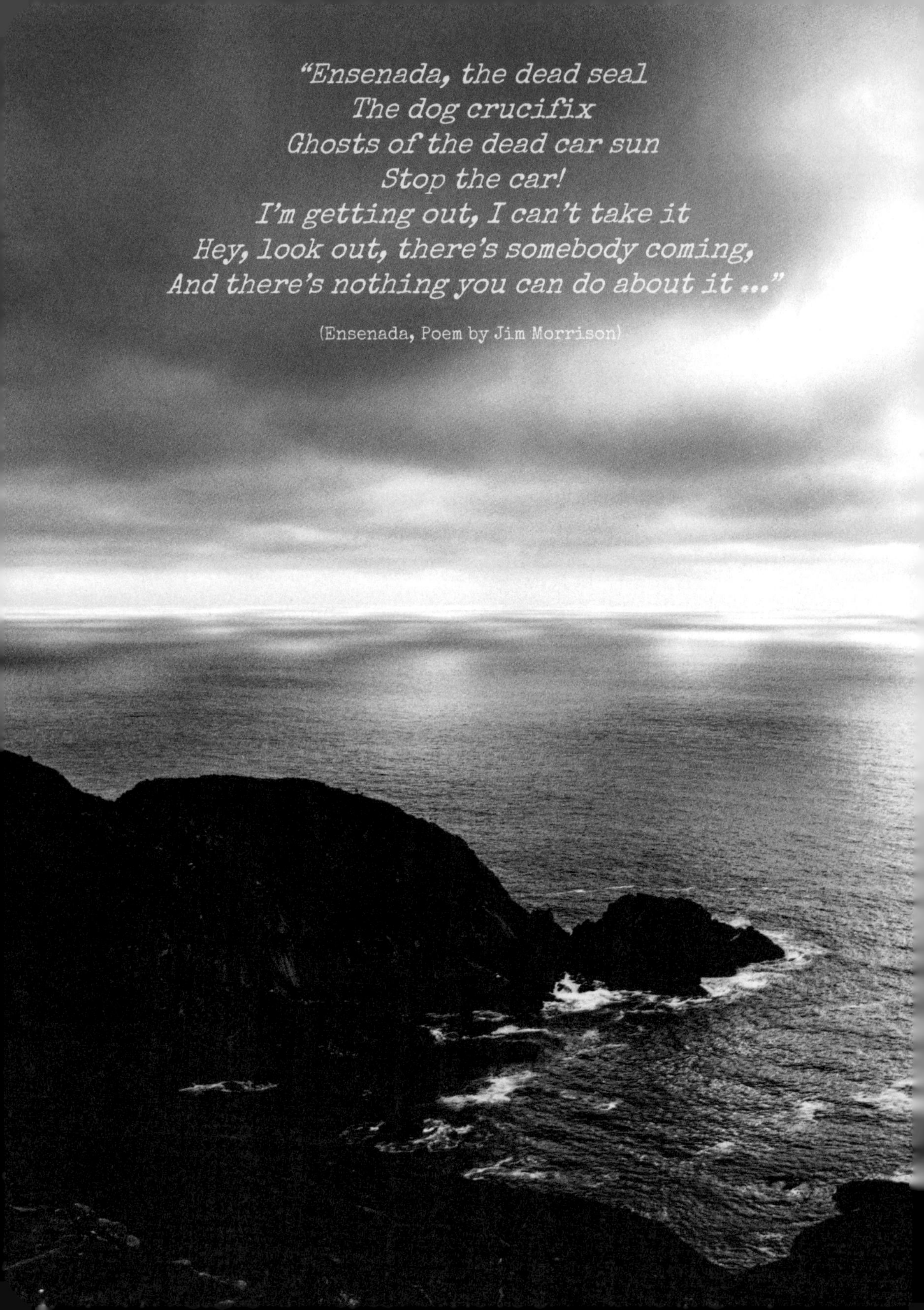

Ensenada_

ENSENADA

ENSENADA

Asiduamente visitada por el fallecido cantante Jim Morrison, quien hizo de San Miguel Bar el lugar donde bebía tequila mientras observaba a los surfistas, esta ciudad apareció en su poema y por primera vez en uno de sus conciertos de 1968. Posteriormente sería mencionada nuevamente en una tributo versión extendida de la canción “The End” en 1991_

Ensenada
La foca muerta
el crucifijo del perro
Fantasmas del coche de la muerte al sol.

¡Para el coche!
Quiero salir, no no lo puedo soportar.
Hey, con cuidado, alguien viene.
Y no hay nada que puedas hacer para evitarlo.

—•—

Singer Jim Morrison regularly visited Ensenada, where he made San Miguel Bar the place to drink tequila while watching the surfers. From August 1964, when his visits are recorded, he walked the streets and attended parties with his brother, who introduced him to the spirit of alcohol and revelry. His poem, “Ensenada City,” appeared for the first time in one of his concerts in 1968. Subsequently it was mentioned again in an extended tribute version of the song “The End” in 1991_

Ensenada, the dead seal
The dog crucifix
Ghosts of the dead car sun

Stop the car!
I’m getting out, I can’t take it
Hey, look out, there’s somebody coming,
And there’s nothing you can do about it ...

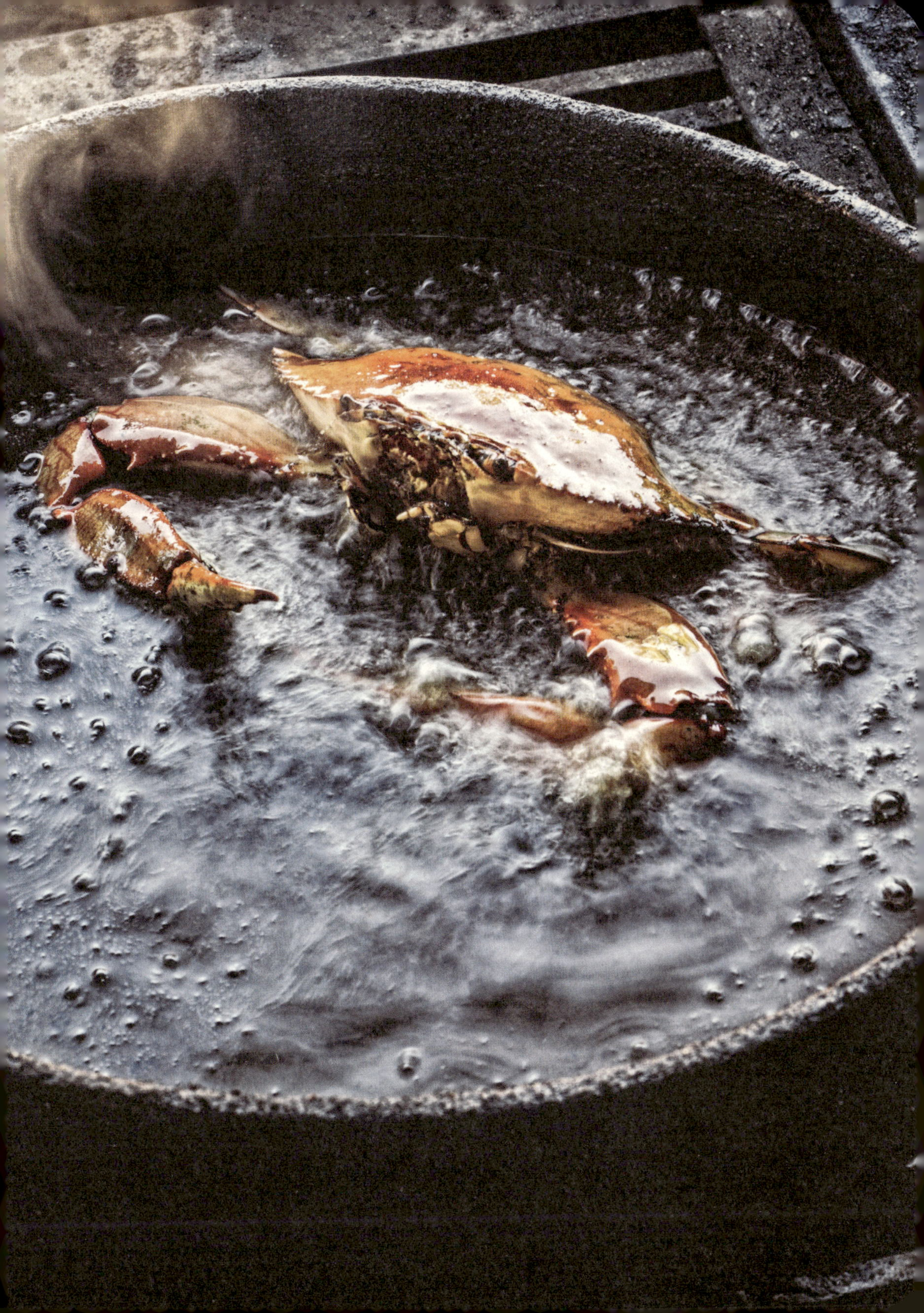

JAIBAS FRITAS
FRIED CRAB

1. Limpiar muy bien las jaibas. Agregar limón, sal y pimienta.

2. Calentar a temperatura alta con aceite en un sartén. Una vez conseguida la temperatura adecuada agregar las jaibas y dejar dorar por 10 minutos_

1. Thoroughly wash the crabs. Add lemon and salt.

2. Add oil to a skillet at medium-high temperature. Add the crabs until golden brown (around 10 minutes)_

Ingredientes:

8 jaibas
2 limones
Aceite
Sal y pimienta

Ingredients:

8 crabs
2 lemons
Oil
Salt & pepper to taste

LANGOSTA
LOBSTER

1. Abrir las colas de langosta y limpiar quitando su tripa. Salpimentar y agregar jugo de limón.

2. Calentar una plancha a fuego alto, agregar las colas para su cocción a fuego medio. Añadir mantequilla con ajo y vino blanco y tapar. Cocinar por 15 minutos y servir_

1. Open up the lobster tail and clean. Add salt, pepper, and lemon.

2. Preheat a pan to high heat, place the lobster tails in pan and reduce the heat to medium-high. Add the butter, garlic, white wine, and cover. Cook for 15 minutes and serve_

Ingredientes:

8 colas de langosta
120 g de mantequilla
60 ml de vino blanco
1 diente de ajo
2 limones
Sal
Pimienta

Ingredients:

8 lobster tails
1/2 cup butter
2 oz white wine
1 garlic clove
2 lemons
Salt & pepper to taste

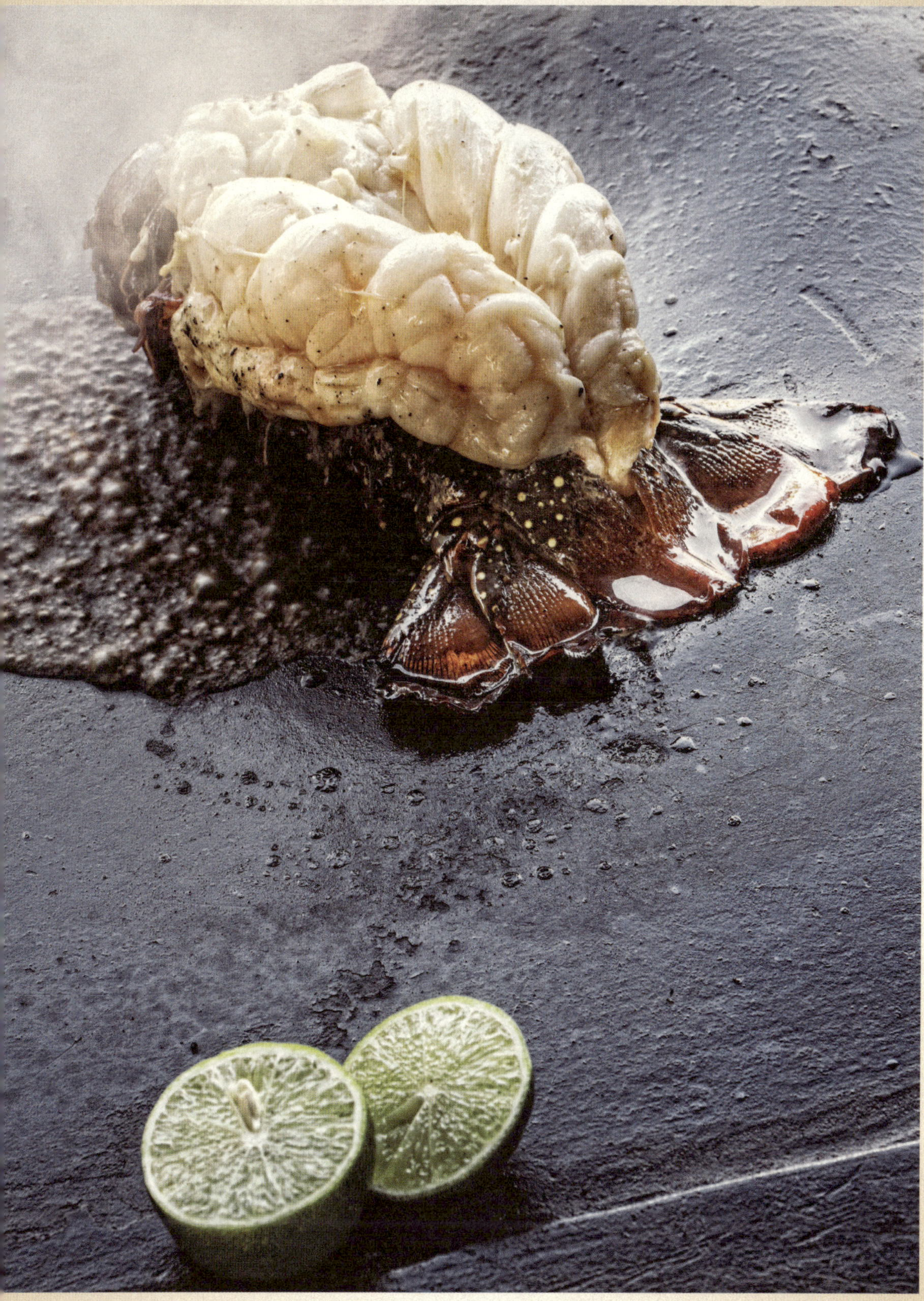

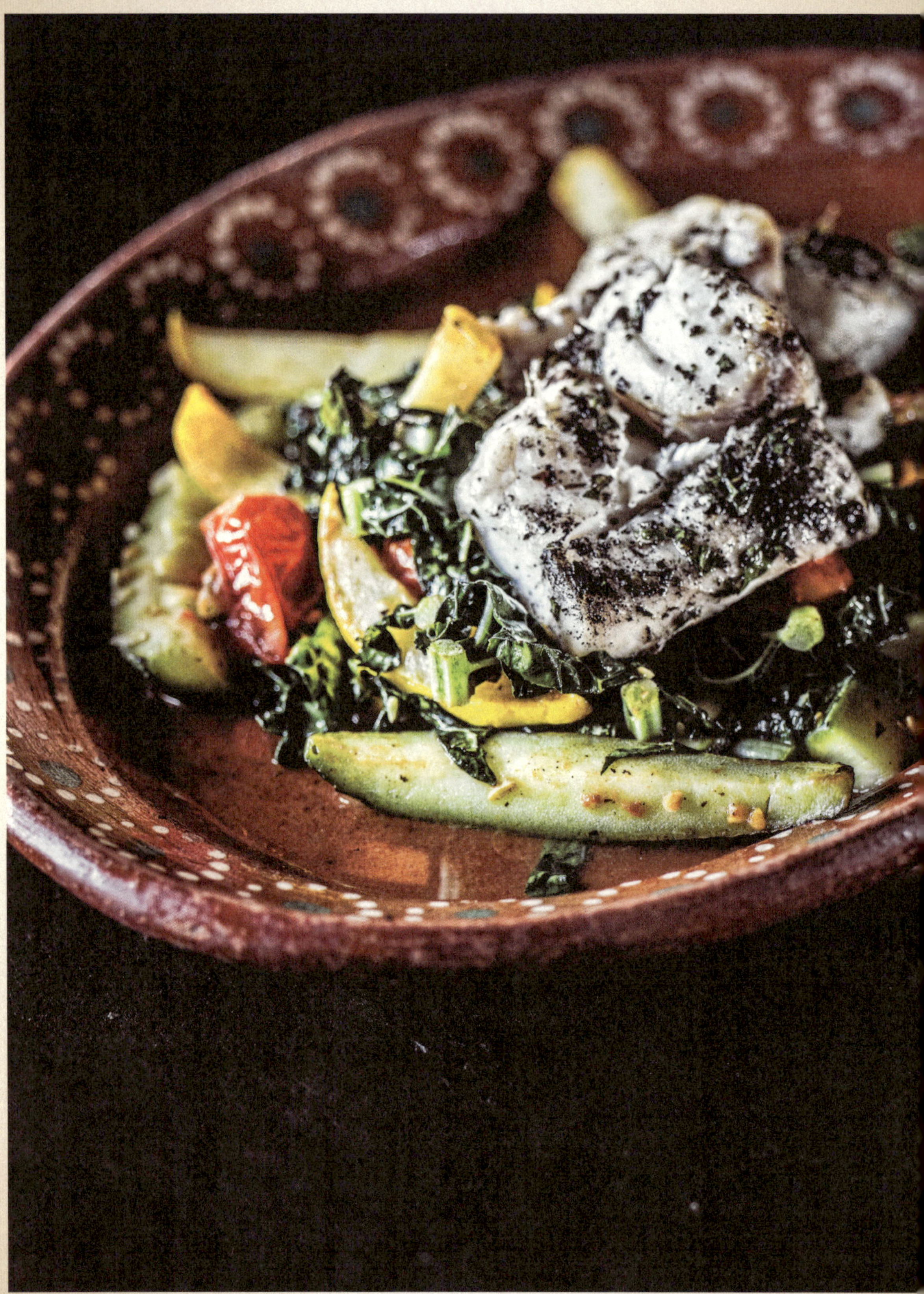

PESCADO AL AJILLO
GARLIC FISH

1. En un recipiente, poner a marinar el filete de pescado con aceite de hierbas, sal y pimienta rostizada.

2. Prender la parrilla a temperatura alta y asar el pescado marinado.

3. Desvenar los chiles, quitando las semillas y cortar finamente. Calentar un sartén con aceite de oliva, agregar el ajo finamente picado, la salsa de soya y el jugo de limón; incorporar al pescado.

4. Para acompañar, calentar en un sartén a fuego lento aceite de oliva, agregar los vegetales y cocinar por 6 minutos. Salpimentar al gusto_

1. In a medium bowl place the fish and pour over the herb oil, salt and pepper. Let sit for 10 minutes.

2. On high heat, grill the marinated fish.

3. Remove stems and finely chop the chiles. Heat a pan, add a tablespoon of olive oil, and add the garlic chopped finely, soy sauce, and lemon juice.

4. Over medium heat, grill the vegetables, and add salt & pepper to taste_

Ingredientes:

600 g de pescado blanco (cabrilla)
200 g de vegetales 'babies' surtidos
3 piezas de chile guajillo
4 Dientes de ajo
2 ml de salsa soya
2 Limones (jugo)

Ingredients:

22 oz white fish fillets (grouper)
7 oz green vegetables to taste
3 guajillo chiles
2 tbsp herb oil
4 garlic cloves
1/2 tsp soy sauce
2 lemons

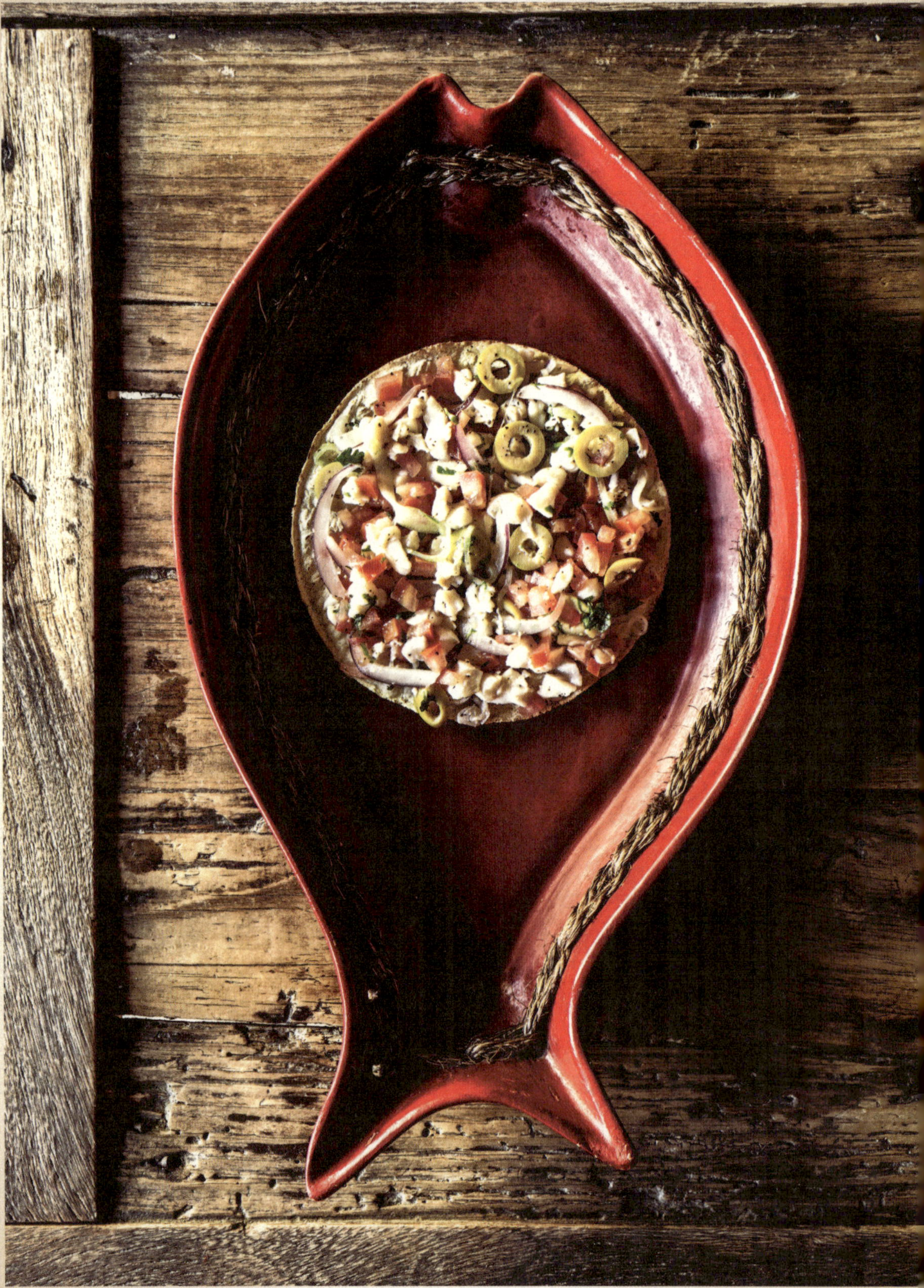

TOSTADA DE CEVICHE

CEVICHE

1. Marinar el pescado con el jugo de limón por media hora o hasta que cambie color.

2. Incorporar el tomate, cebolla, pepino, cilantro y chile; agregar la sal y pimienta al gusto.

3. Colocar suficiente mezcla de pescado en cada tostada justo antes de servir.

*Se pueden agregar rebanadas de aguacate para decorar_*

—•—

1. Marinate the fish with the lemon juice for at least thirty minutes or until it changes color.

2. Add the tomato, onion, cucumber, parsley, and chiles. Add salt and pepper to taste.

3. Serve with tostadas and garnish with the sliced avocado_

—•—

Ingredientes:

1/2 kg de pescado blanco que se corte con facilidad
90 ml de jugo de limones verdes
2 Tomates cortados en cubos pequeños, sin semillas
1 Cebolla blanca finamente picada
1 Pepino chico cortado en cubos pequeños
4 ramitas de cilantro finamente picado
Pimiento, serrano o jalapeño al gusto
Sal
Pimienta
Tostadas de maíz
Rebanadas de aguacate para decorar

Ingredients:

18 oz white fish
3 oz lemon juice
2 seedless tomatoes, diced
1 white onion, finely chopped
1 cucumber, finely chopped
A handful of parsley, finely chopped
Bell pepper, serrano chili, or jalapeño, to taste
Salt
Pepper
Corn tostadas
Sliced avocado, to garnish

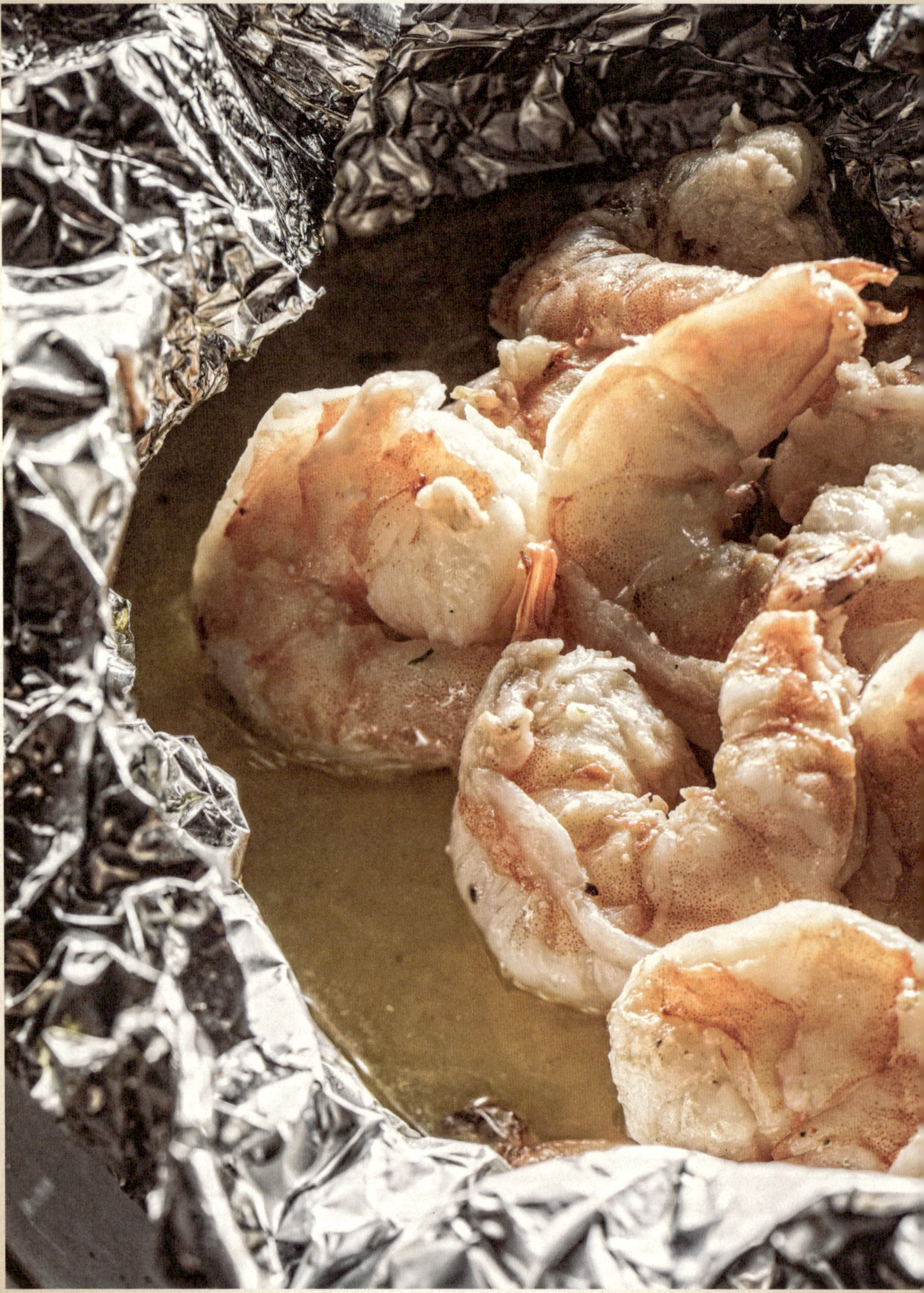

CAMARÓN ESPECIAL
SPECIAL SHRIMP

1. Colocar sobre el papel aluminio 9 camarones, 2 dientes de ajo picados, mantequilla, sal y pimienta al gusto.

2. Doblar a la mitad las hojas y doblar los bordes formando una bolsa para evitar que se derrame la mantequilla. Cocinar en un sartén a fuego medio por 5 minutos. Servir_

1. On a sheet of aluminum foil add nine pieces of shrimp, two minced garlic cloves, butter, salt and pepper.

2. Fold over the aluminum foil and carefully secure the edges. Cook on a pan over medium heat for five minutes. Serve_

Ingredientes:

36 piezas de camarón previamente pelado
1 1/2 barra de mantequilla
8 dientes de ajo sin cáscara picados
Sal y pimienta
Papel Aluminio previamente cortado en cuadros de 30 cm

Ingredients:

36 pieces of peeled shrimp
1 1/2 stick of butter
8 minced garlic cloves
Salt and pepper
Aluminum foil cut into 30 cm sheets

ALMEJAS LA PALAPA
PALAPA CLAMS

1. Abrir las almejas y limpiar bien. Agregar jugo de limón.

2. Picar finamente el ajo y poner en un sartén caliente con la mantequilla y el vino blanco.

3. Colocar las almejas en una parrilla u horno y agregar poco a poco la mantequilla preparada. Cocinar durante 5 o 6 minutos_

1. Open up the clams and clean thoroughly. Add lemon juice.

2. Finely chop the garlic and put in a hot skillet with butter and white wine.

3. Place the clams in a hot saucepan and add the butter mixture little by little. Cook for five to six minutes_

Ingredientes:

24 almejas chocolatas
200 g de mantequilla
30 ml de vino blanco
4 dientes de ajo
3 limones

Ingredients:

24 clams
7 oz butter
1 oz white wine
4 garlic cloves
3 lemons

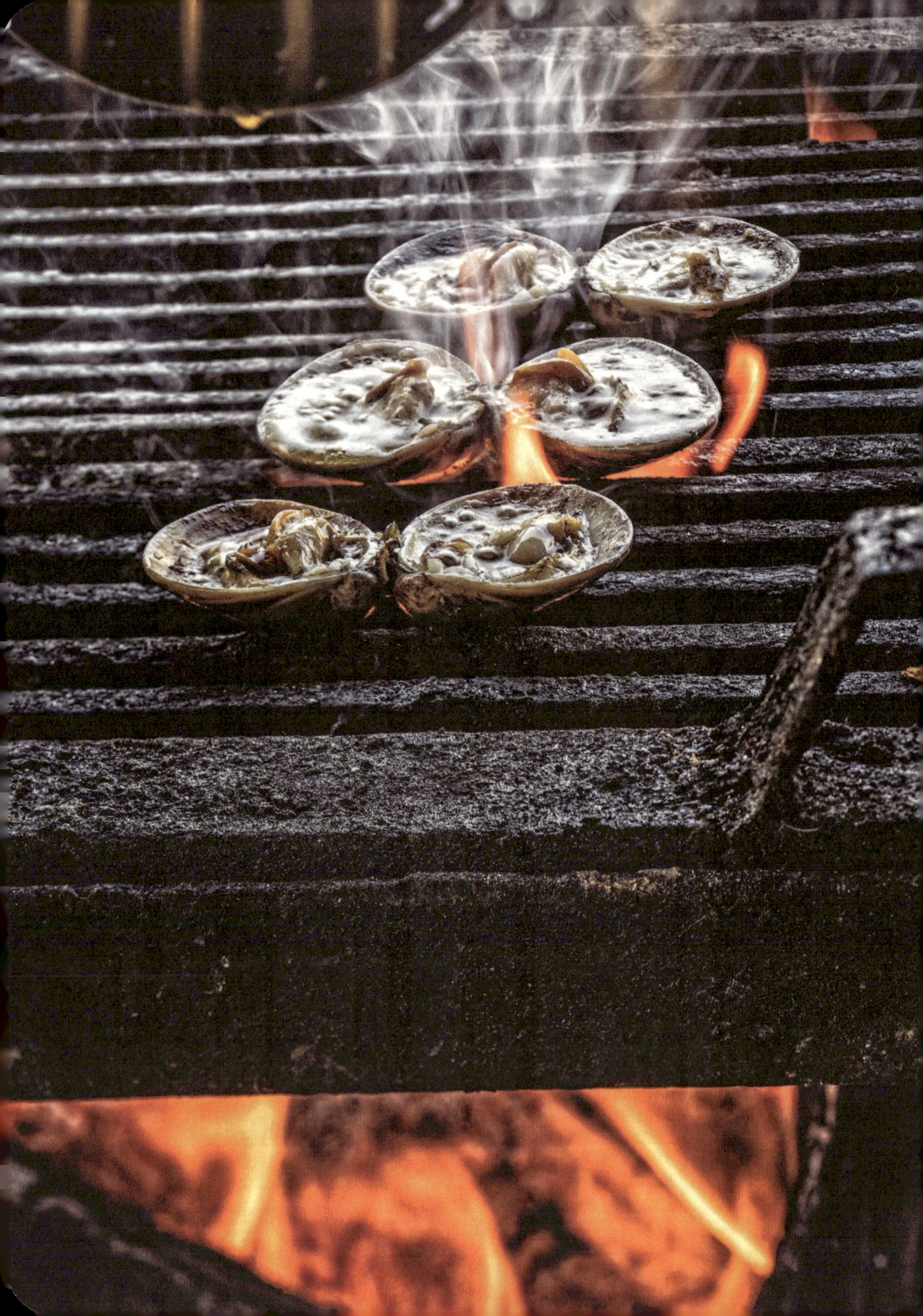

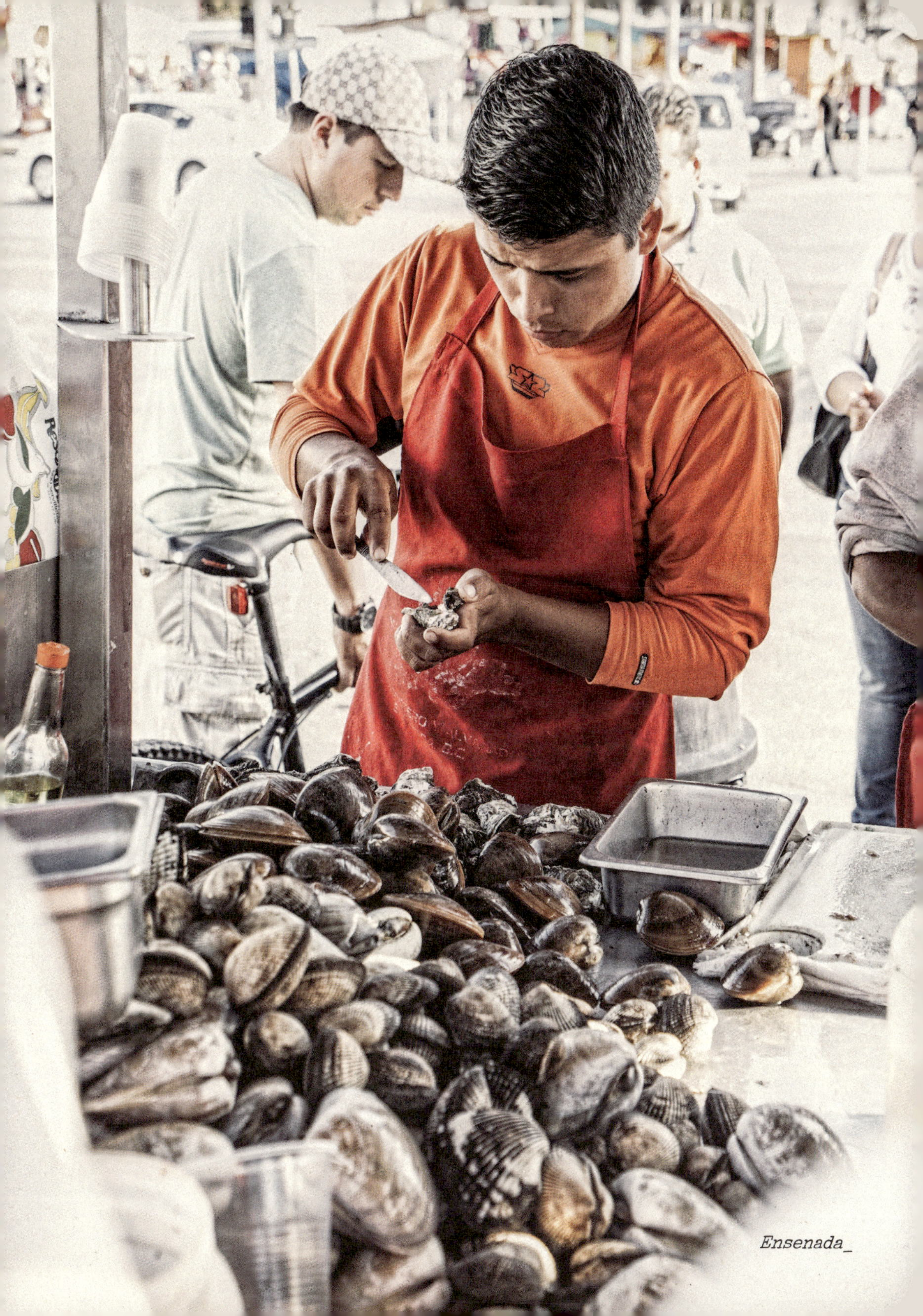

*Ensenada_*

PESCADO AHUMADO
SMOKED FISH

1. Para el condimento, mezclar la sal, pimienta y un poco de orégano en un tazón pequeño.

2. Untar esta mezcla en los filetes de pescado para hacer una costra exterior. Colocar en un plato, cubrir con papel film y refrigerar dos horas.

3. Colocar la madera de mezquite en un tazón de plástico grande y agregar suficiente agua para cubrir en su totalidad durante una hora mínimo antes de hacer el ahumado.

4. Encender el carbón y colocar el mezquite en el costado de una parrilla o en el horno de ahumado manteniéndolo durante todo el proceso de ahumado. Ajuste la ventilación para mantener una temperatura entre los 60° a 70° C.

5. Colocar los filetes separados en la parrilla o en el horno y tapar por completo.

6. Agrega un puñado de los carbones calientes al principio del proceso de ahumado cada 30 minutos, para ahumar lentamente el pescado. El proceso de ahumado deberá tomar una hora. Se pueda cocinar con cebolla, chile poblano y tomate y usar en tacos dorados, quesadillas, empanadas, etc_

1. Mix salt, pepper, and oregano in a small bowl.

2. Spread the mixture on the fish fillets, place on a plate, cover with plastic wrap, and place it in the fridge for two hours.

3. While the fish is in the fridge, cover charcoal with plenty of water for at least one hour prior to smoke it.

4. Light the charcoal in the smoker or the grill, making sure humidity is constant during the entire process. Adjust it so it reaches a consistent temperature of 160° F.

5. Uncover the fish fillets, place them separately over the charcoal, and cover completely.

6. Add some hot charcoal at the beginning of the smoking process, every 30 minutes for a slow smoking process. The process should take one hour. Fish fillets can be cooked with onion rings, sliced poblano chiles, and tomato. Can be eaten as is or in quesadillas, empanadas, or tacos_

Ingredientes:

300 g de filete de pescado fresco (Jurel o Marlín)
20 g de sal de grano
20 g de pimienta negra
20 g de orégano
1 kg de madera par ahumar (Mezquite)
Horno para ahumar o parrilla

Ingredients:

11 oz Chilean jack mackerel or marlin fillets
6 tsp rock salt
6 tsp black pepper
6 tsp oregano
1 kg mesquite charcoal
Smoker or grill

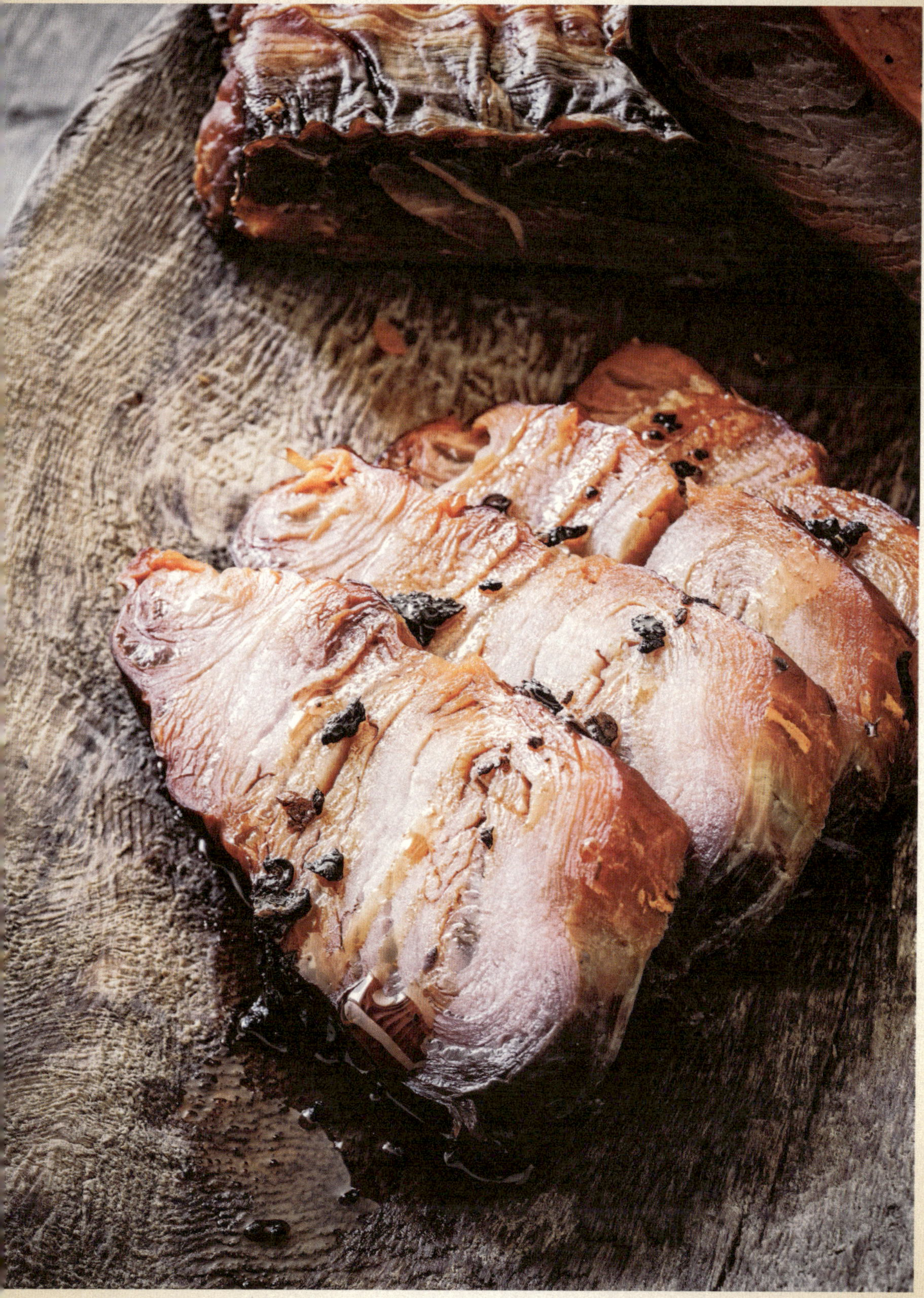

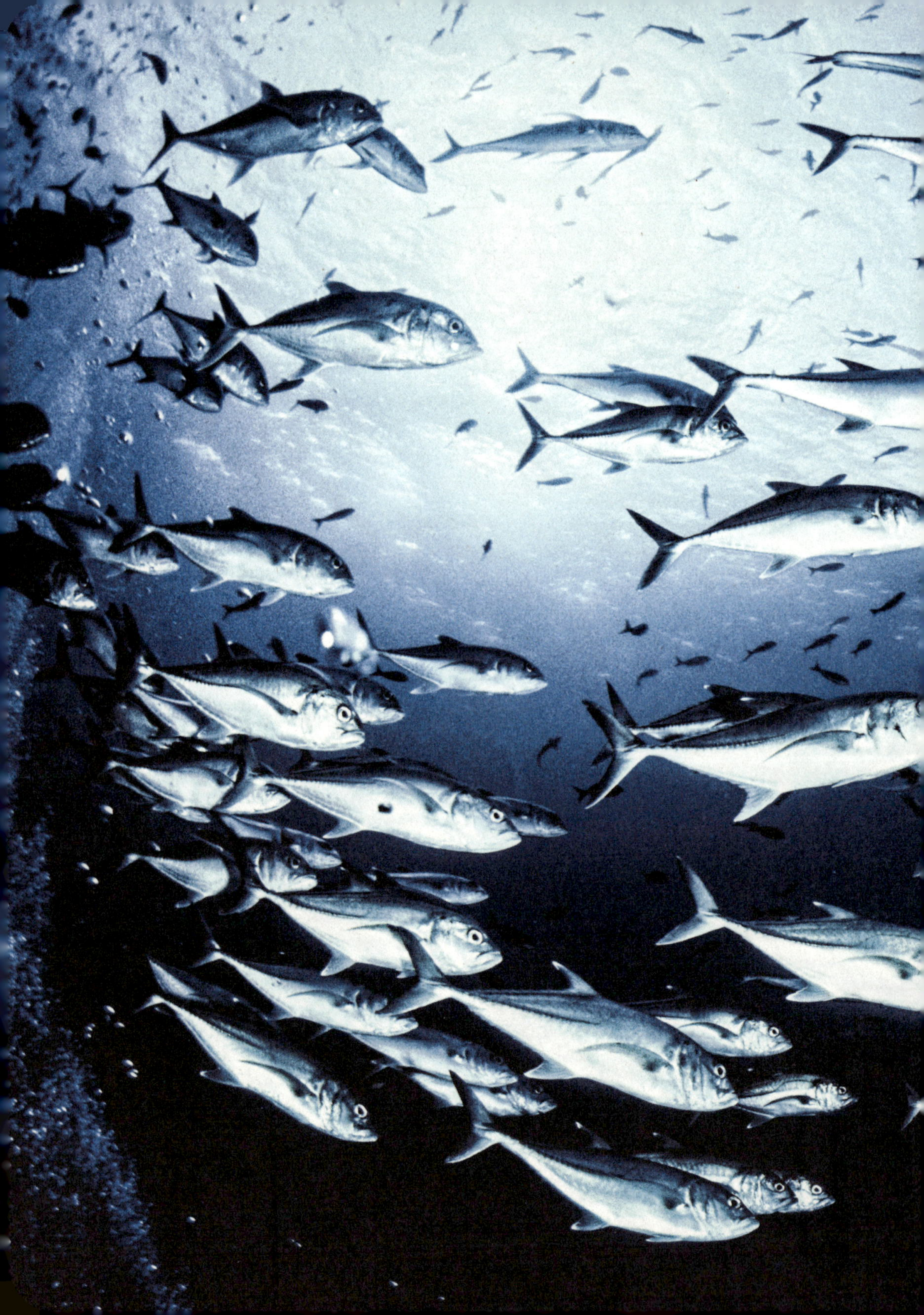

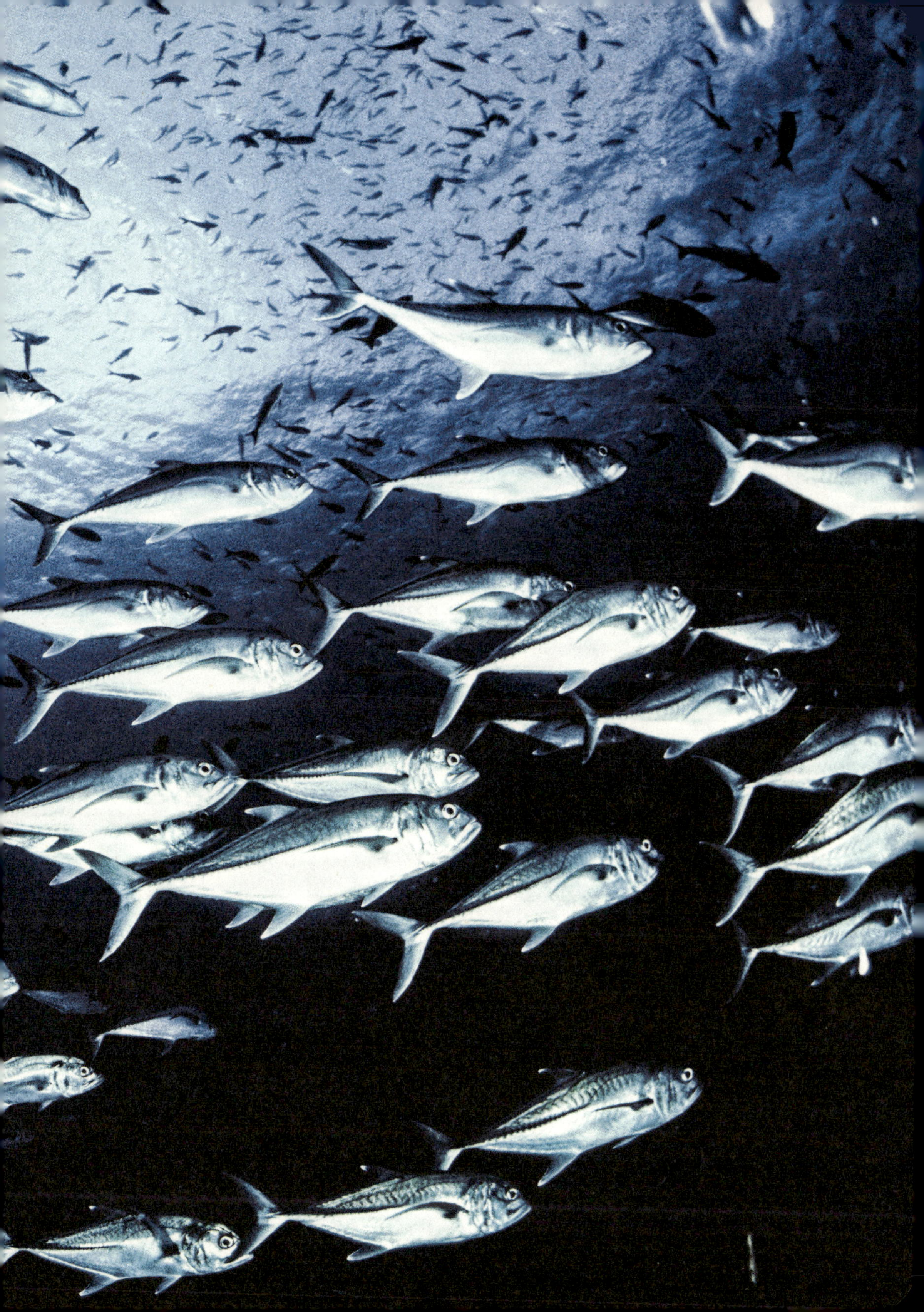

PESCADO EMPANIZADO
BREADED FISH FILLETS

1. Limpiar el filete. Agregar limón, sal y pimienta.

2. Pasar ambos lados del filete por harina. Posteriormente, pasar por leche con huevo y empanizar en el pan granulado.

3. Calentar a fuego medio, con un poco de aceite en un sartén profundo y freír por 10 minutos_

1. Clean the fish and add salt & pepper.

2. Mix the milk and egg and place on a plate.

3. On different plates pour over the flour and bread crumbs.

4. Cover the fish first in the flour, then the milk mixture, and lastly with the bread crumbs.

5. Fry it over a medium-high heat until golden brown (around 10 mins)_

Ingredientes para 4 personas:

1 kg de pescado fileteado (cabrilla)
100 g de pan granulado
1 huevo
30 ml leche
1 limón
50 g de harina blanca
Sal y pimienta
Aceite

Ingredients:

2 lb fish fillets (grouper)
3.5 oz bread crumbs
1 egg
1 oz milk
1 lemon
1/2 cup flour
Salt & pepper to taste
Oil

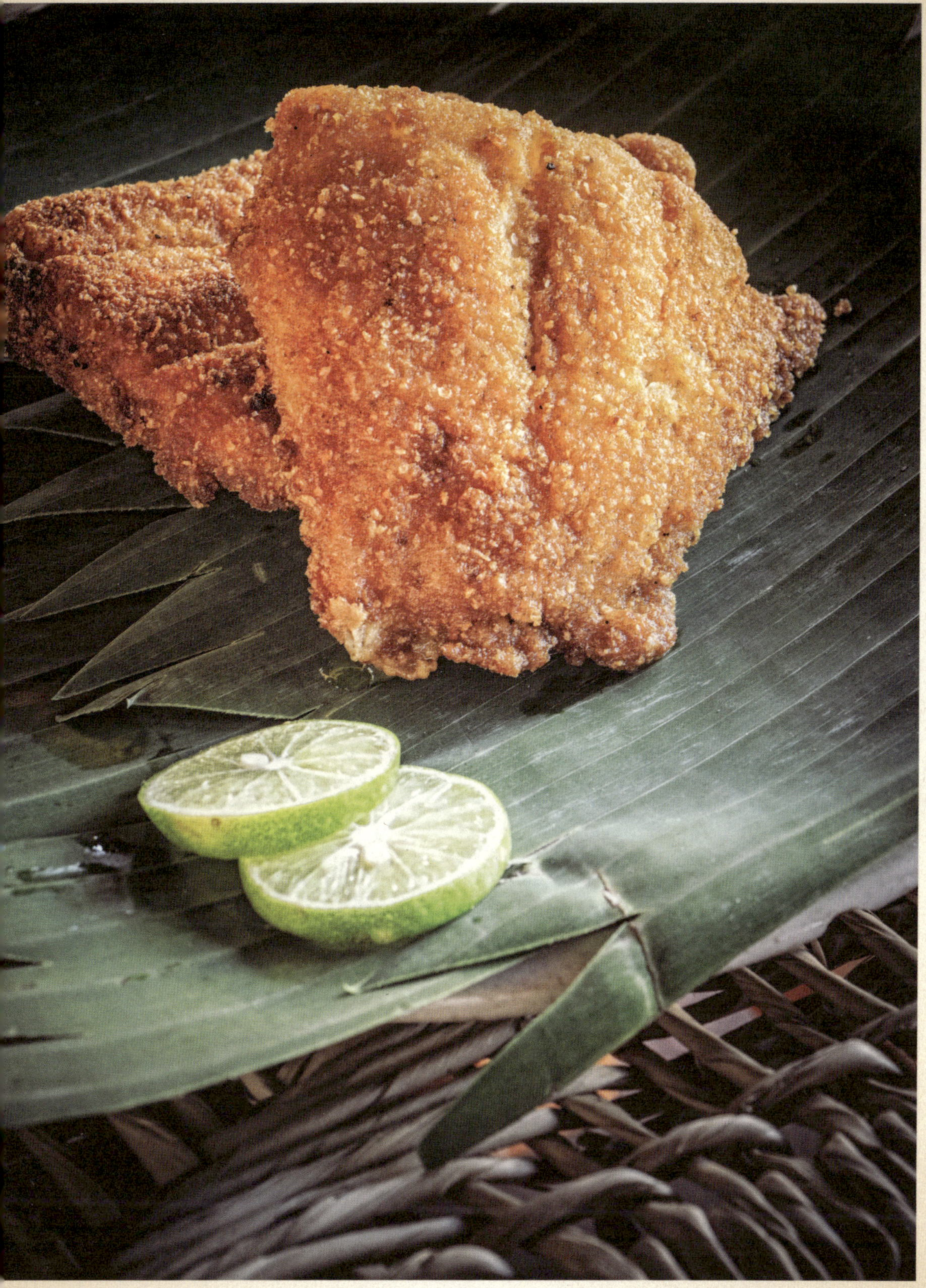

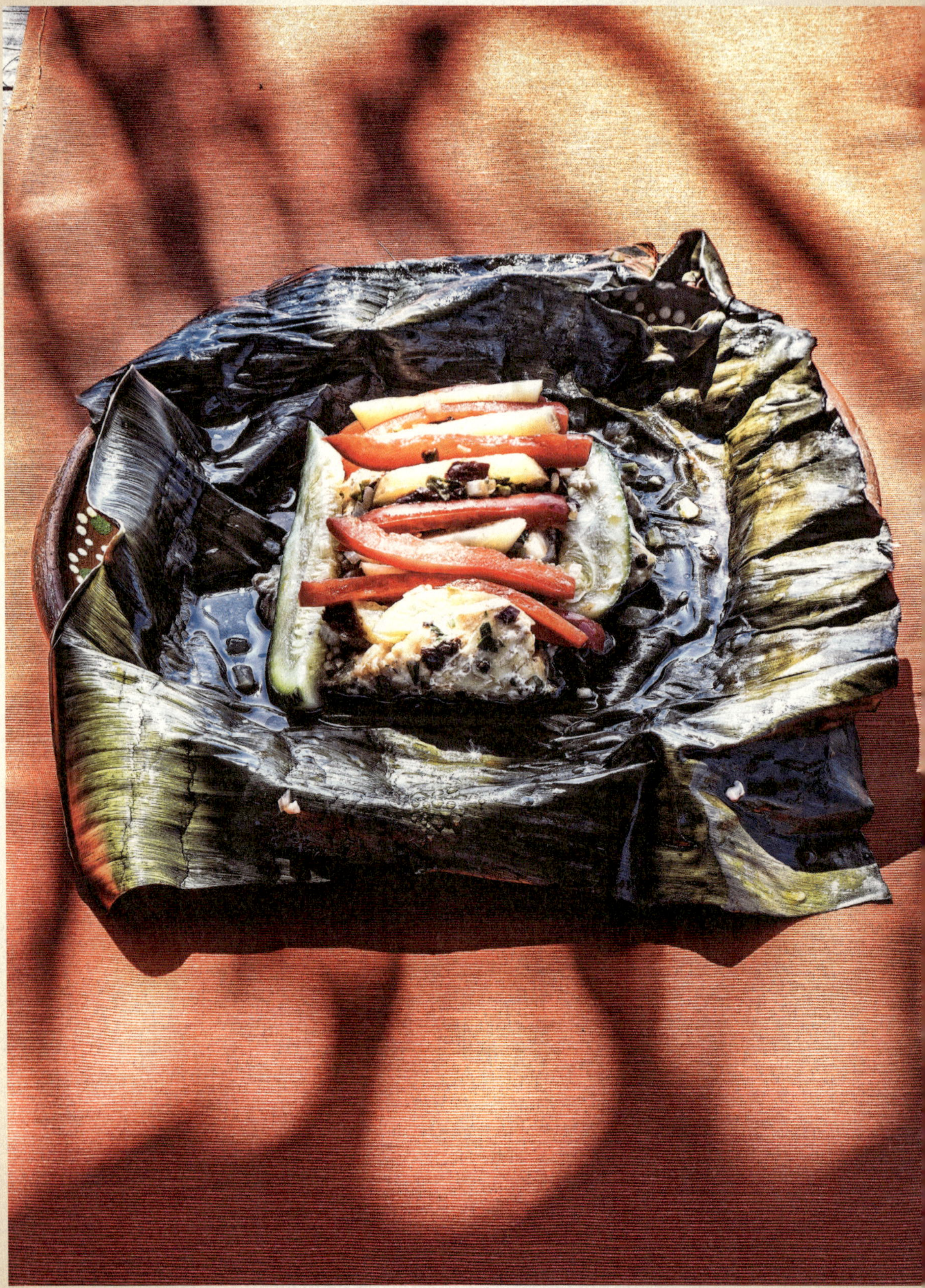

PESCADO EN HOJA DE PLÁTANO
FISH FILLET ON BANANA LEAVES

1. Picar finamente el ajo, la cebolla, el chipotle y el epazote. Mezclar con aceite de oliva, sal y pimienta; verter la mitad en un refractario, extendiendo uniformemente.

2. Colocar los filetes de pescado y vaciar sobre ellos la mezcla restante. Dejar reposar en el refrigerador por una hora.

3. Cortar en juliana la zanahoria, papa y calabaza. Reservar.

4. A continuación, tomar las hojas de plátano y pasarlas ligeramente sobre el fuego de las hornillas para darles suavidad y que se puedan manejar con facilidad.

5. Colocar los filetes de pescado en la parte media y sobre éstos las verduras restantes. Cubrir con la mezcla con la que marinamos el filete y finalmente, doblar en cuatro con la hoja de plátano.

6. Cocinar al vapor de 20 a 30 minutos.

*Este platillo se acompaña muy bien con arroz rojo_*

1. Finely chop the garlic, onion, chipotle chili peppers, and epazote. Mix with olive oil, salt, and pepper. Evenly spread half of this mixture on a baking dish.

2. Place the fish fillets over this mixture and then spread the rest of the mixture on top. Let it rest in the fridge for an hour.

3. Julienne the carrot, potato, and zucchini. Set aside.

4. Take each banana leaf and lightly place them directly on the flame for just a couple of seconds, so they are easy to handle.

5. Place each fish fillet in the middle of the leaf and add a spoonful of the julienned vegetables. Add some of the herb mixture from the pan and carefully fold over the banana leaves.

6. Steam for 20 to 30 minutes.

*This dish goes well with red rice_*

Ingredientes:

6 filetes de pescado
6 dientes de ajo
1 cebolla
4 chiles chipotles adobados
100 g de epazote
60 ml aceite de oliva
6 hojas de plátano de 20 x 30 cm
1 zanahoria
1 papa
1 calabaza
Sal
Pimienta

Ingredients:

6 fish fillets
6 garlic cloves
1 onion
4 roasted chipotle chili peppers
3.5 oz epazote leaves
1/4 cup olive oil
6 banana leaves, approx 20 x 30 cm
1 carrot
1 potato
1 zucchini
Salt
Pepper

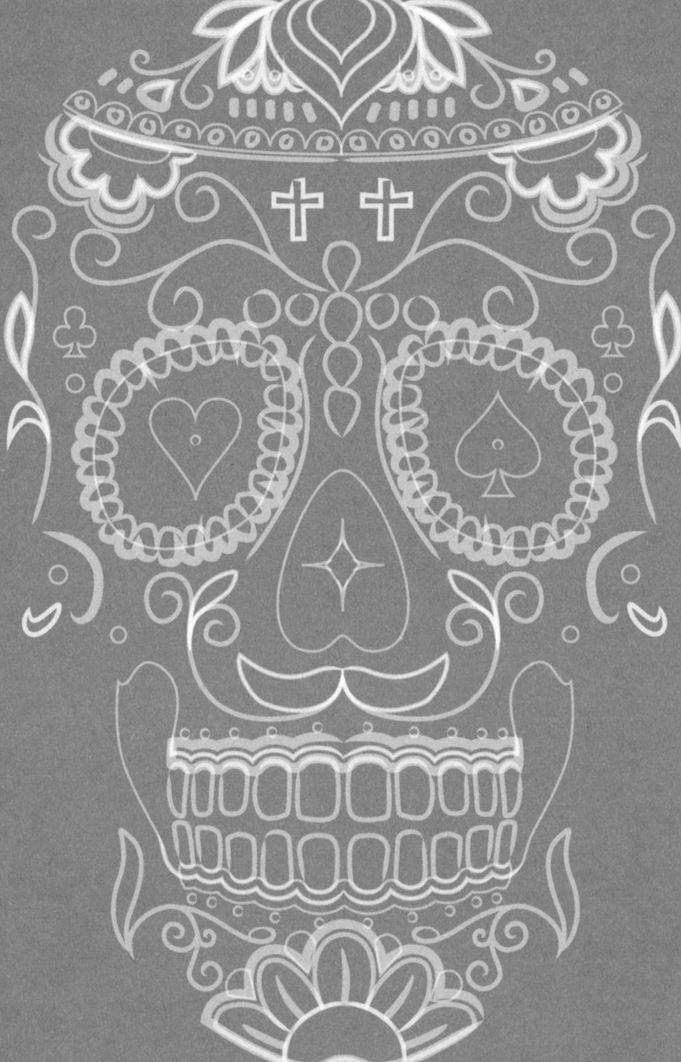

CARNE
MEAT

FAJITAS DE POLLO
CHICKEN FAJITAS

1. Se calienta el aceite en la sartén y se fríen la cebolla, pollo y pimientos.
2. Agregar sal y pimienta al gusto.
3. Servir con aArroz y frijoles_

—•—

1. Heat the oil in a pan and add the onion, chicken, and bell pepper.
2. Add salt and pepper to taste.
3. Serve with rice, beans, and guacamole_

—•—

Ingredientes para 4 personas:

1 Pechuga de pollo partida, aplanada y rebanada en tiras de 2 cm.
1 Chile morrón rojo en rebanadas medianas
1 Chile morrón amarillo en rebanadas medianas
1 Cebolla Morada en rebanadas finas
Sal
Pimienta
Aceite de olivo para freír

Ingredients:

1 chicken breast cut into one-inch slices
Red bell pepper cut into thick slices
Yellow bell pepper cut into thick slices
1 red onion, julienned
Salt
Pepper
Olive oil

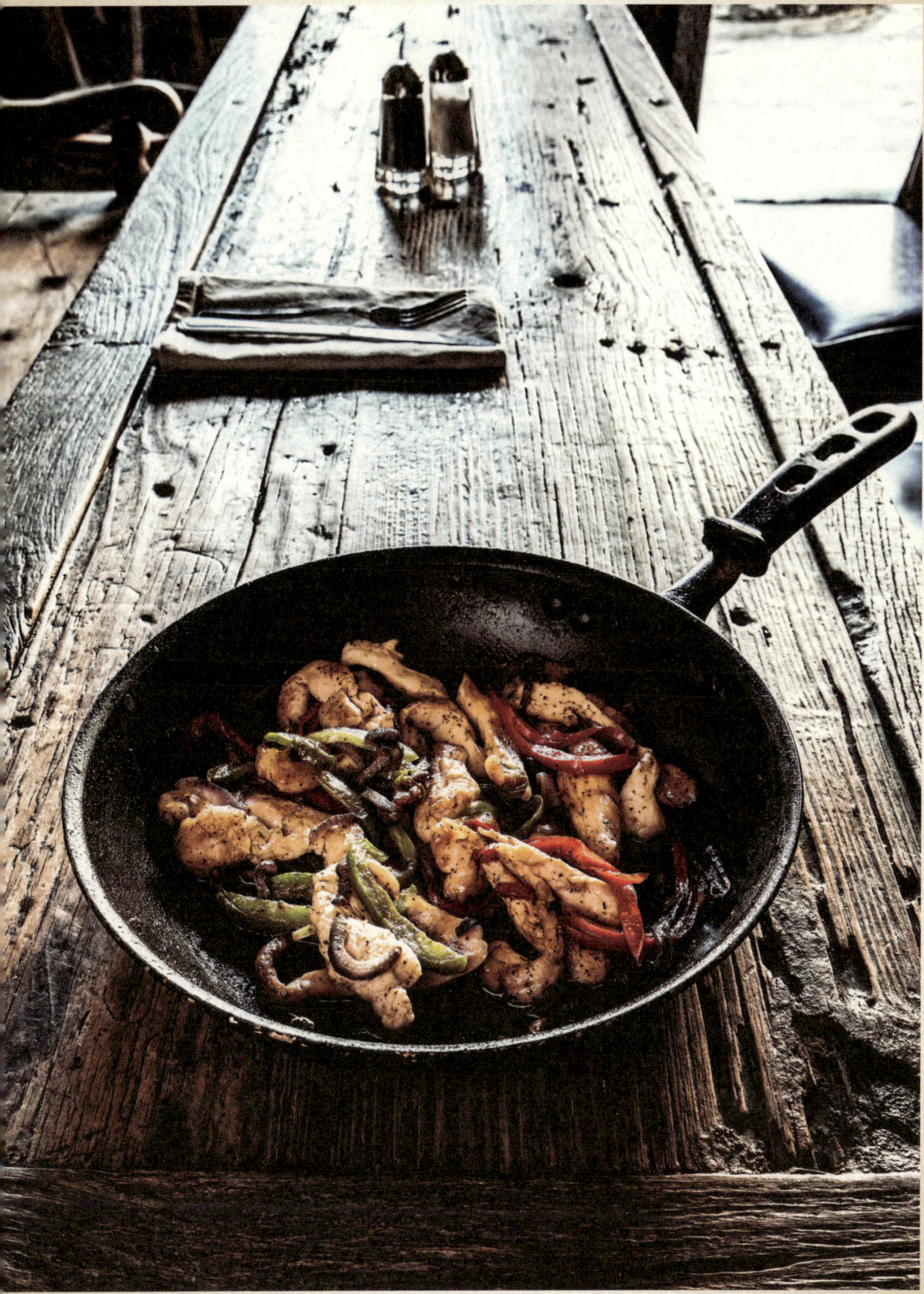

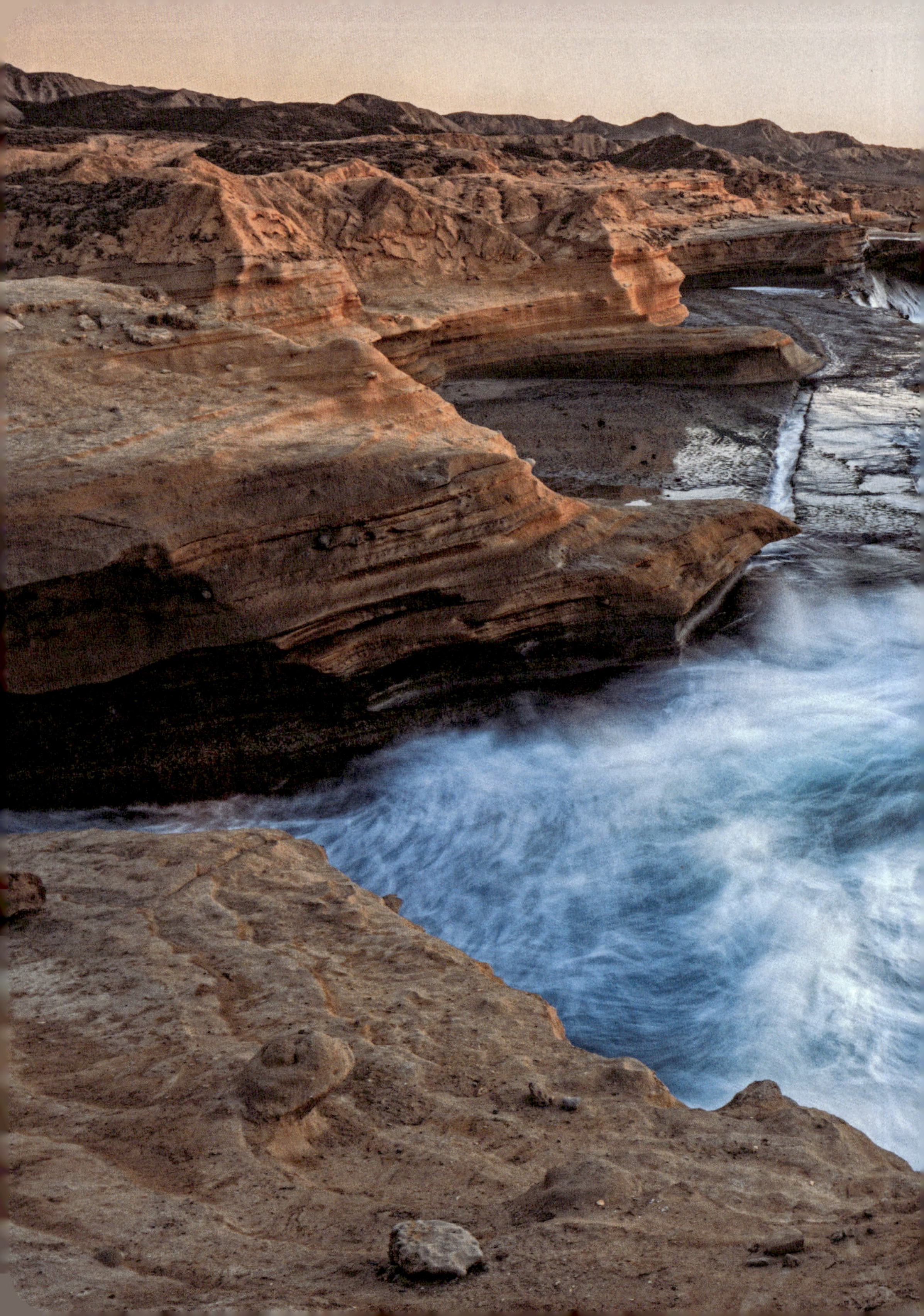

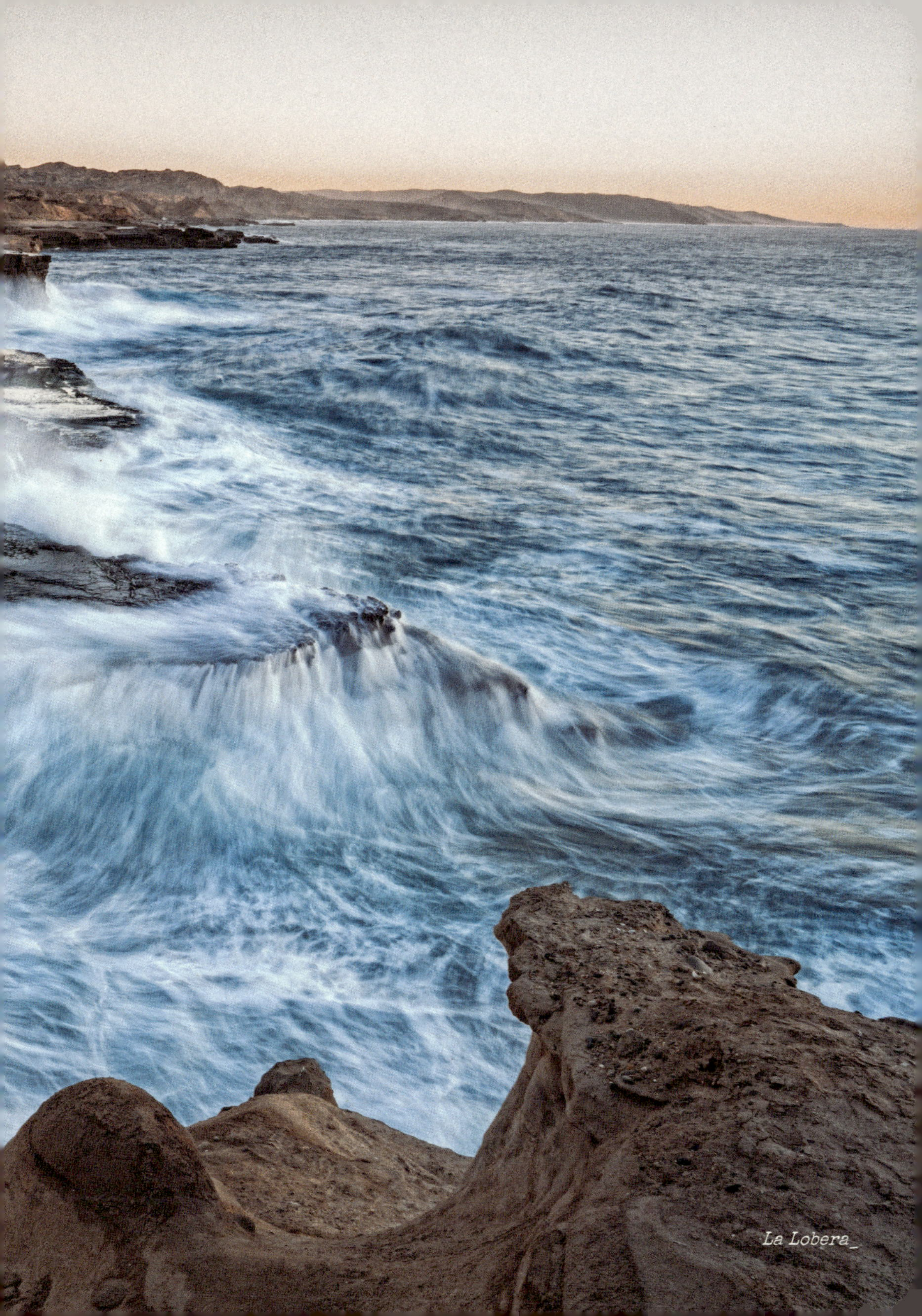
La Lobera_

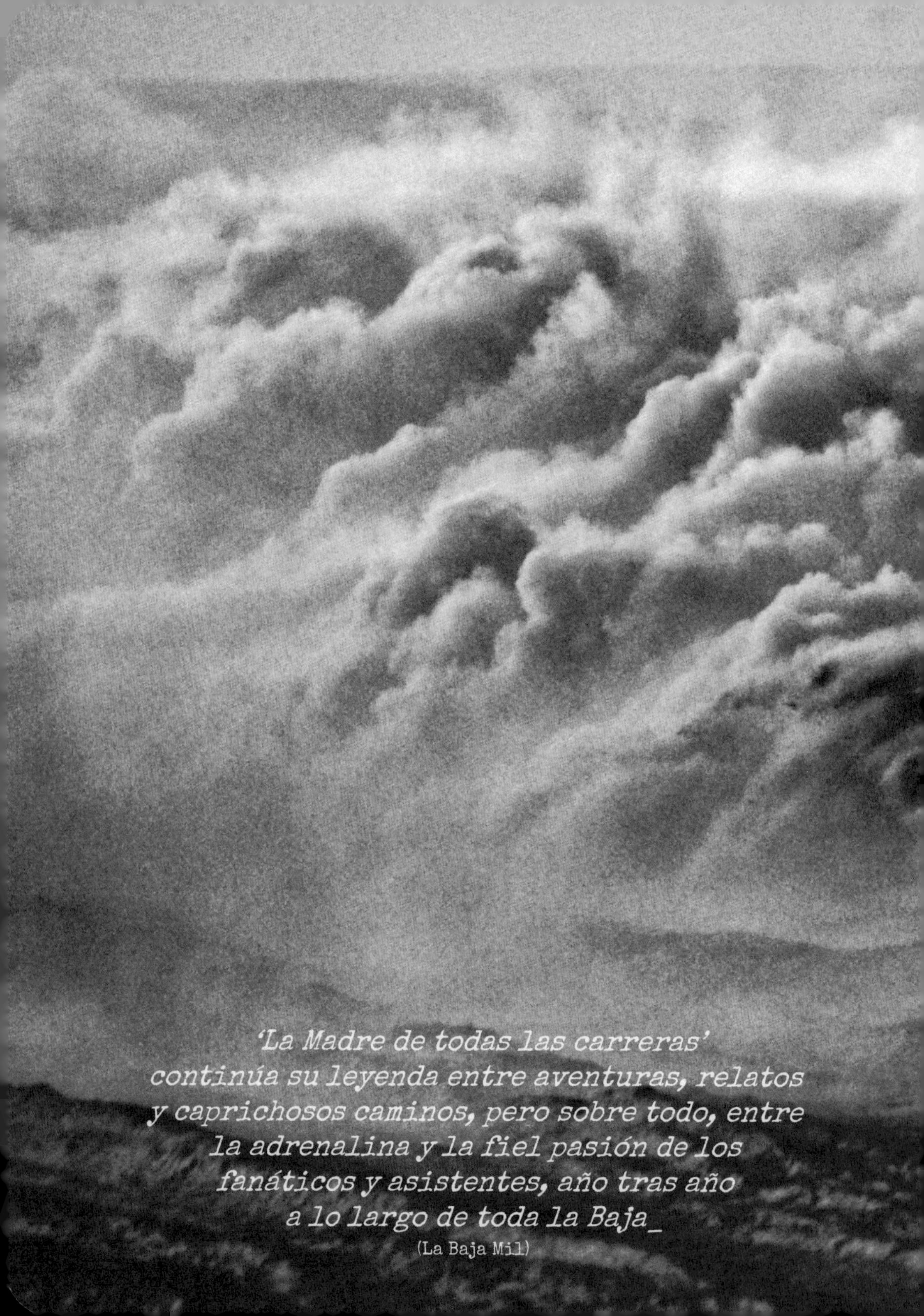

'La Madre de todas las carreras'
continúa su leyenda entre aventuras, relatos
y caprichosos caminos, pero sobre todo, entre
la adrenalina y la fiel pasión de los
fanáticos y asistentes, año tras año
*a lo largo de toda la Baja_*
(La Baja Mil)

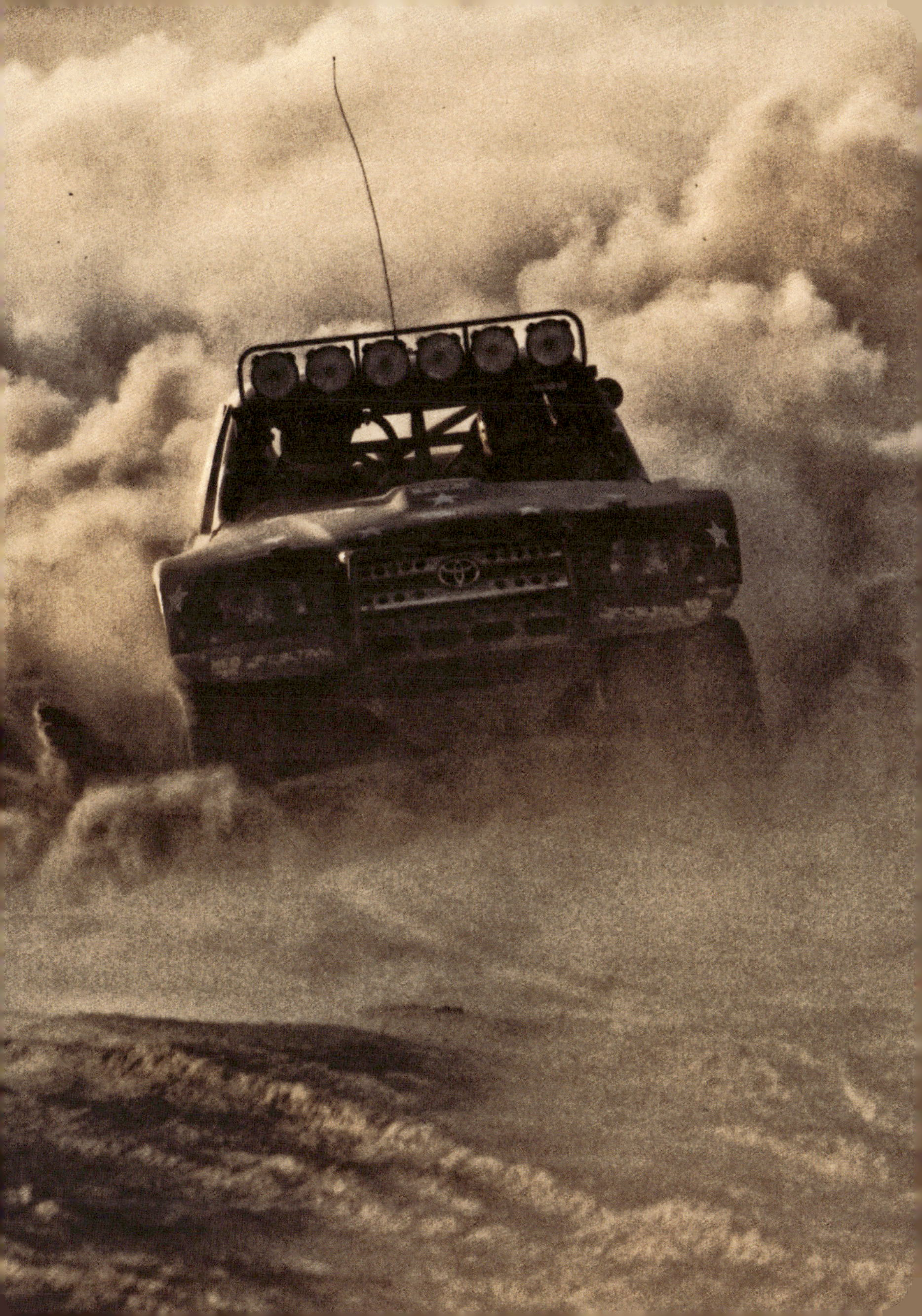

LA BAJA MIL

Es el polvo en el aire que anuncia la fugaz llegada de un viajero. Es el rugido del motor en la lejanía que se va acrecentando poco a poco. Las huellas impresas en los deslavados caminos de la Baja, prontas a ser borradas. Es la emoción que se transmite con el fervor de fanáticos asistentes, que esperan ansiosamente ese fugaz momento donde ven pasar brevemente a sus corredores.

La Baja Mil es una carrera Todo Terreno que inicia en Ensenada, recorre 1,050 millas de desierto por la península de Baja California y culmina en La Paz. Participan automóviles, motocicletas, pickups y vehículos todoterreno de diferentes clasificaciones. La 'Madre de todas las carreras' es un evento tan interesante que ha reunido celebridades de todo el mundo, entre los cuales podemos mencionar: Parnelli Jones, corredor de carros Indy; Steve McQueen, John Clark Gable Jr., Larry Wilcox, James Garner, Paul Newman, Chuck Norris y su hermano Aaron Norris, Patrick Dempsey, Jesse James, entre otros.

La Baja Mil se realiza año con año desde 1962, cuando dos locos aventureros, Dave Ekins y Bill Robertson Jr., arrancaron de Tijuana con destino a La Paz en un par de motocicletas Honda. Para comprobar su tiempo de recorrido y darle más legalidad a la competencia, sellaban una forma en las oficinas de Telégrafos. Dave Ekins ganó la primera edición.

Eventualmente, estas competencias levantaron el entusiasmo de Ed Pearlman, quien organizaría la primera "Mexican 1000", con un registro de 68 participantes, saliendo de Tijuana el 1 de Noviembre de 1967, hacia La Paz. Esta carrera ya no se regiría por las oficinas de telégrafos sino por una organización que la sancionaría, la llamada National Off Road Racing Association.

Es a partir de 1975 que la carrera empieza a ser organizada por SCORE y Cervecería Tecate. Año con año se ha ido profesionalizando y aumentando la demanda de participantes.

'La Madre de todas las carreras' continúa su leyenda entre aventuras, relatos y caprichosos caminos, pero sobre todo, entre la adrenalina y la fiel pasión de los fanáticos y asistentes, año tras año a lo largo de toda la Baja_

BAJA MIL (BAJA 1000)

It is the dust in the air that announces the arrival of a fleeting traveler. It is the roar of the engine in the distance that is increasing gradually. The tracks printed on the roads of the Baja are soon to be faded. It's the excitement, the adrenaline that is transmitted with the fervor of the fans who anxiously await that brief moment when they see their riders go by. This is the spirit of the Baja Mil (Baja 1000).

The Baja Mil is an off-road series that starts in Ensenada, crossing circa 1,000 miles of desert on the Baja California peninsula and ending in La Paz. Various vehicle classes participate, including cars, motorcycles, pickups, and SUVs of different classifications. The "mother of all desert races" is a fascinating event, which has brought together celebrities from around the world to participate in this challenge, including Indy car racer Parnelli Jones, Steve McQueen, John Clark Gable Jr., Larry Wilcox, James Garner, Paul Newman, Chuck Norris and his brother Aaron Norris, Patrick Dempsey, and Jesse James.

Every year Baja Mil is a unique and different event, beginning in 1962 when two crazy adventurers, Dave Ekins and Bill Robertson Jr., first drove from Tijuana to La Paz on a couple of Honda motorcycles and became the first recorded competitors on the route. To check their travel time and give more legality to the competition, Ekins and Robertson registered with local telegraph offices. Dave Ekins won the first race.

These competitions continued for five years, continuing with the custom of using the telegraph offices to certify the official times. Eventually participants raised the enthusiasm of Ed Pearlman, a florist in the San Fernando Valley, who organized the first "Mexican 1000 Rally" on October 31, 1967, with a record of 68 participants traveling from Tijuana to La Paz. This race was no longer governed by telegraph offices but rather by a sanctioning organization: the National Off-Road Racing Association (NORRA), directed by Pearlman.

NORRA continued to organize the Baja Mil until 1974, when it withdrew from the event and SCORE International took over, increasing participants and attendance. SCORE's involvement went on to provide improved organization and checkpoint tracking throughout the race route. Year after year the event becomes increasingly professional.

"The mother of all desert races" continues to grow in its legendary status as a result of the adventuresome stories that come out of the event annually. But it is the adrenaline and the true passion of the fans and attendees throughout the peninsula that keep the Baja Mil thriving year after year_

TACOS DE CHIVO
GOAT TACOS

1. Desvenar los chiles y quitar las semillas. Reservar.

2. Cocer en una olla los chiles con el ajo, cebolla y tomates. Una vez cocidos, licuar y colar.

3. Marinaje y cocción de la carne: Picar la carne en trozos pequeños y marinar en el adobo. Reservar.

4. En una cazuela, colocar las hojas de plátano, agregar el chivo ya marinado y envolver. Cocinar en el horno durante 4 horas a 180° C_

1. De-vein chili peppers and remove seeds.

2. Cook the peppers in a pot with garlic, onions, and tomatoes. Once cooked, blend and strain.

3. Chop the meat into small pieces and soak in the marinade.

4. In a saucepan place the banana leaves and add the marinade. Wrap the meat in the leaves. Cook in the oven for four hours at 350° F_

Ingredientes:

3 kg de carne de chivo
5 Chiles guajillos
3 Chiles pasillas
5 Tomates rojos saladet
10 g de orégano
1/2 kg de tortillas de maíz
250 g de hojas de plátano
1/2 Cebolla blanca
1/2 Cabeza de ajo
5 g de pimienta
Sal

Ingredients:

6.5 lb of chivo meat (1/4 of a goat)
5 guajillo pasillas
5 red saladette tomatoes
5 tsp oregano
17 oz corn tortillas
8 oz banana leaf
1/2 white onion
1/2 garlic clove
Pepper
Salt

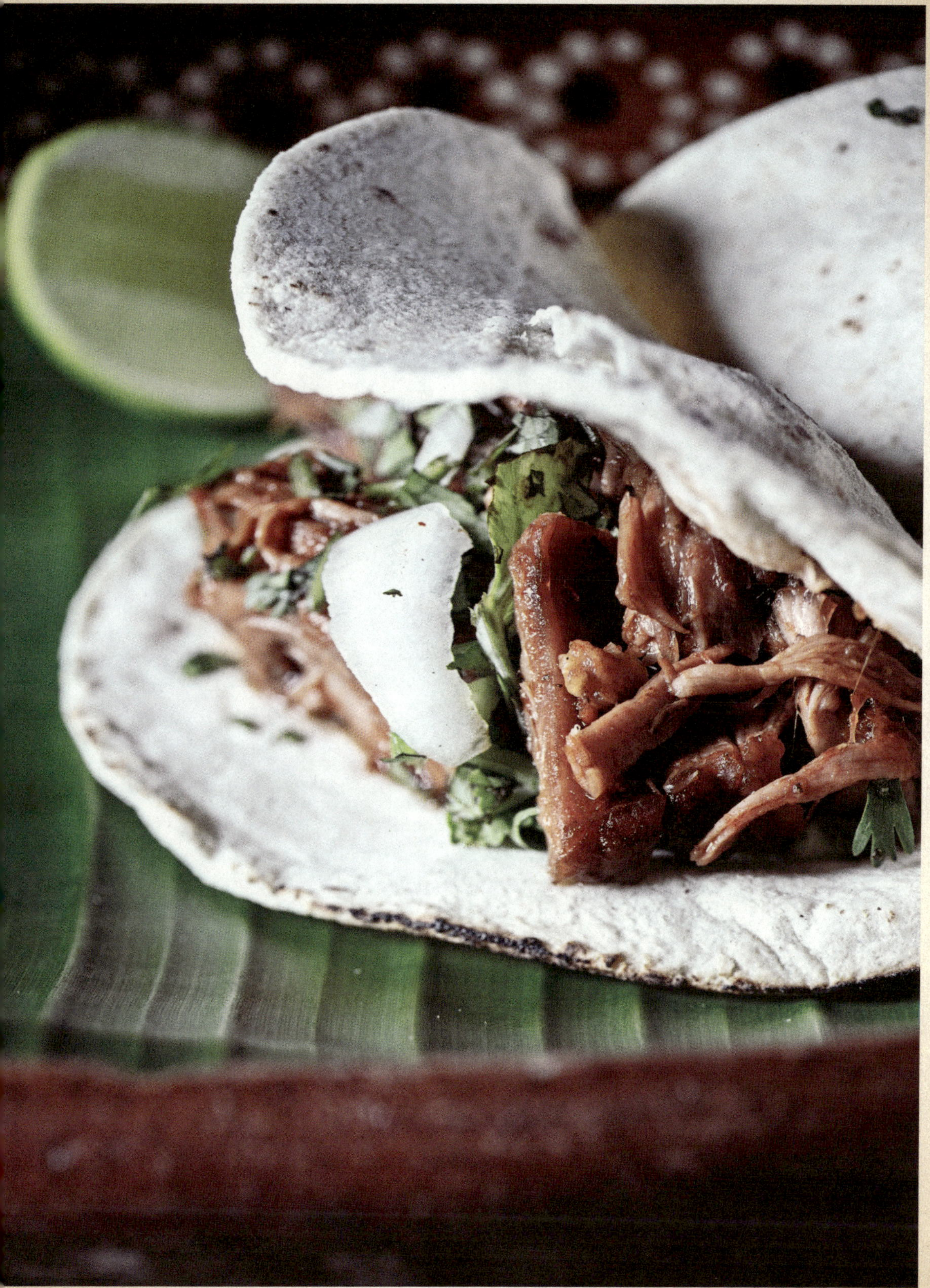

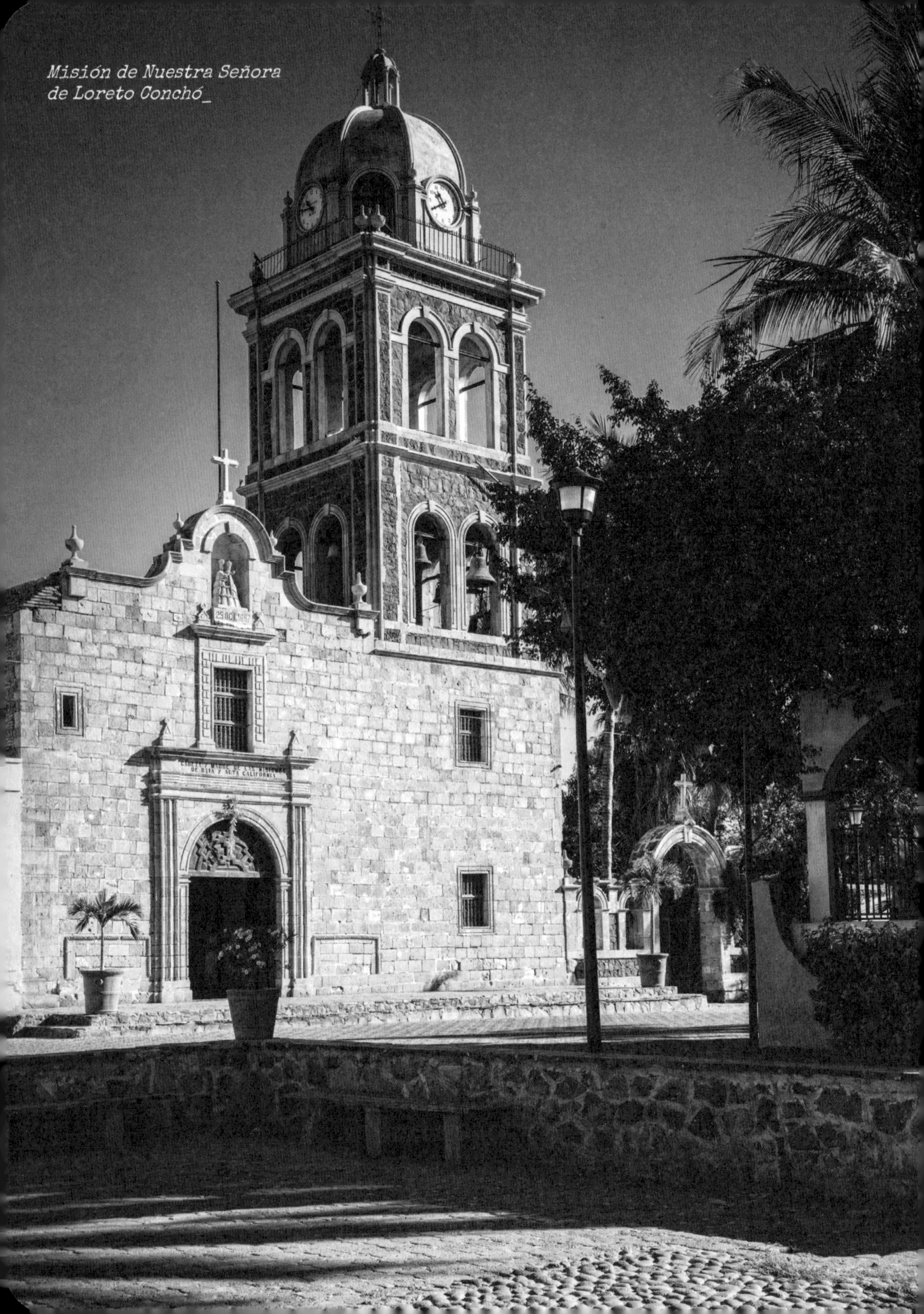

*Misión de Nuestra Señora de Loreto Conchó_*

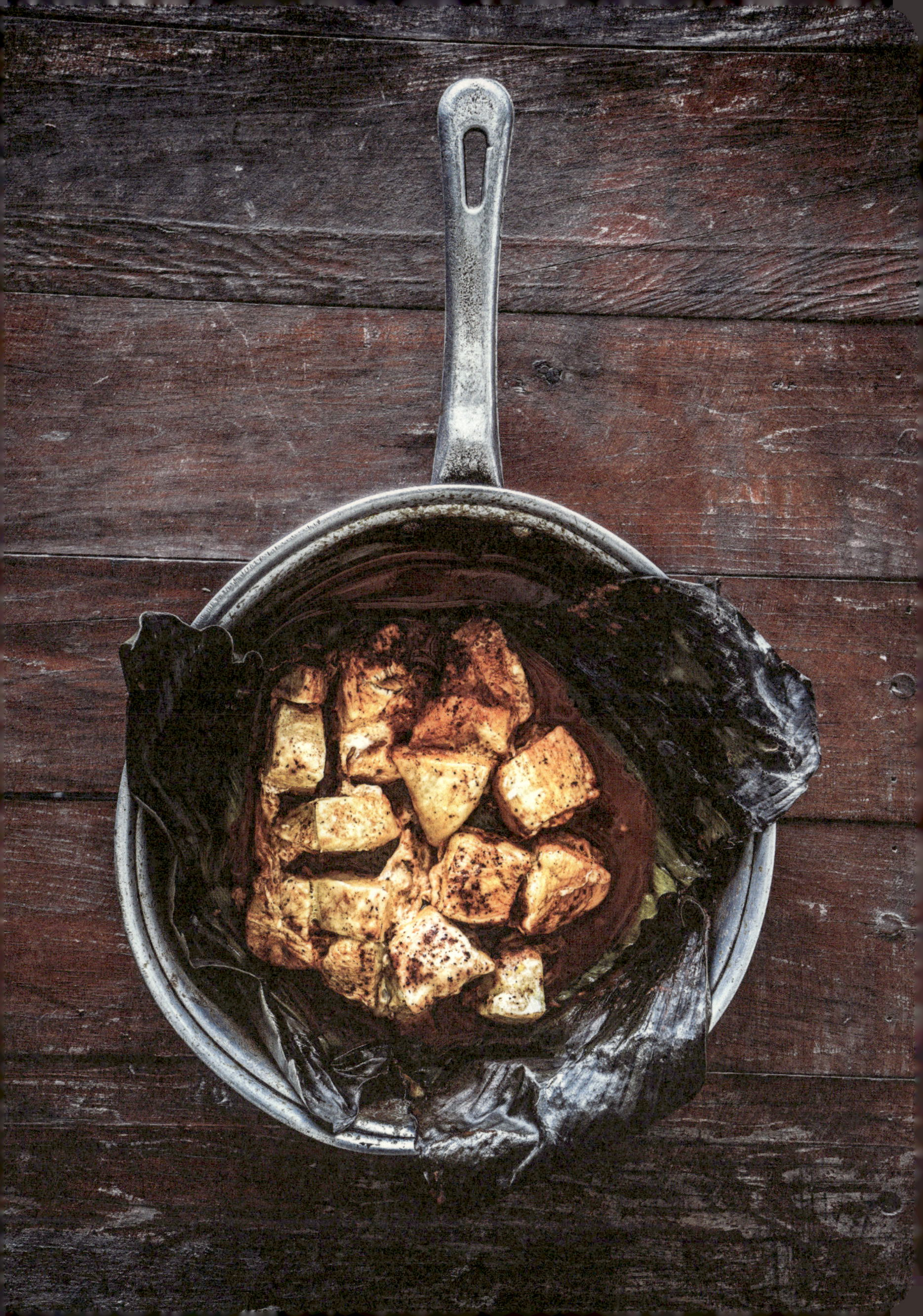

COCHINITA PIBIL

1. Mezclar los jugos y el vinagre, disolver el achiote en la mezcla y agregar especias.

2. Colocar la carne sobre las hojas de plátano en una charola de horno y bañar con la mezcla de achiote y cítricos. Envolver muy bien con las hojas de plátano. Dejar marinar por lo menos ocho horas en el refrigerador.

3. Para cocinar, se tapa con papel de aluminio y se hornea a 175 °C durante 3 horas o hasta que la carne esté tan suave que se desbarate. Se desmenuza y se sirve.

Para la salsa:

1. Se mezclan todos los ingredientes y dejar reposar tres horas.

*Para su presentación, se sirve envuelto en las hojas de plátano acompañando con la salsa preparada y tortillas_*

—•—

Ingredientes:

2 hojas de plátano pasadas por la flama de la hornilla (véase de Pescado en hoja de plátano)
1 1/2 kg de pierna de puerco
1/2 kg de lomo de puerco con costilla
200 g de achiote
1/2 l de jugo de naranja
120 ml de vinagre
120 ml de jugo de limón
1/4 de cucharadita de comino en polvo
1 cucharadita de orégano seco
1 cucharadita de pimienta blanca en polvo
1/2 cucharadita de pimienta negra en polvo
1/2 cucharadita de canela en polvo
5 granos de pimienta toscamente molidos
3 dientes de ajo exprimido
Sal al gusto

Salsa para acompañar:

1 cebolla morada chica cortada en juliana finamente
4 chiles habaneros cortados en juliana finamente
120 ml de jugo de naranja
120 ml de jugo de limón
Sal al gusto

COCHINITA PIBIL

1. Mix the juices and vinegar, dissolve the achiote, and add the spices.

2. In the bottom of a big bowl place the banana leaves, put the pork on top, and pour over the juices. Cover well with banana leaves and let it marinate for at least eight hours in the fridge.

3. Cover with aluminum foil and bake at 350° F for three hours or until meat comes apart easily. Shred and serve.

Sauce:

1. Mix all ingredients and let it rest for three hours.

*To serve, use the same banana leaves with the sauce and tortillas_*

—•—

Ingredients:

2 banana leaves lightly passed over medium flame; do not burn.
3.3 lb pork leg
1.1 lb pork loin with ribs
7 oz achiote
2 cups orange juice
1/2 cup vinegar
1/2 cup lemon juice
1/4 tsp cumin
1 tsp dry oregano
1 tsp white pepper
1/2 tsp black pepper
1/2 tsp cinnamon
5 peppercorns, roughly chopped
Juice of 3 cloves of garlic
Salt to taste

Sauce:

1 medium red onion, julienned
4 habanero chiles, julienned
1/2 cup orange juice
1/2 cup lemon juice
Salt to taste

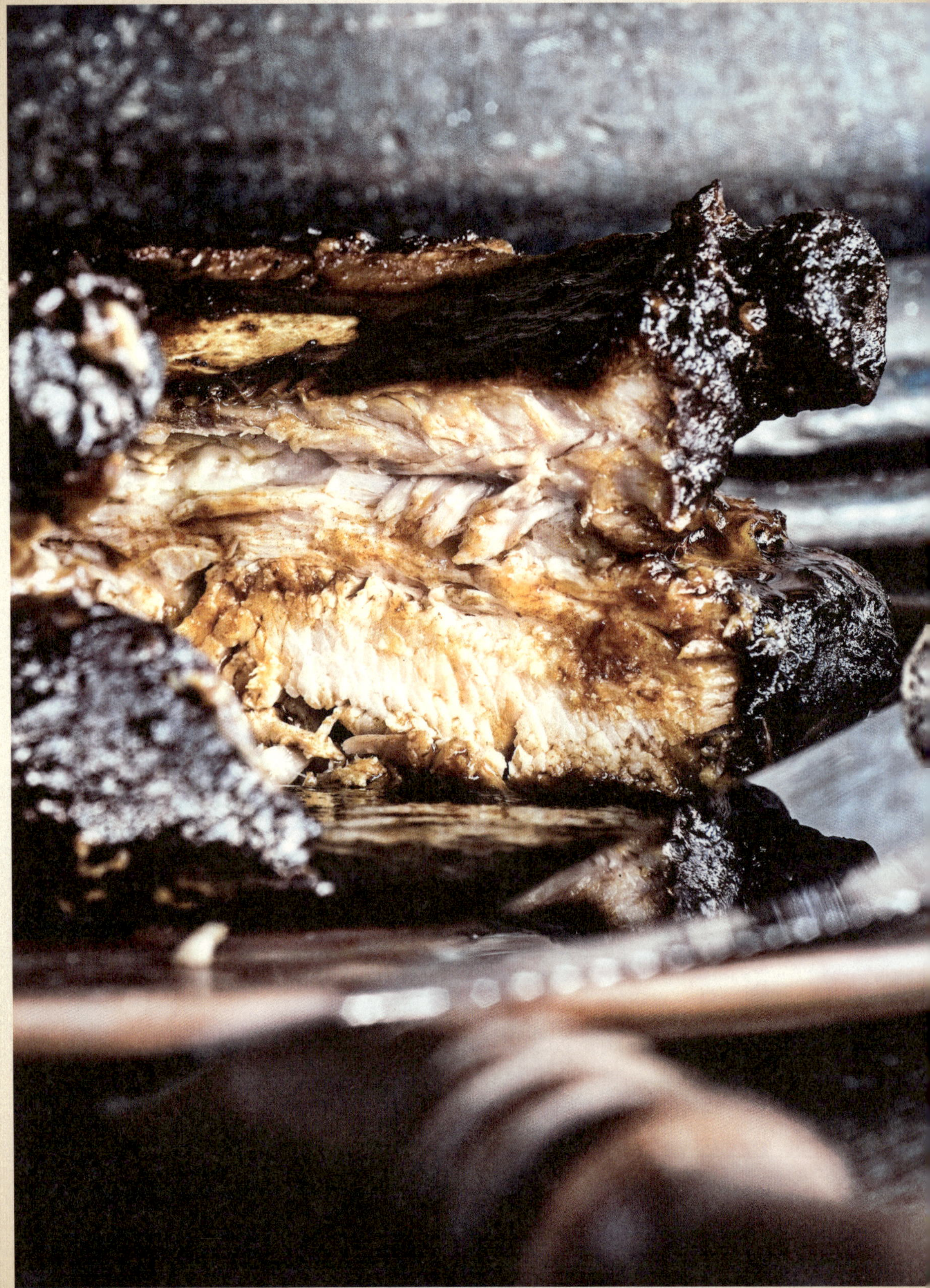

COSTILLAS ADOBADAS
MARINATED RIBS

1. Colocar en salmuera las costillas 24 horas antes de cocinarlas. Ésta se prepara mezclando sal de mar, romero, orégano de hoja grande, vinagre blanco de caña y pimienta gorda.

2. Salpimentar las costillas y asarlas en la parrilla o plancha.

3. Colocarlas en un cazo forrado con hoja de plátano y engrasado con manteca.

4. Cubrirlas con la salsa y hornear a 150 °C durante 6 horas aproximadamente. Retirar cuando las costillas estén desprendiéndose del hueso.

5. Servir con puré de papa al cilantro en hoja de maíz acompañadas de frijoles refritos con manteca y guacamole_

1. Place the ribs in a brine 24 hours before cooking. This brine is prepared by mixing sea salt, rosemary, big leaf oregano, white vinegar, and allspice.

2. Add salt and pepper and roast ribs on the grill or griddle.

3. Place in a pan lined with the banana leaf and greased with butter.

4. Cover with the sauce and bake at 300° F for about six hours or until the ribs are coming off the bone.

5. Serve with the mashed potatoes with cilantro on a chalupa corn leaves, accompanied by refried beans and guacamole_

Ingredientes:

1.6 kg de costilla cargada de cerdo
2 lts de salsa pasilla tamarindo
50 g sal de mar
10 g pimienta gorda
50 g orégano de hoja grande
200 ml de vinagre blanco de caña
4 piezas de papa hecha puré al cilantro
4 piezas de hoja de maíz
Frijoles molidos refritos
Guacamole
Sal
Pimienta

Ingredients:

3.3 lb pork ribs
4 pints pasilla tamarind sauce
3 1/2 tbsp coarse salt
1 tbsp peppercorn
2 oz big leaf oregano
1/2 pint white vinegar
4 potatoes mashed with cilantro
4 corn leaves
1/2 cup of mashed beans (side dish)
1/2 cup guacamole (side dish)
Salt
Pepper

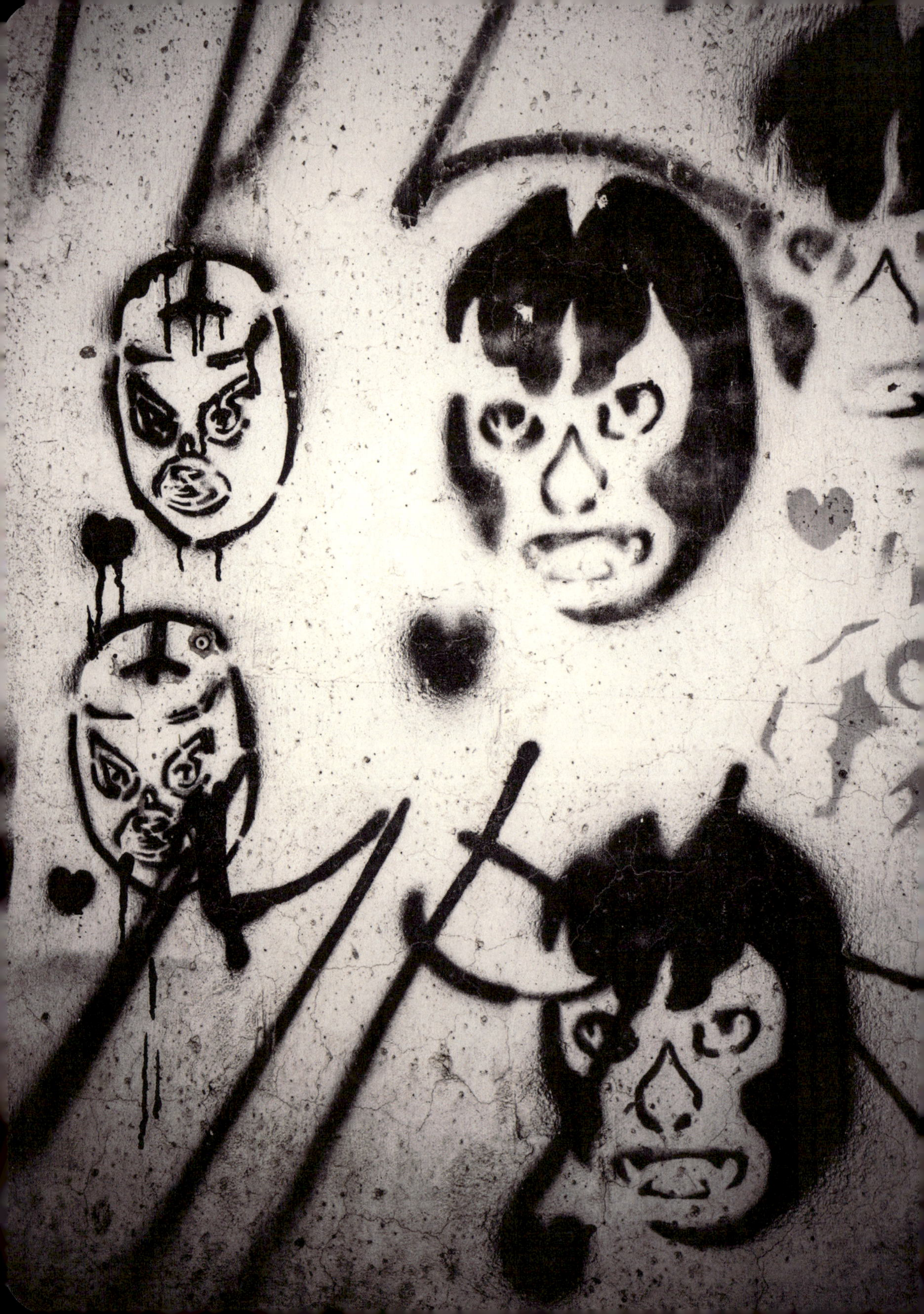

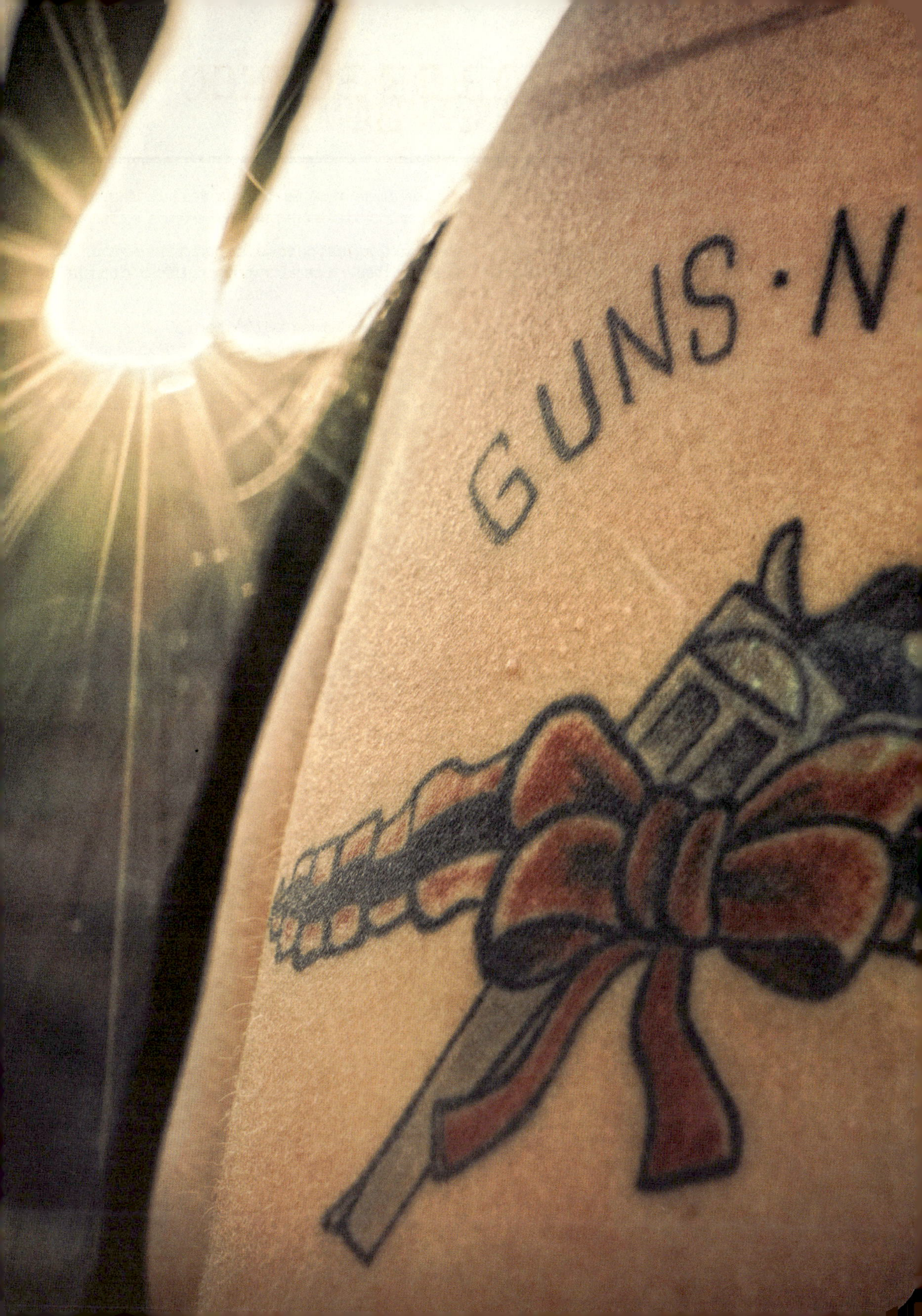
GUNS·N

COSTILLAR DE BOREGO
RACK OF LAMB

1. Sazonar cada raca de borrego con sal y pimienta al gusto.

2. Cocinar a la leña alrededor de 5 minutos dependiendo del término deseado_

—•—

1. Season each rack with salt and pepper to taste.

2. Cook in a wood-fired oven for five minutes, depending on how well done you prefer_

—•—

Ingredientes:

1.2 kg de raca de borrego
Sal y pimienta al gusto

Ingredients:

2,6 lb rack of lamb
Salt and pepper

CODORNIZ ASADA
GRILLED QUAIL

1. Derretir en una olla la mantequilla, agregar los ajos y dorar. Reservar.

2. Abrir por la mitad las codornices y sazonar con sal y pimienta al gusto. Cocinar a la leña alrededor de 5 minutos. A continuación, sumergir dentro de la mantequilla anteriormente preparada y servir_

—•—

1. Melt the butter over low heat, add the garlic cloves and cook until golden; reserve.

2. Open the quail; add salt and pepper to taste. Cook in a wood-fired oven for five minutes approximately. Remove from heat and immediately brush with the butter mixture. Serve_

—•—

Ingredientes:

12 piezas de codorniz
180 g de mantequilla
8 dientes de ajo previamente pelados
Sal y pimienta al gusto

Ingredients:

12 pieces of quail
6 oz butter
8 garlic cloves
Salt and pepper

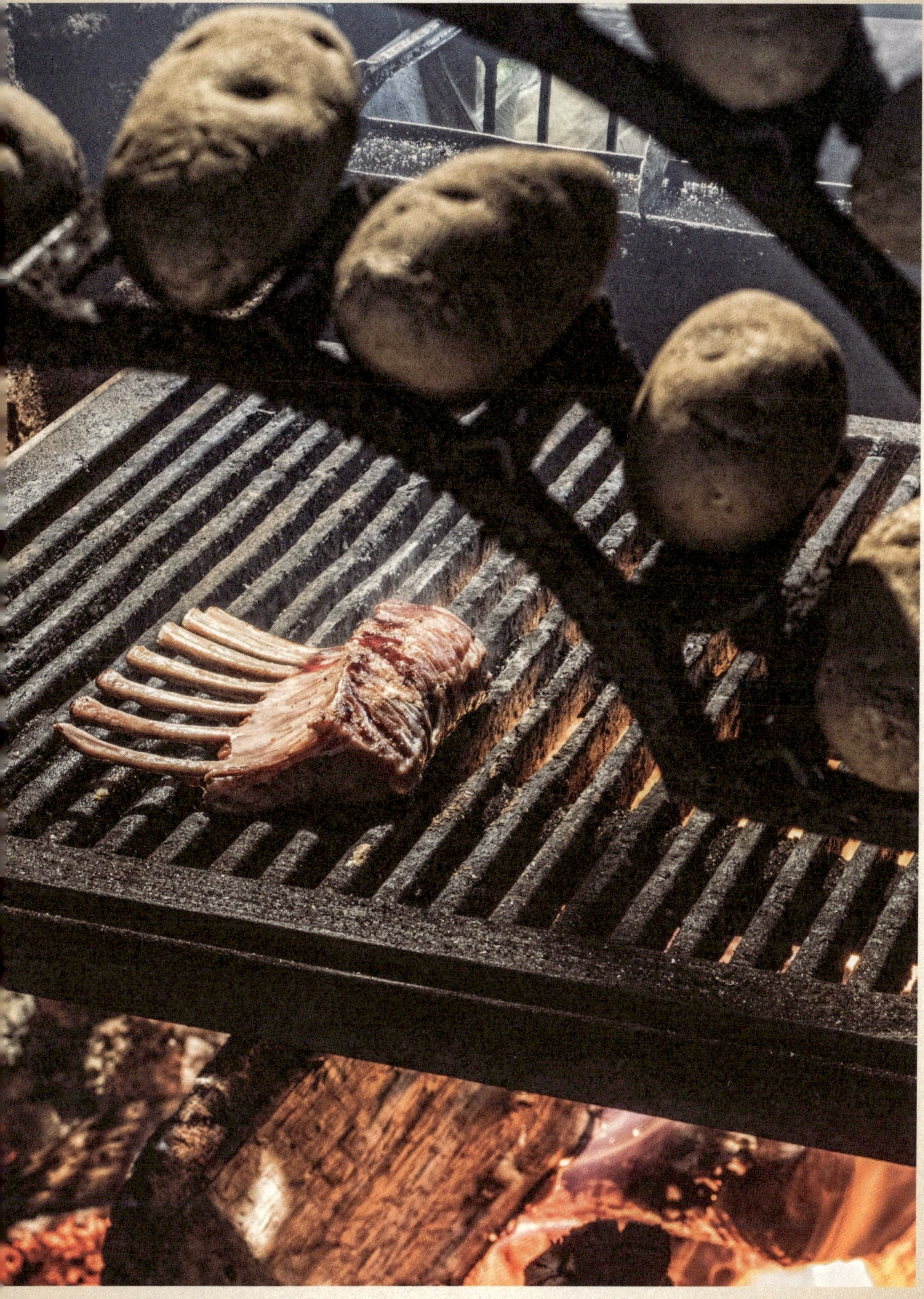

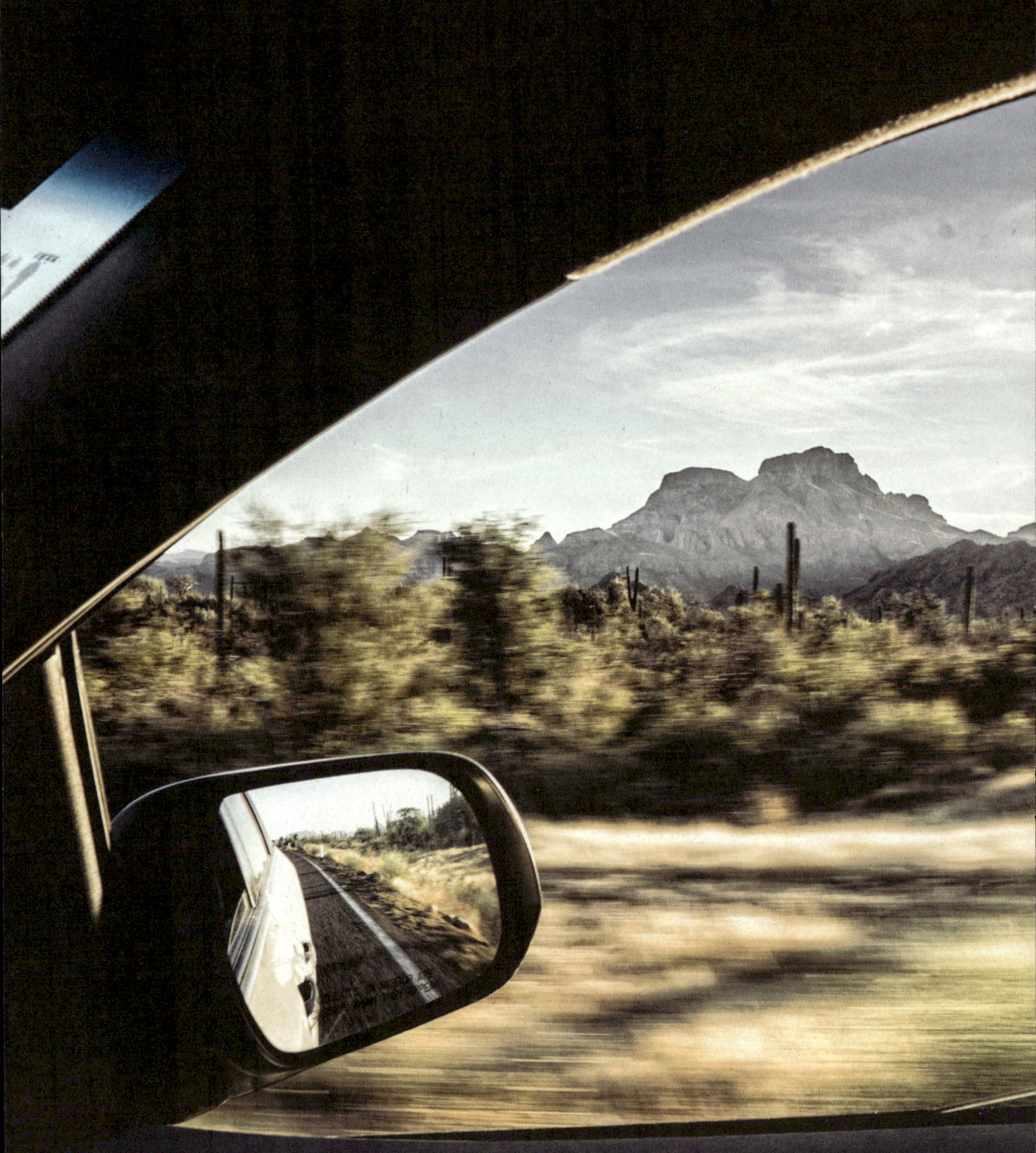

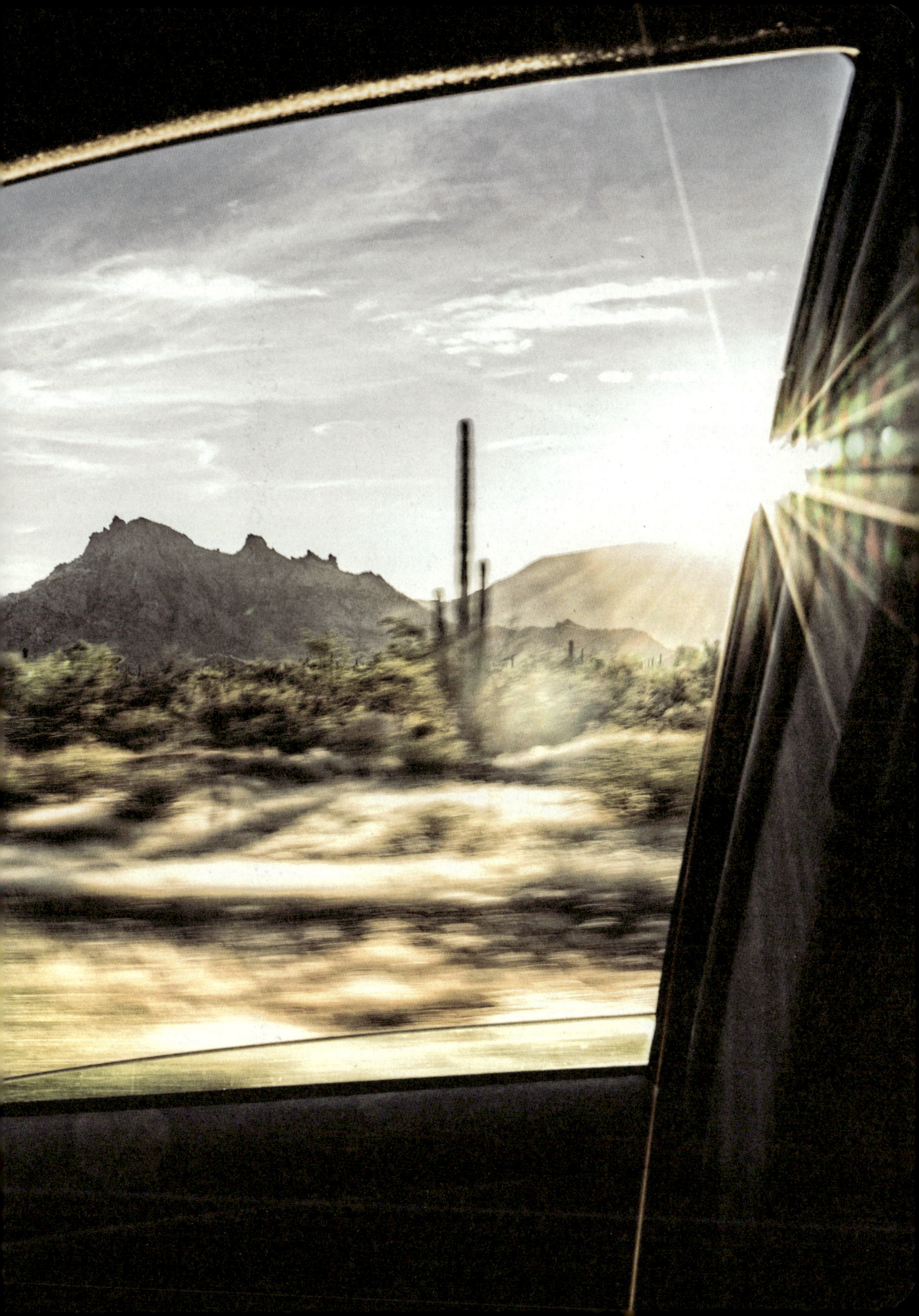

CIPAIS DE FIESTA
PARTY CIPAIS

1. En un tazón grande verter la harina de trigo con 50 g de manteca de puerco y sal; mezclar hasta obtener una masa resistente y a la vez flexible. Dejar reposar 30 min. Una vez reposado, estirar la masa hasta lograr una consistencia delgada y dejar secar al sol por 10 minutos para que ésta se deshidrate. Reservar.

2. Poner a cocer los frijoles con agua y un poco de sal hasta que estén cocidos en su totalidad, 3 horas aproximadamente. Retirar del fuego, colar y licuar con el caldo para obtener una consistencia espesa. Reservar.

3. Calentar manteca en un sartén, verter la salsa de frijol y sofreír hasta que espese. Reservar.

4. En otro sartén, calentar a temperatura media el aceite vegetal junto con el ajo, la cebolla y el jitomate; cocinar 5 minutos. Posteriormente, agregar la carne molida de puerco y res, cocinar 15 minutos y añadir la salsa de frijol refrito. Salpimentar y reservar.

5. Colocar en un recipiente una capa de pasta, una capa del guisado dc carne, una capa de queso oreado y finalizar con otra capa de pasta. Cubrir con papel aluminio y hornear a 180° C durante 30 min.

6. Se sirve acompañado con crema fresca_

—•—

1. In a bowl add the wheat flour with 1/3 cup of lard and salt; mix well until you get a consistent yet flexible dough. Let it rest for 30 minutes and flatten really thin; let it dry in the sun for 10 minutes. Set aside.

2. Cook the beans with plenty of water and salt (approximately three hours). Once cooled, blend well for a thick consistency. Reserve.

3. Heat the lard on a pan, pour the beans, and stir until it thickens.

4. In another pan heat to medium high vegetable oil with garlic, onion, and tomato. Stir for five minutes. Add both ground beef and pork, and cook for 15 minutes approximately. Add the bean sauce. Add salt and pepper to taste.

5. On another dish place a layer of dough, a layer of ground beef and pork, a layer of oreado cheese, and cover with a layer of flattened dough. Cover with aluminum foil and bake at 360° F for 30 minutes.

6. Serve with fresh sour cream_

—•—

Ingredientes:

120 g de harina de trigo
70 g de manteca de puerco
10 g de sal
10 g de pimienta
130 g de carne molida de res
130 g de carne molida de puerco
60 de cebolla picada
80 g de tomate en cubos
15 g de ajo picado
60 g de chile poblano
80 g de queso oreado
40 g de frijol
10 ml de aceite vegetal

Ingredients:

1 cup wheat flour
1/3 cup lard
2 tsp salt
2 tsp pepper
4.5 oz ground beef
4.5 oz ground pork
2 oz diced onion
1/2 cup cubed tomatoes
1.5 tbsp Chopped garlic
2 oz poblano chiles
3 oz oreado cheese
3 tbsp beans
2 tsp vegetable oil

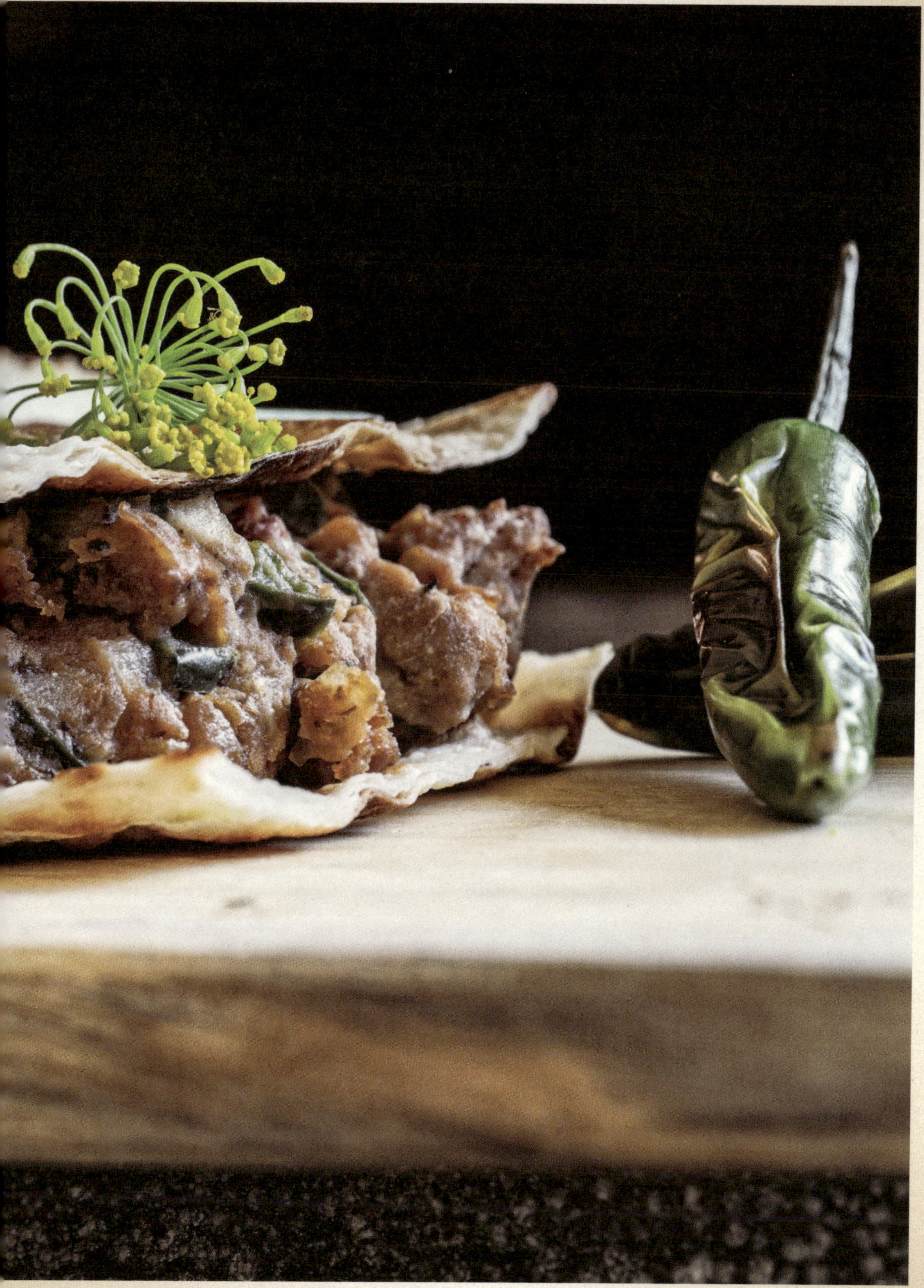

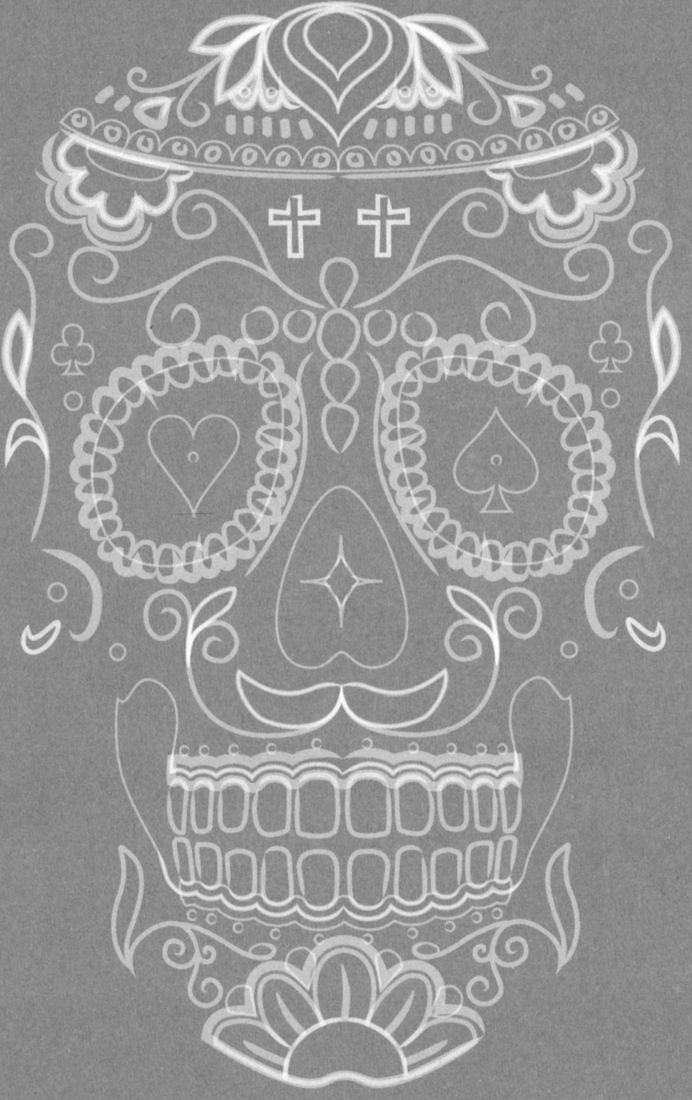

POSTRES Y CÓCTELES
DESSERTS AND COCKTAILS

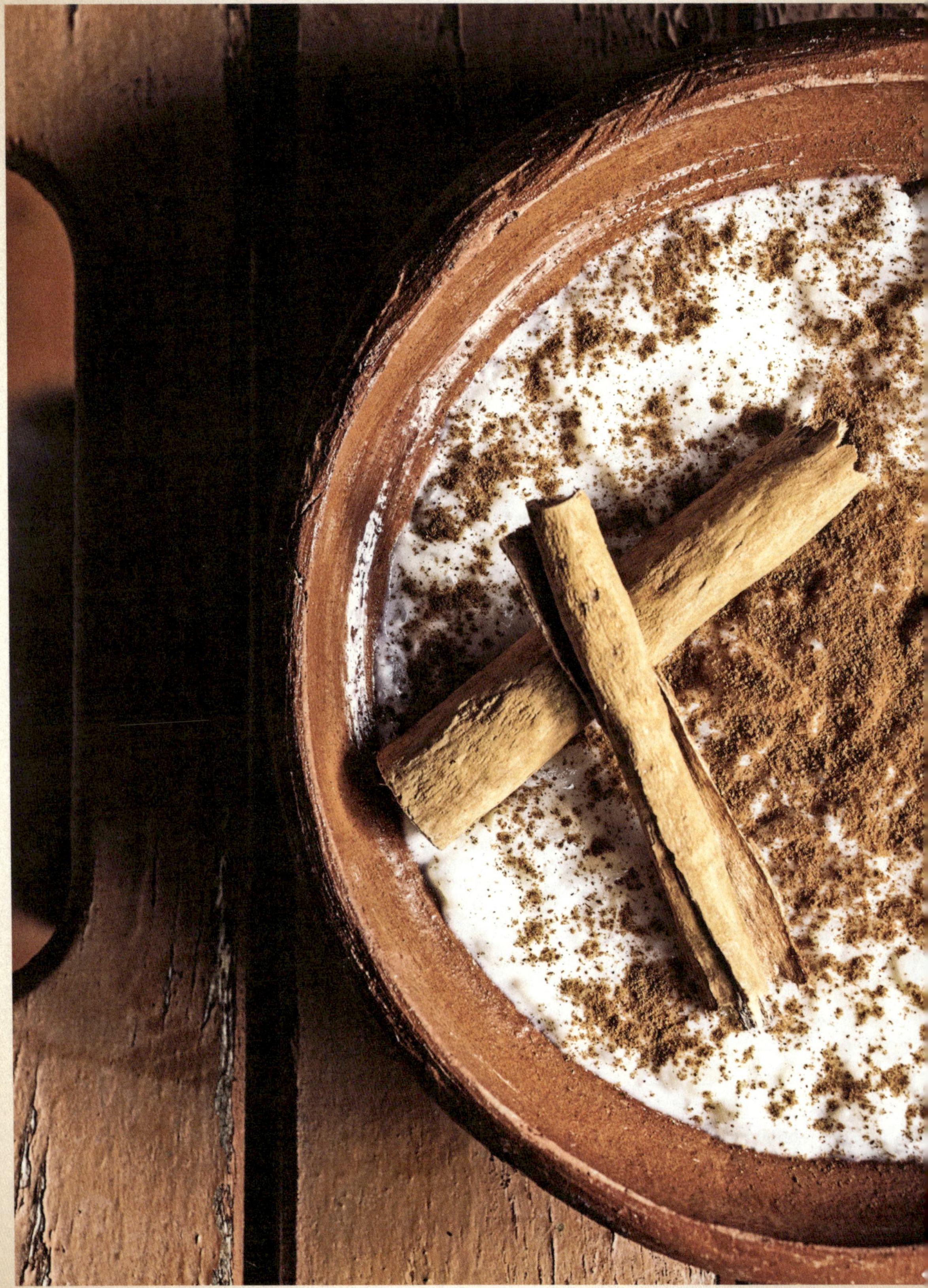

ARROZ CON LECHE
RICE PUDDING

1. Lavar el arroz y ponerlo a hervir en agua durante 5 minutos.

2. Escurrir, dejar enfriar y vaciarlo a la leche previamente hirviendo.

3. Añadir azúcar, la vaina de vainilla, ralladura de limón y una pizca de sal.

4. Cocinar suave e ininterrumpidamente durante 25 minutos, moviendo regularmente para que no se pegue la leche al recipiente.

5. Añadir la mantequilla y quitar la vaina de vainilla; verter el arroz en una fuente poco honda.

6. Cuando esta frío se espolvorea con un poco de canela en polvo_

1. Wash the rice and boil for five minutes.

2. Drain the rice, let it cool, and add to boiling milk.

3. Add sugar, vanilla bean, lemon skin, and a pinch of salt.

4. Let it cook for about 25 minutes, stirring periodically so it doesn't stick to the bottom of the pan.

5. Add the butter and remove vanilla bean.

6. Once it is cool sprinkle the cinnamon on top_

Ingredientes:

300 g de arroz
200 g de azúcar
1.5 lts de leche
30 g de mantequilla
1 vaina de vainilla
1 limón
Canela
Sal

Ingredients:

10 oz white rice
1 cup sugar
3 pints milk
2 tbsp butter
1 vanilla bean
1 lemon
1 tsp cinnamon
Salt

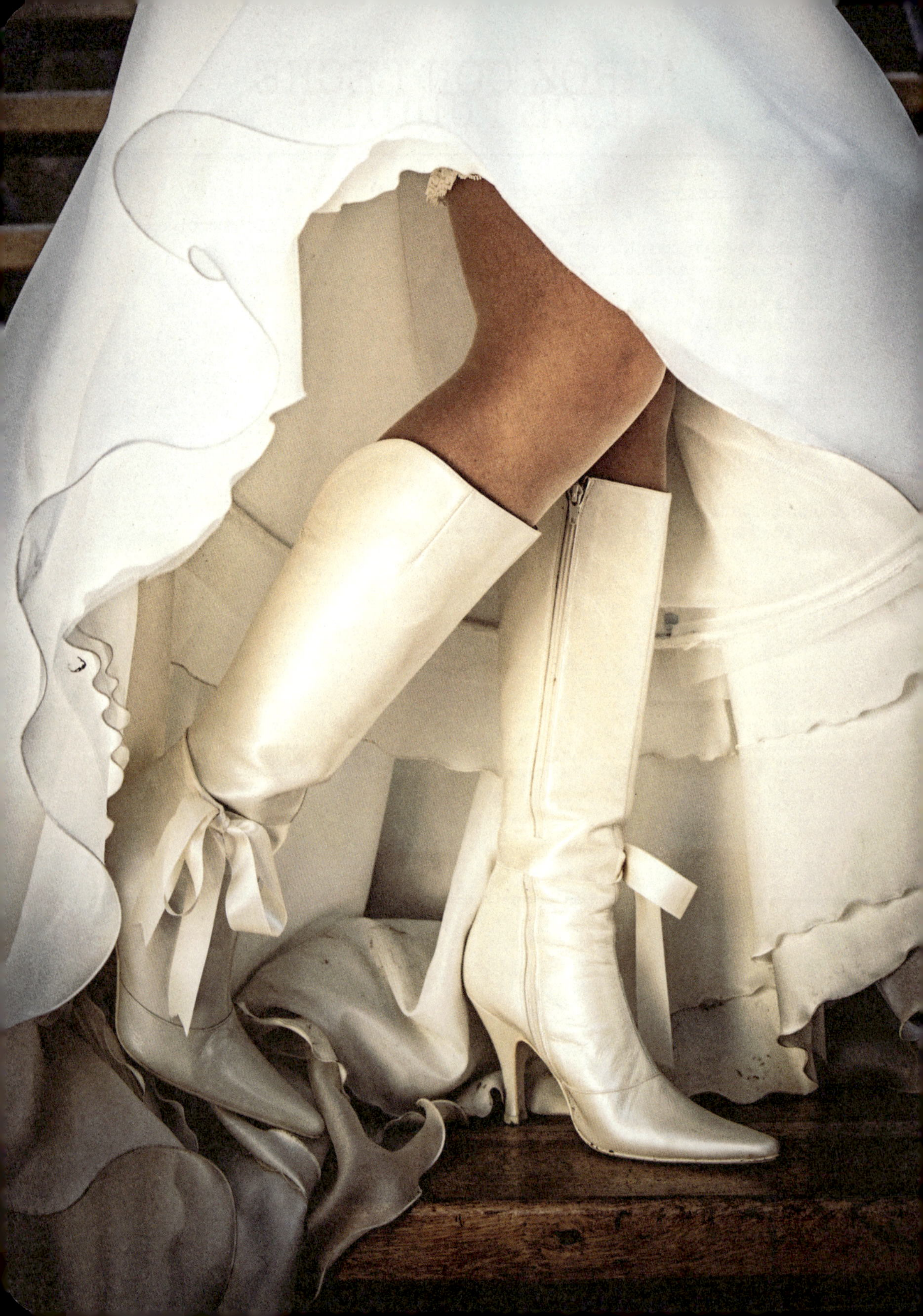

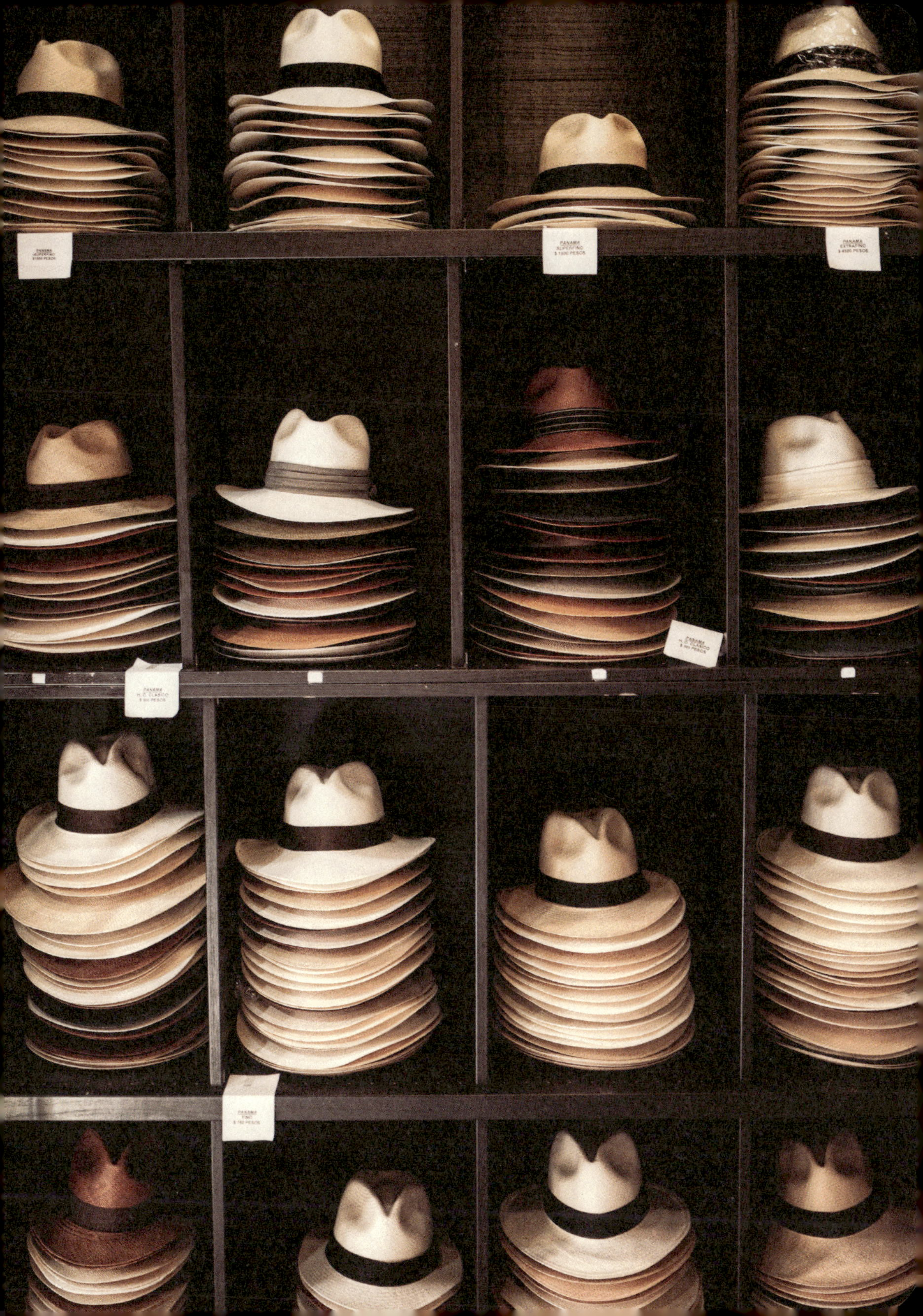
PANAMA
SUPERFINO
PANAMA
EXTRAFINO

CAPIROTADA

CAPIROTADA

1. Colocar las rebanadas de pan en una charola y hornear a fuego medio hasta que estén ligeramente doradas.

2. Mientras, hervir el agua con el piloncillo, canela y clavos hasta obtener un jarabe ligero. Colar.

3. Remojar rebanadas de pan en el jarabe e ir colocando una capa en un refractario o cazuela de barro. Cubrir con las pasitas, nueces y queso desmoronado. Bañar con más jarabe. Repetir el procedimiento hasta terminar con los ingredientes y adornar con mitades de nuez.

4. Hornear a fuego medio hasta que dore_

1. Line the bread slices in a pan and bake until golden brown.

2. Boil the water with the piloncillo, cinnamon stick, and clove until it reduces to a light syrup. Drain.

3. Soak the bread with the syrup and line up in a baking dish or clay pot. Pour over the raisins, walnuts, and crumbled cheese. Drizzle with syrup. Repeat until all ingredients are finished. Garnish with walnuts.

4. Bake on medium heat until golden brown_

Ingredientes:

4 bolillos cortados en rebanadas de 2 cm
1 lt de agua
1/4 kg de piloncillo
1 raja de canela
2 piezas de clavo de olor
40 g de pasitas
30 g de nuez picada
100 g de queso cotija

Ingredients:

4 "french bread bolillo" sliced 2 cm thick
33 fl oz water
9 oz piloncillo
1 cinnamon stick
2 pcs clove
1/4 cup raisin
1/4 cup chopped walnut
12 oz cotija cheese

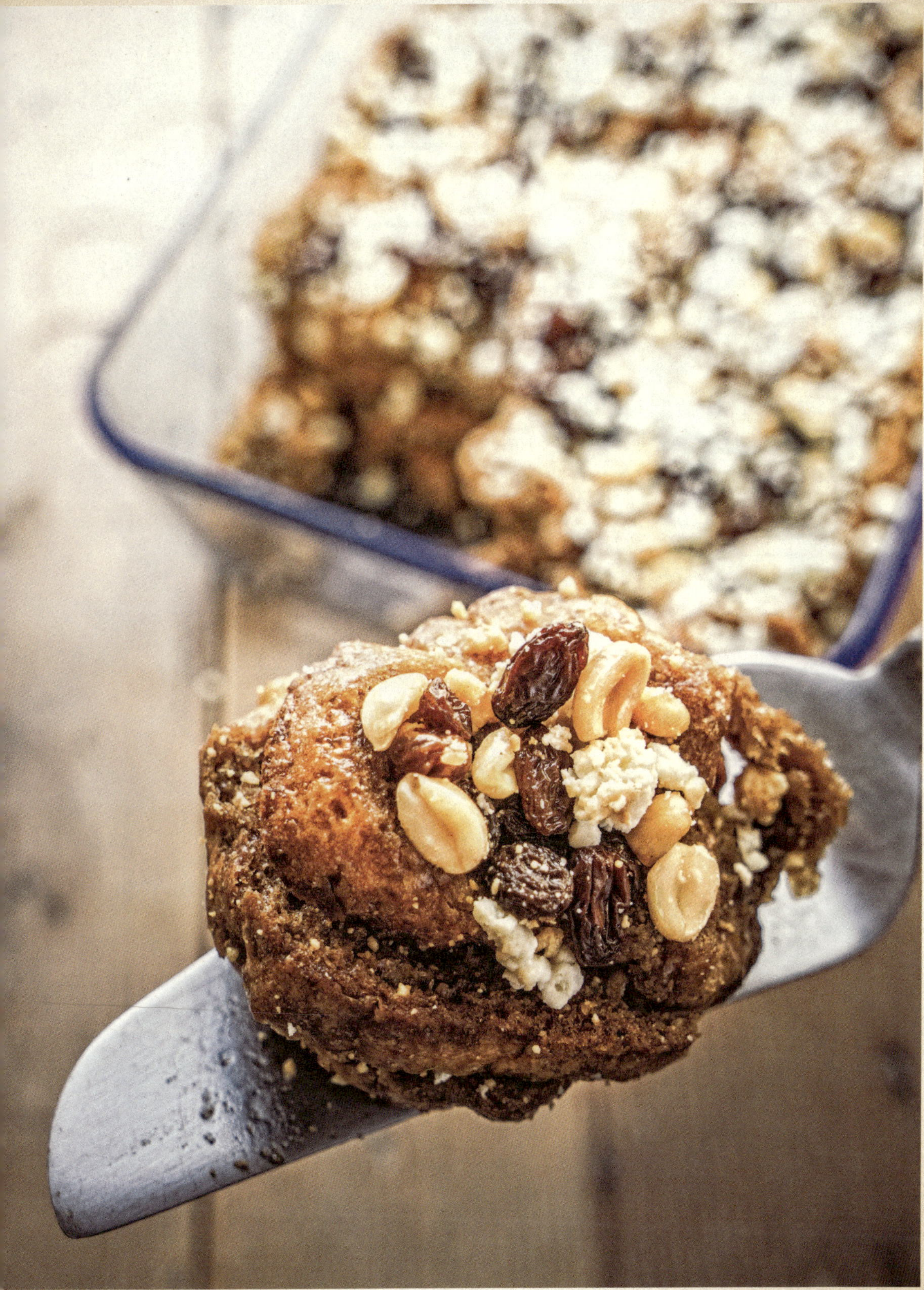

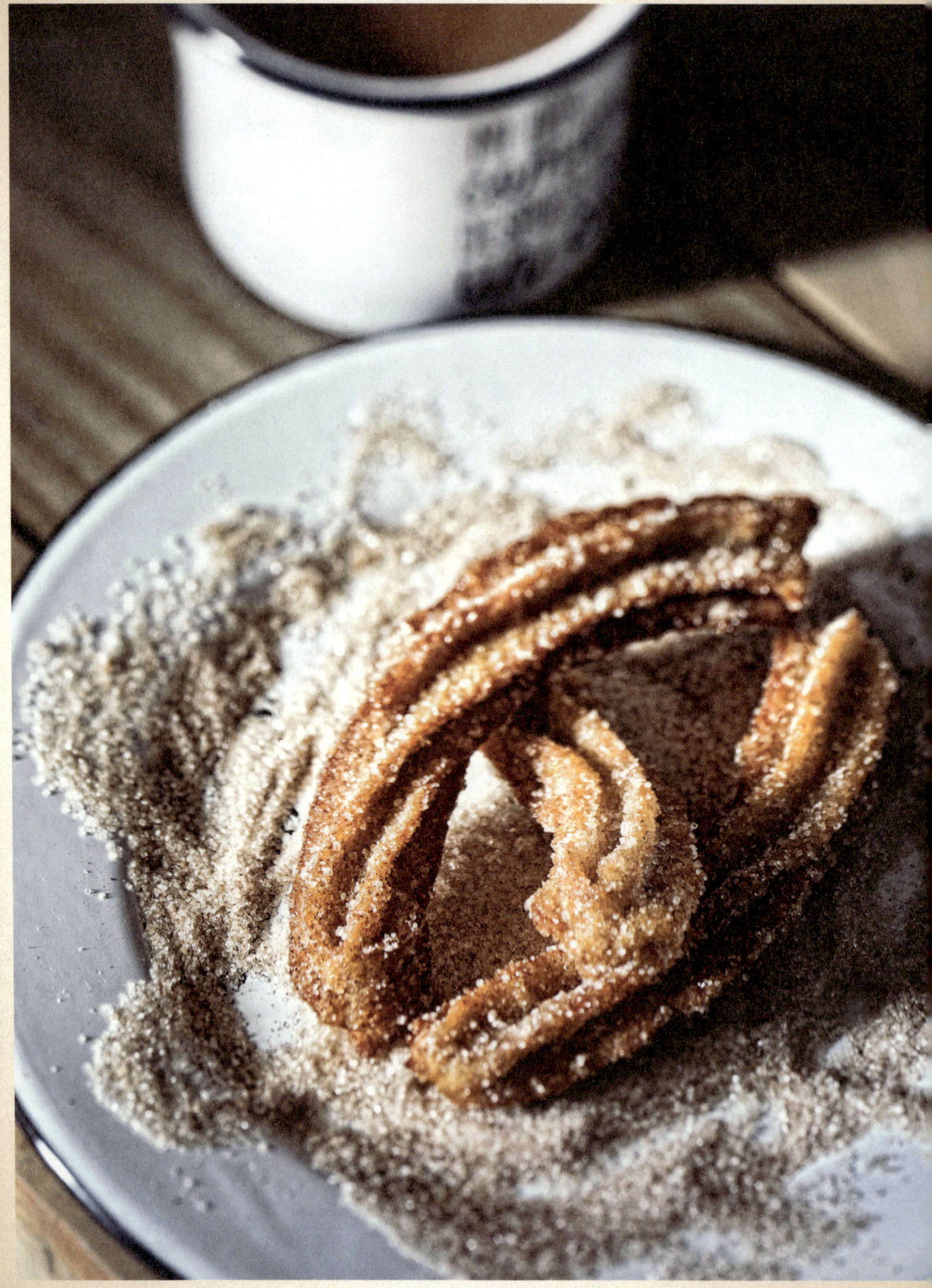

CHURROS

1. Calentar el aceite en un sartén profundo hasta los 180° C.

2. Hervir en una cacerola el agua y la mantequilla. Mezclar la harina y la sal e incorporar al líquido hirviendo. Reducir la temperatura a fuego bajo y revolver con fuerza, aproximadamente durante 1 minuto, hasta que la mezcla forme una bola. Retirar del fuego e incorporar los huevos, uno a la vez , junto con la vainilla.

3. Verter la mezcla en una manga pastelera con una duya de estrella grande. Presionar la manga pastelera cuidadosamente, generando churros de 12 cm directamente sobre un sartén profundo con aceite caliente. Freír de 3 a 4 churros a la vez hasta que doren durante 2 minutos por cada lado.

4. Escurrir los churros fritos utilizando toallas de papel. Mezclar en un plato el azúcar con la canela y remover generosamente en esta mezcla los churros calientes_

1. Heat the oil in a deep pan until it reaches 360° F.

2. Boil the water and the butter. Mix the flour with the salt and add it to the boiling water. Lower the temperature to a simmer and mix thoroughly for one minute. Remove from heat and incorporate the vanilla and eggs one by one.

3. Pour the mixture in a pastry bag and carefully squeeze out the dough into the hot oil forming churros, each approximately 5 inches. Fry each churro for three to four minutes or until golden crisp. Drain on a paper towel.

4. Mix the sugar with the cinnamon and pass the hot churros in the mixture_

Ingredientes:

2 lt de aceite vegetal
236 ml de agua
120 g de mantequilla
100 g de harina
1/4 cucharadita de sal
3 huevos
30 g de taza de azúcar refinada
1/2 cucharadita de canela molida
1 cucharadita de vainilla

Ingredients:

76 fl oz vegetable oil
1 cup of water
1/2 cup butter
1 cup flour
1/4 tsp salt
3 eggs
1/4 cup confectioners' sugar
1/2 tsp cinnamon
1 tsp vanilla

JALEA DE MANGO
MANGO JELLY

1. Limpiar las hojas de tamal y pasar por agua para suavizarlas.

2. Rellenar con la jalea de mango y colocar el queso encima. Doblar las hojas formando un tamal y hornear por 5 minutos a 250° C.

3. Una vez gratinado el tamal, retirar del horno y servir con miel de abeja. Decorar con pimienta rostizada y menta_

—•—

1. Clean all the leaves and set them in water to soften them.

2. Fill each with the jelly and place the cheese on top of the jelly. Wrap each leaf, forming a tamal, and bake for five minutes at 480° F.

3. Once baked, serve with honey. Garnish with pepper and mint_

—•—

Ingredientes:

4 hojas de tamal de maíz
200 g de jalea de mango
40 g de queso menonita
1/4 cucharadita de miel de abeja
Pimienta rostizada
Hojas de menta

Ingredients:

4 corn leaves for tamale
1/2 lb mango jelly
1 1/2 oz menonita cheese (mexican cheese)
1/4 tsp of bee honey
Roasted peppercorns
Mint leaves

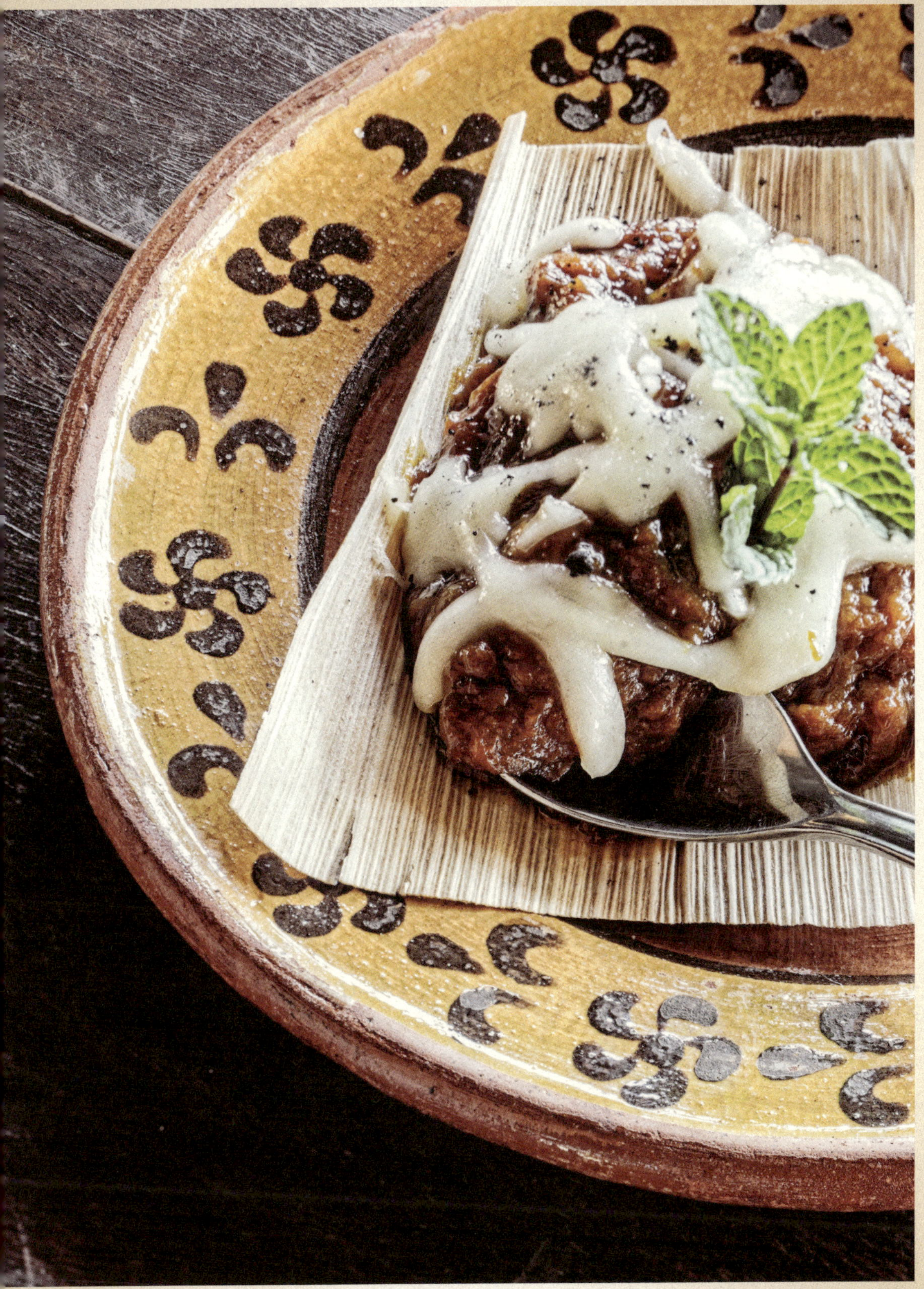

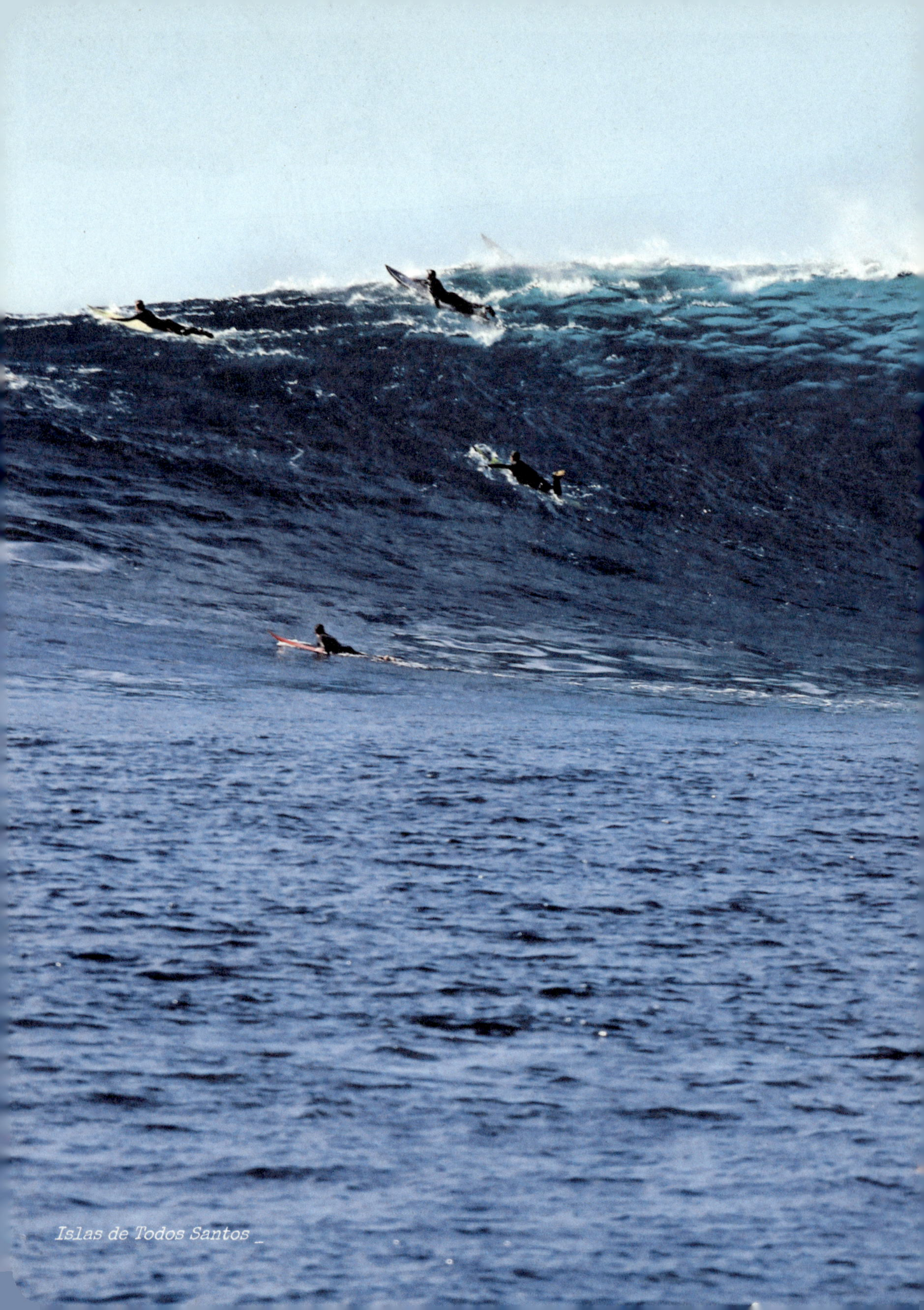
Islas de Todos Santos _

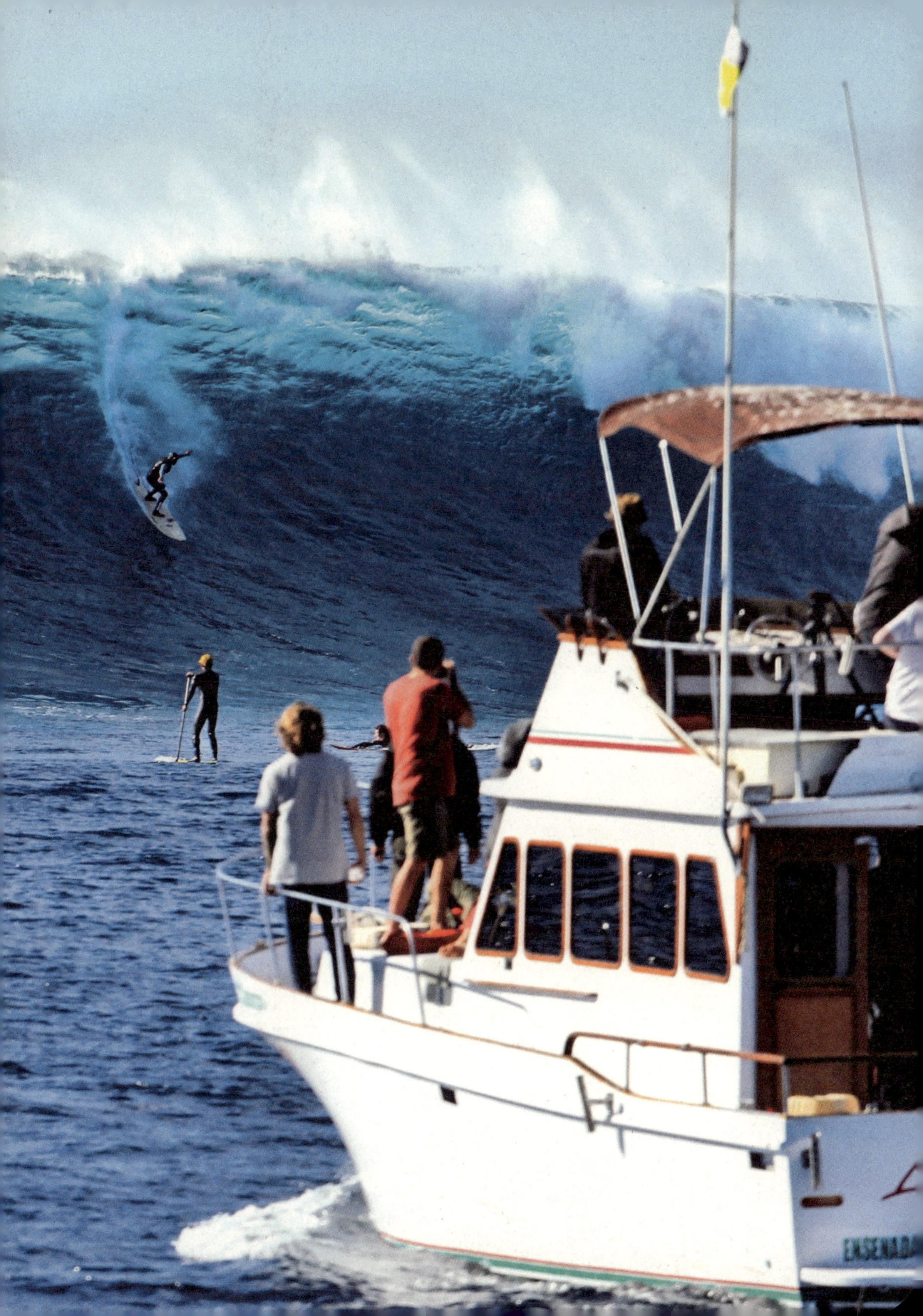

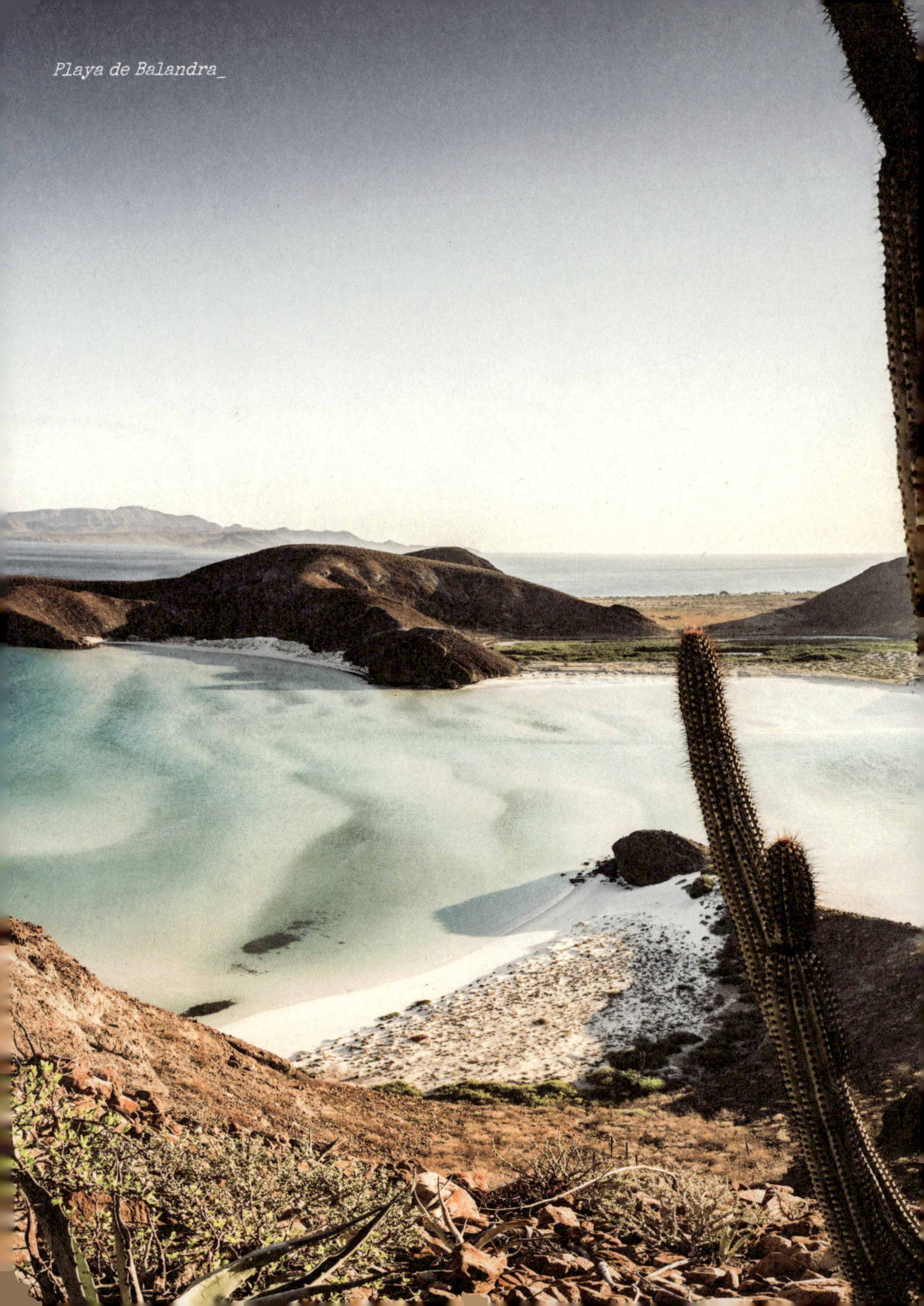

Playa de Balandra_

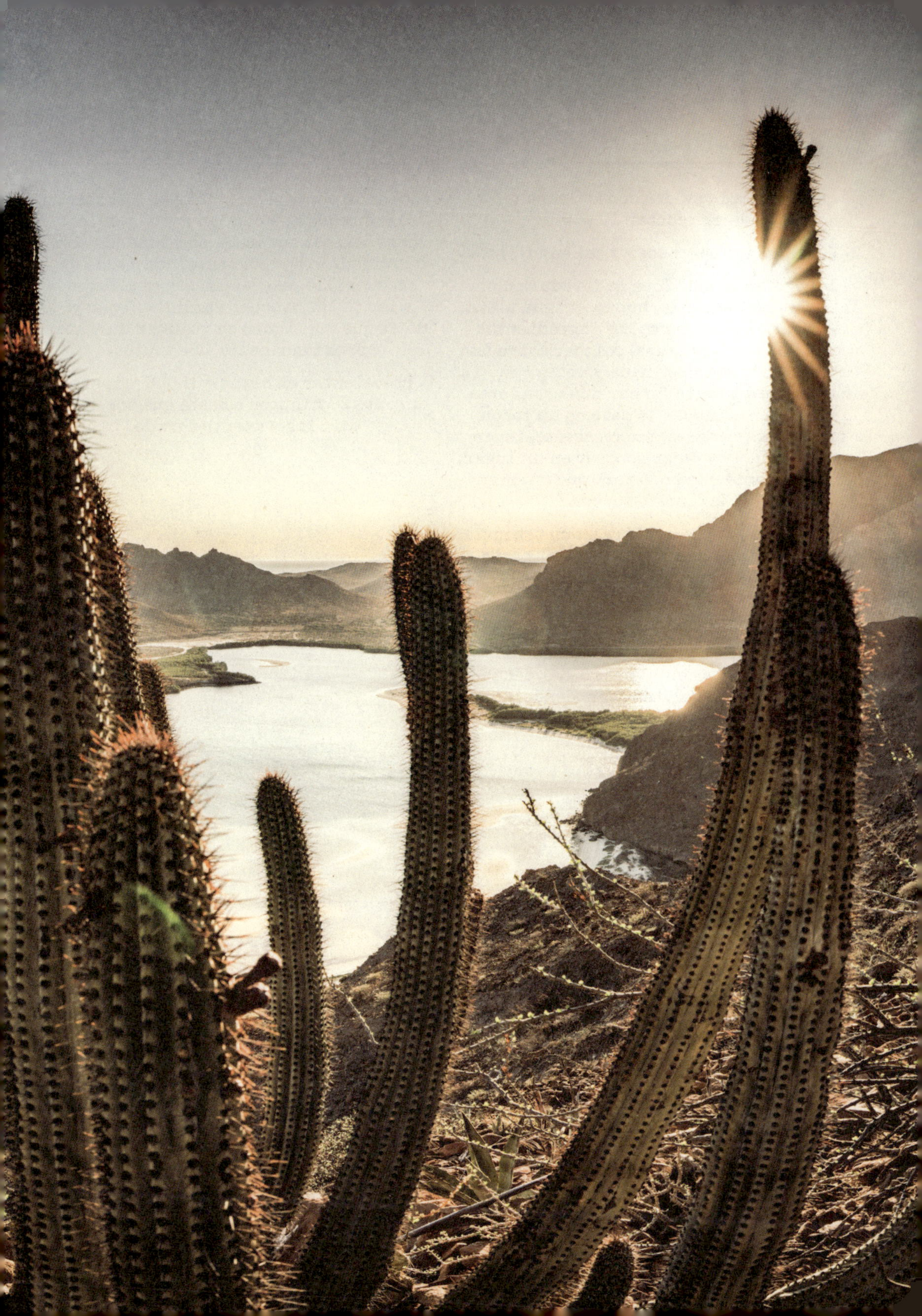

CONCHITAS

1. Activar la levadura con la leche tibia y dejar reposar 10 min.

2. Mezclar harina, azúcar y sal en un tazón.

3. Mezclar en batidora la levadura con la leche, mantequilla, huevos y agua tibia. Agregar gradualmente los ingredientes secos. Una vez mezclados, colocar sobre una superficie enharinada y amasar de 6 a 8 minutos hasta formar una masa tersa y elástica. Colocar la masa en un tazón previamente engrasado con aceite, tapar con una toalla y dejar reposar en un lugar tibio durante una hora para que duplique su tamaño. Reservar.

4. Para la corteza, batir en un tazón el azúcar con la manteca vegetal hasta acremar. Incorporar la harina y seguir batiendo hasta formar una pasta gruesa. Reservar.

5. Cuando la masa haya duplicado su volumen, cortar en 12 piezas del mismo tamaño y formar bolitas acomodándolas en una charola engrasada.

6. Tomar la corteza y dividir en 12 bolitas. Aplanar cada una con las manos y coloca sobre una bola de masa, presionando con suavidad. Posteriormente, con ayuda de un cuchillo, marcar líneas similares a las de las conchas marinas. Tapar y dejar que dupliquen su volumen durante aproximadamente 45 minutos.

7. Precalentar el horno a 180° C y hornear durante 20 minutos o hasta que tomen un tono ligeramente dorado_

Ingredientes:

240 ml leche
7 g de levadura
450 g de harina
130 g de azúcar
1/4 de cucharadita de sal
2 huevos
150 g mantequilla
60 ml de agua tibia
Sal

Corteza:

100 g de harina
120 g de azúcar
80 g de manteca vegetal

CONCHITAS

1. Activate the yeast with warm milk, and let it rest for 10 minutes.

2. Mix flour, sugar, and salt in a bowl.

3. In a mixer pour the activated yeast with milk, butter, eggs, and warm water. Mix, and little by little add the dry ingredients. Once incorporated, place on the counter with some flour and continue mixing until it reaches a consistent and flexible dough.

4. Place in a previously greased bowl, cover with a cloth, and let it rest for an hour so it increases in volume. Reserve.

5. Once the dough has doubled in volume, cut into 12 balls of the same size and place on a greased baking sheet.

6. For the crust, beat sugar and flour in a bowl with the vegetable shortening until smooth. Continue beating until it forms a thick dough. Take the dough and divide into 12 balls. Flatten each one with your hands and cover each of the 12 existing dough balls, pressing carefully with your hands. With a knife, draw lines on top of each. Let it rest to increase its volume for about 45 minutes.

7. Preheat the oven to 360° F and bake for 20 minutes, or until they are slightly golden_

Ingredients:

1 cup of milk
2 tsp yeast
4 1/2 cups flour
2/3 cup sugar
1/4 tsp salt
2 eggs
2/3 cup butter
1/4 cup warm water

Crust:

1 cup flour
1 cup sugar
6 tbsp vegetable shortening

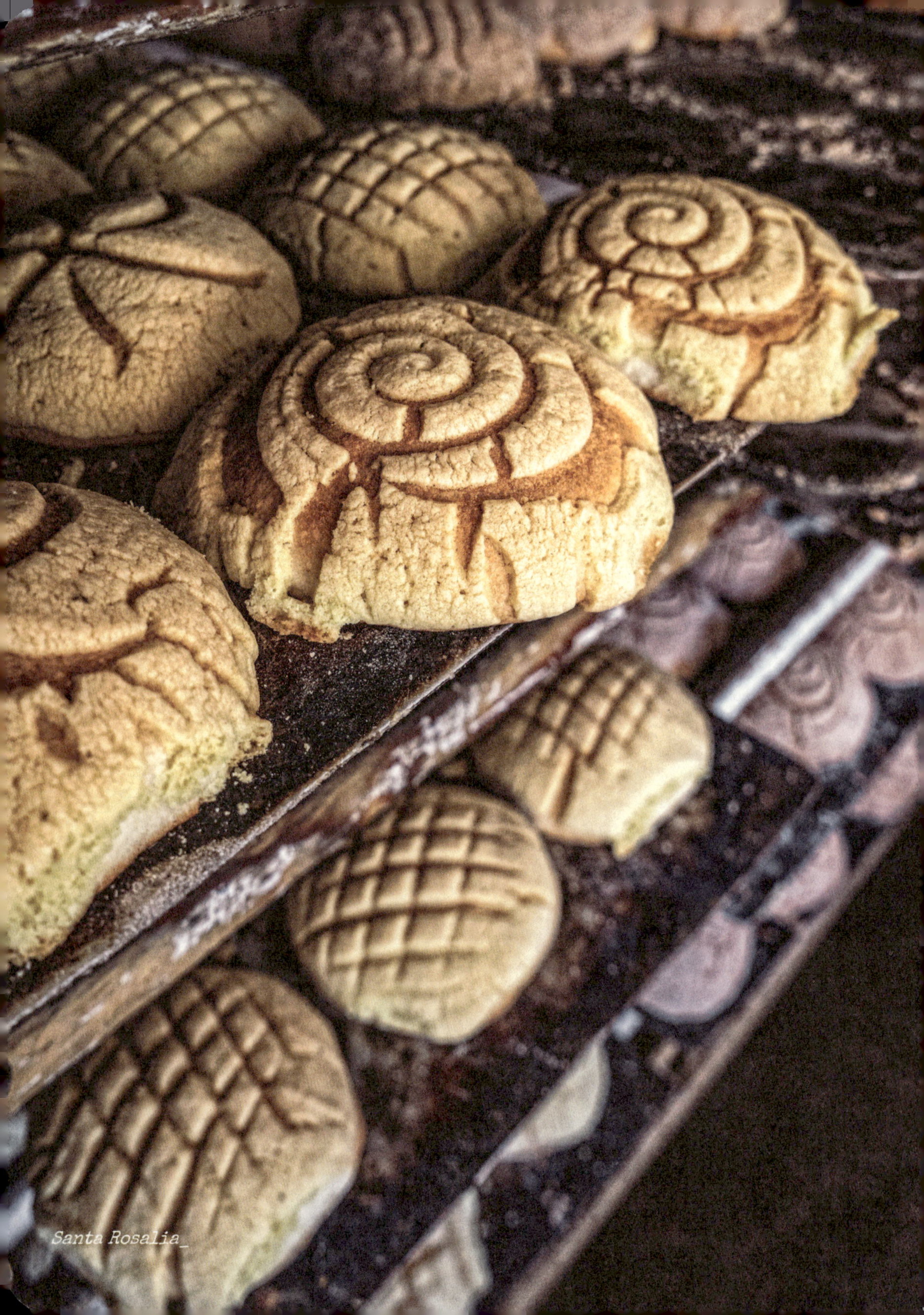
Santa Rosalia_

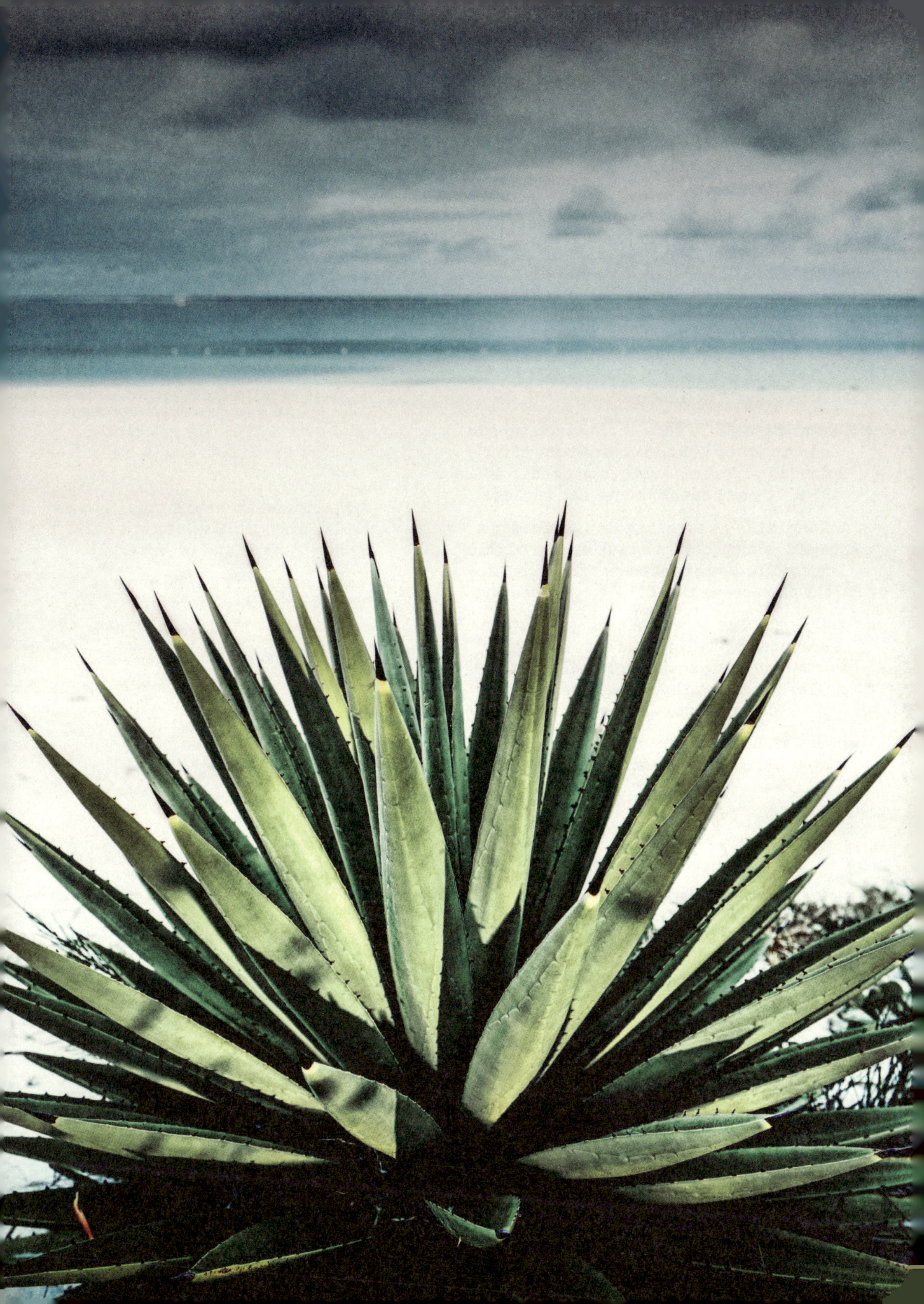

CHIMANGOS

CHIMANGOS

1. Activar la levadura en un tazón con un poco de agua tibia, una pizca de sal y una de azúcar. Reservar.

2. En otro tazón mezclar harina, mantequilla, canela y azúcar. Agregar la levadura y amasar de forma vigorosa. Incorporar, poco a poco, la leche a la masa para darle una consistencia un tanto flexible pero sin perder lo sólido de la masa.

3. Dejar reposar la masa en un tazón tapado con un trapo húmedo en una zona sin humedad y con temperatura promedio de 35°-40° C para que fermente más rápido.

4. Concluida la fermentación, proceder a aplanar la masa con la ayuda de un rodillo de cocina de un centímetro de grosor. Partir en rectángulos de 4-5 cm y reservar.

5. Colocar una cacerola a fuego alto con el aceite vegetal, ya que esté caliente, colocar un rectángulo de la masa. Éste se inflará como resultado de la levadura y dejará listo el producto.

6. Se acostumbra consumir los chimangos como postre, acompañados de un buen café de talega_

—•—

1. Activate the yeast by placing it in a bowl with warm water, a dash of salt, and a dash of sugar. Reserve.

2. Mix the wheat flour, butter, cinnamon, and sugar. Add the activated yeast and incorporate vigorously. Little by little add the milk for a more flexible consistency, but try not to lose its firmness.

3. Let it rest in a dry spot in a bowl, covered with a slightly wet cloth at 95° to 100° F.

4. Once the fermentation process is finished, flatten with a rolling pin to no less than 1/2 inch thick. Cut into 2 to 3 inches squares and reserve.

5. In a high-heat pan add the vegetable oil and fry each square of dough; it will inflate due to the yeast leaving.

6. Chimangos are usually a dessert and are delicious with a cup of coffee_

—•—

Ingredientes:

100 g de harina de trigo
15 g de canela en polvo
30 g de azúcar
30 ml de leche entera
20 g de mantequilla (sin sal)
5 g de sal
200 ml de aceite vegetal
5 g de levadura

Ingredients:

1/2 cup wheat flour
2 tbsp cinnamon
1 oz sugar
2 tbsp whole milk
4 tsp unsalted butter
1 tsp salt
1 cup vegetable oil
1 tsp yeast

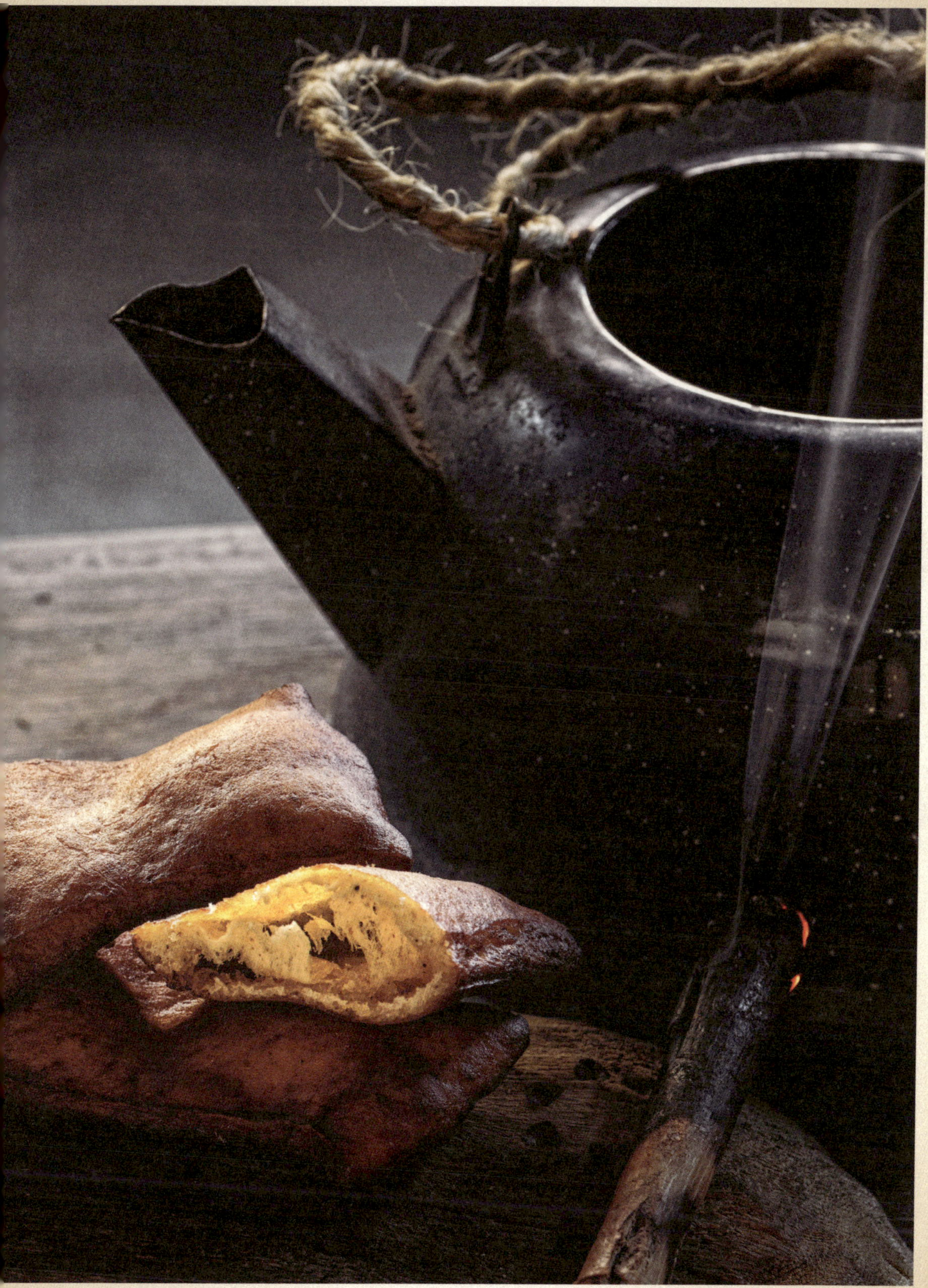

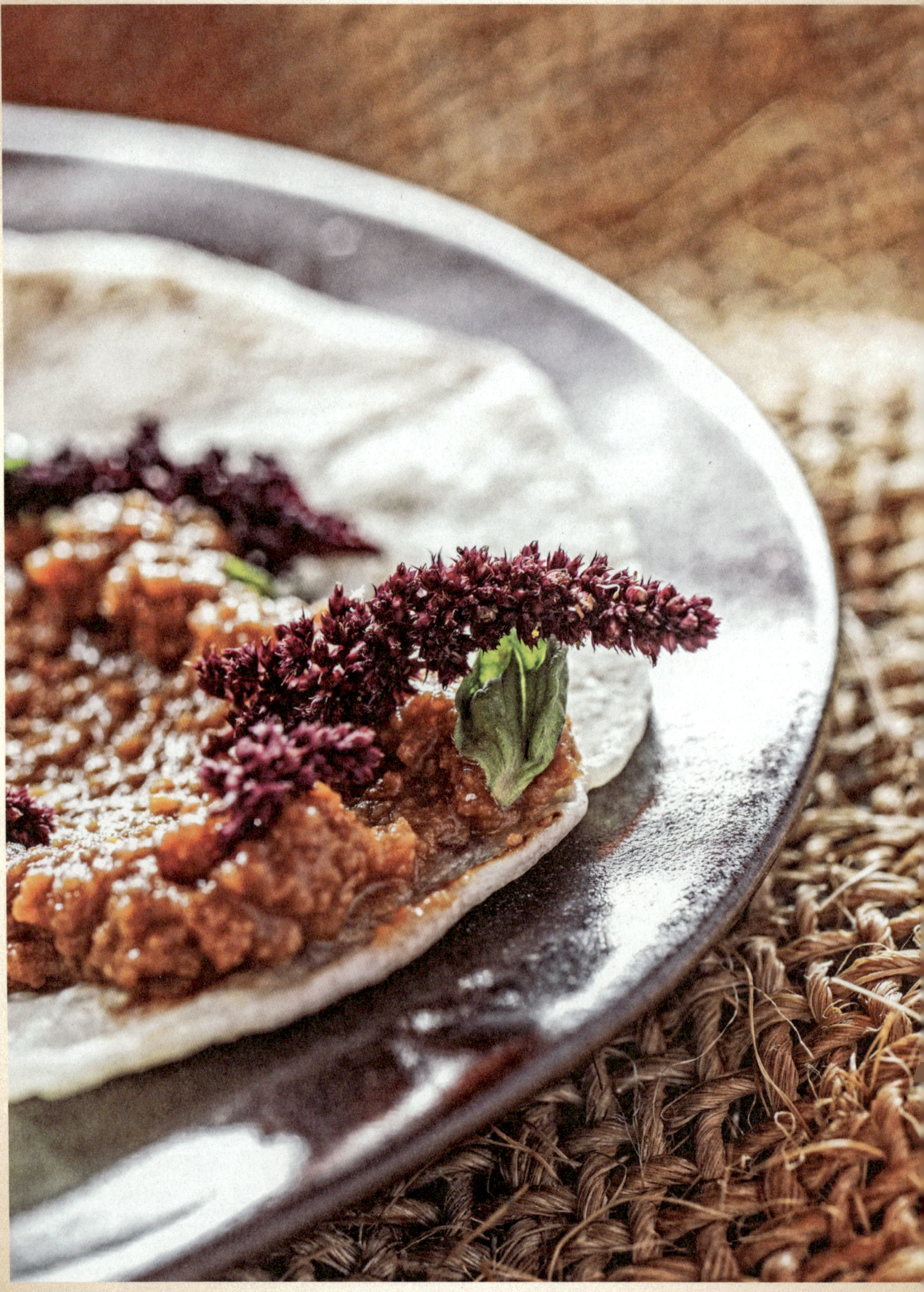

ZORRILLADA
ZORRILLADA

1. Poner la leche bronca en una cacerola grande y dejar reposar hasta que tenga una temperatura ambiente de 32° C.

2. Agregar el cuajo a la leche y mover para que éste se incorpore. Esperar 40 minutos hasta que el cuajo haga efecto en la leche, mismo que se podrá apreciar al separarse la grasa de la leche, formando partes sólidas.

3. Ya que estén formados los cuajos de leche, agregar azúcar y canela. Revolver cuidadosamente.

4. Poner en una cacerola mediana a fuego alto aproximadamente 5 horas hasta que la leche se evapore y se forme una especie de cajeta. Los cuajos se tornarán más sólidos.

5. Retirar del fuego, dejar enfriar la preparación. Ahora está listo para degustar. Se recomienda servir como taco dulce y acompañar con café de talega_

1. Place the raw milk in a large sauce pan and heat to 90 degrees F.

2. Add the milk rennet and mix to incorporate it. Wait 40 minutes until the rennet has an effect on the milk: you can see it when the fat is separating from the milk, leaving solids.

3. Once milk rennets are formed add sugar and cinnamon. Mix carefully.

4. Bring it to a simmer on high heat for approximately five hours, until milk has evaporated and a custard-like consistency is left. Milk rennets will solidify.

5. Remove from heat and let it cool. It is recommended as a dessert to accompany coffee_

Ingredientes:

2 lt de leche bronca
5 ml de cuajo
1 kg de azúcar de caña
30 g de canela

Ingredients:

68 fl oz raw milk
1 tsp milk rennet
35 oz sugar cane
1 oz cinnamon

EMPANADAS DE FRIJOL
BEAN EMPANADAS

1. Limpiar el frijol y poner a hervir. Una vez cocido agregar la sal, azúcar y 250 ml. de aceite vegetal. Calentar hasta que se consuma la mayor parte del líquido y el frijol cambie a color rojizo. Machacar y moler el frijol, mover constantemente a fuego lento, hasta quedar al punto de mermelada espesa. Reservar.

2. En un tazón mezclar en seco la harina blanca con la sal. Formar una fuente poniendo la manteca en medio de la harina junto con las 2 tazas de agua hirviendo. Mezclar hasta lograr una masa manejable.

3. Hacer bolitas de 50 g y dejar reposar en un recipiente tapado con película de plástico, para que no se seque la masa, durante una hora. Una vez reposada, se extienden con rodillo o prensa para hacerlas tortillas y agregar dos cucharadas de relleno. Doblar a la mitad y cerrar cuidadosamente de las orillas. Dejar reposar por 15-20 minutos.

4. Calentar un sartén extendido y profundo con el resto del aceite a fuego medio y freír las empanadas hasta que estén doradas. Al sacar del sartén, dejar escurrir para degustar_

1. Clean the beans and boil them. Once cooked, add the salt, sugar, and 1 cup of vegetable oil. Heat until most of the liquid is consumed and the beans change to a reddish color. Mash and blend the beans; stir constantly on low heat until it thickens into a jelly-like texture. Set aside.

2. In a bowl, mix the dry flour with the salt. Make a valley in the flour, setting the shortening in the middle with the two cups of boiling water. Mix until the dough is firm to handle.

3. Make little 4 tbsp balls and let them set in a plastic wrap-covered bowl for an hour. Extend them with a roller or with a tortilla press and add two spoonfuls of the stuffing. Fold in half and carefully close the edges. Let them air dry for 15 to 20 minutes.

4. Heat a flat, deep pan with the rest of the oil; deep fry the empanadas on medium heat until golden. Take them out, let them drain, and enjoy_

Relleno:

1 kg de frijol pinto
1 kg de azúcar
20 g de sal
1 lt de aceite vegetal
Agua (la necesaria para la cocción de los frijoles)

Masa:

1 kg de harina blanca
200 g de manteca vegetal
20 g de sal
1 3/4 lt de agua hirviendo

For the stuffing:

35 oz pinto beans
35 oz sugar
4 tsp salt
2 pints of vegetable oil
Water (needed to cook the beans)

For the dough:

35 oz white flour
1 cup Crisco (vegetable shortening)
4 tsp salt
4 pints boiling water

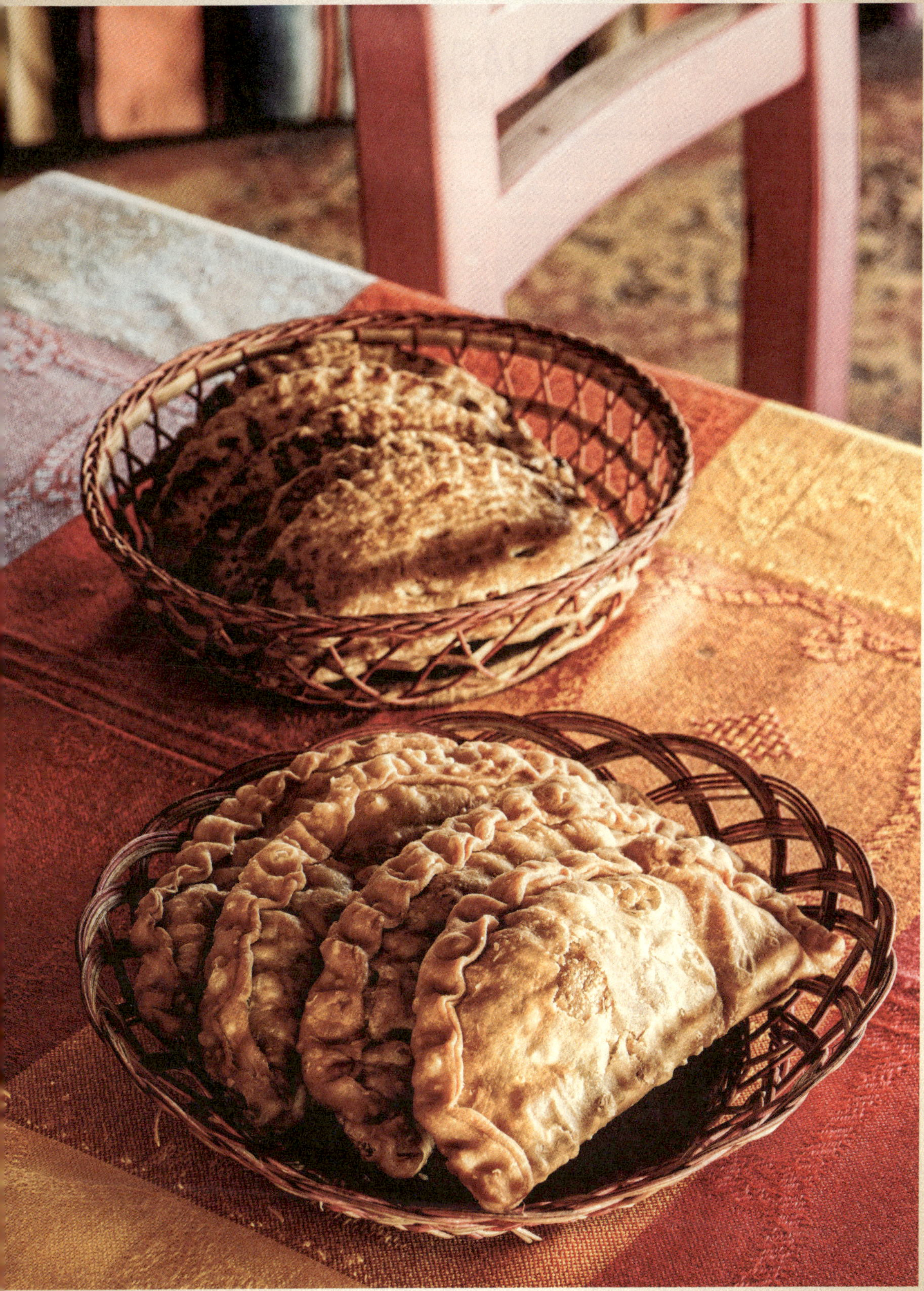

EMPANADAS DE DÁTIL
DATE EMPANADAS

1. En una mesa limpia y sólida mezclar harina, azúcar, sal y polvo para hornear. Una vez mezclado todo en seco, agregar manteca y mezclar con ambas manos. Posteriormente formar una fuente y agregar una taza de leche, mezclando poco a poco, hasta formar una masa manejable y sin manipular demasiado para evitar cremar la masa.

2. Formar bolitas de 50 g y dejar reposar.

3. Picar el dátil y poner al fuego en una olla con media taza de azúcar y 2 tazas de agua. Mover constantemente a fuego lento hasta lograr consistencia de mermelada.

4. Extender las bolitas de masa con prensa o rodillo formando una tortilla. Rellenar con una cucharada de la mermelada de dátil y cerrar cuidadosamente. Colocar en una charola y barnizar con una brocha remojada con las yemas y la leche. Colocar en el horno a 180º C de 15 a 25 minutos hasta lograr un tostado y color uniforme. Sacar del horno, dejar enfriar y servir_

1. On a clean, sturdy table mix flour, sugar, salt, and baking powder. Once all dry ingredients are mixed, add butter and mix with both hands. Once it's ready to form a solid, add a cup of milk, slowly combining to form a workable dough without overmixing.

2. Form balls of 4 tbsp, and then let the dough set.

3. Meanwhile, chop the dates and cook them over low heat in a saucepan with half a cup of sugar and two cups water. Stir constantly over low heat until it reaches the consistency of jelly.

4. Press or roll each ball of dough until somewhat flat, like a small tortilla. Fill each piece of dough with a spoonful of date jam and close carefully, pressing the ends to seal. Place them on a tray and glaze with a brush soaked with the yolks and milk. Place in the oven at 360° F for 15 to 25 minutes until toasted and uniform in color. Remove from oven, let cool, and serve_

Masa:

1 kg de harina blanca
1 kg de azúcar
1/2 kg de manteca vegetal
5 g de sal
15 g de polvo para hornear
240 ml leche entera

Relleno:

1/2 kg de dátil sin hueso
100 g de azúcar
450 ml de agua

Barniz:

2 yemas de huevo
1 cucharada de leche

For the Dough:

35 oz white flour
35 oz sugar
1 lb Crisco (Vegetable shortening)
1 tsp salt
3 tbsp baking powder
1 cup whole milk

For the stuffing:

1 lb seeded dates
1/2 cup sugar
2 cups water

Glaze:

2 egg yolks
1 tbsp milk

MANGATE
MANGO CANDY

1. Pelar todos los mangos y reservar. Colocar una cacerola de cobre a fuego alto, agregar los mangos sin cáscara con 100 ml de agua y mover constantemente durante 1 hora hasta que el mango esté totalmente cocido y se pueda desprender la pulpa fácilmente de la semilla. Una vez cocido retirar del fuego y dejar enfriar.

2. Retirar la pulpa del mango con las manos hasta dejar la semilla totalmente limpia, desechar la semilla y reservar la pulpa. Usar nuevamente la misma cacerola a fuego alto y agregar la pulpa de mango junto con el azúcar. Revolver periódicamente para que no se pegue ni se queme, durante 3 horas, hasta que la pulpa de mango tome consistencia de jalea. Una vez lograda la consistencia proceda a retirar del fuego y reservar.

3. Colocar la jalea de mango "Mangate" en el refrigerador y servir a discreción.

*La cacerola de cobre permite que el color del mango no se oxide y es la tradición elaborarla en tal material_*

1. Wash the mangoes and remove the pulp.

2. Place the pulp in a copper pot over low heat and stir to prevent sticking.

3. Once the mango is dehydrated and has a brownish coffee tone, add sugar and continue stirring until you have a dark brown tone. Store or serve_

Ingredientes:

1 kg de pulpa de mango
400 g de azúcar de caña

Ingredients:

35 oz mango's pulp
14 oz brown sugar

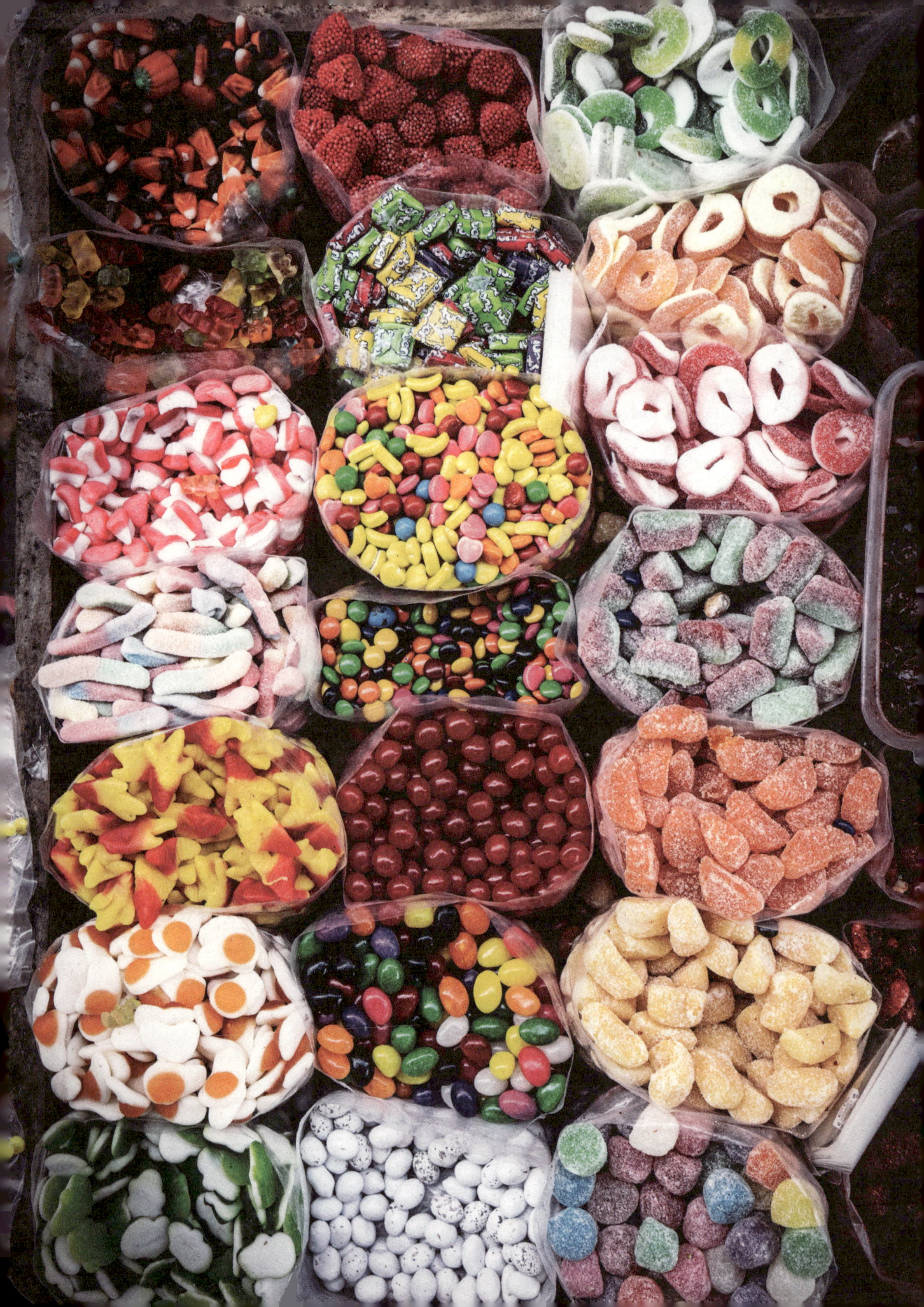

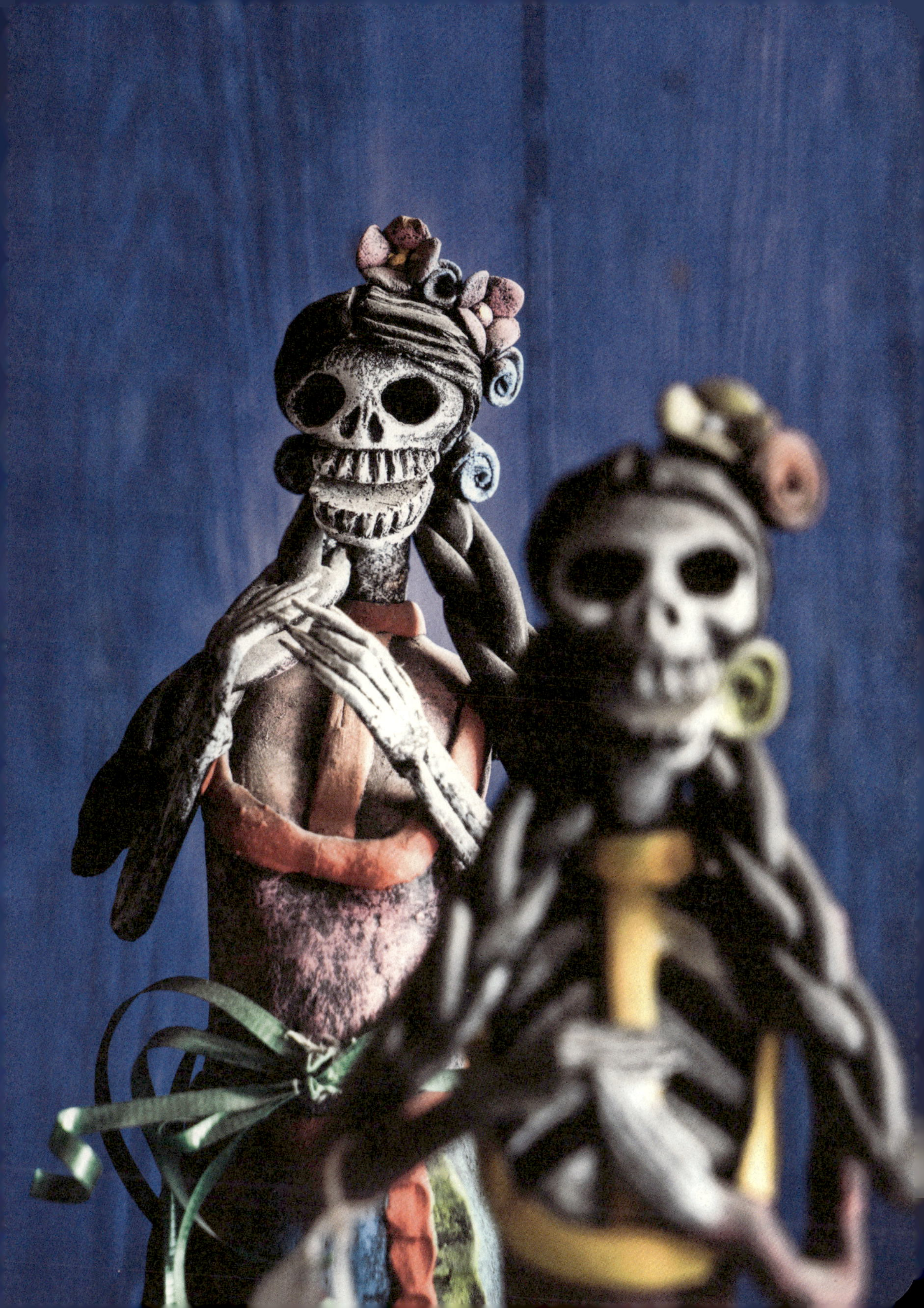

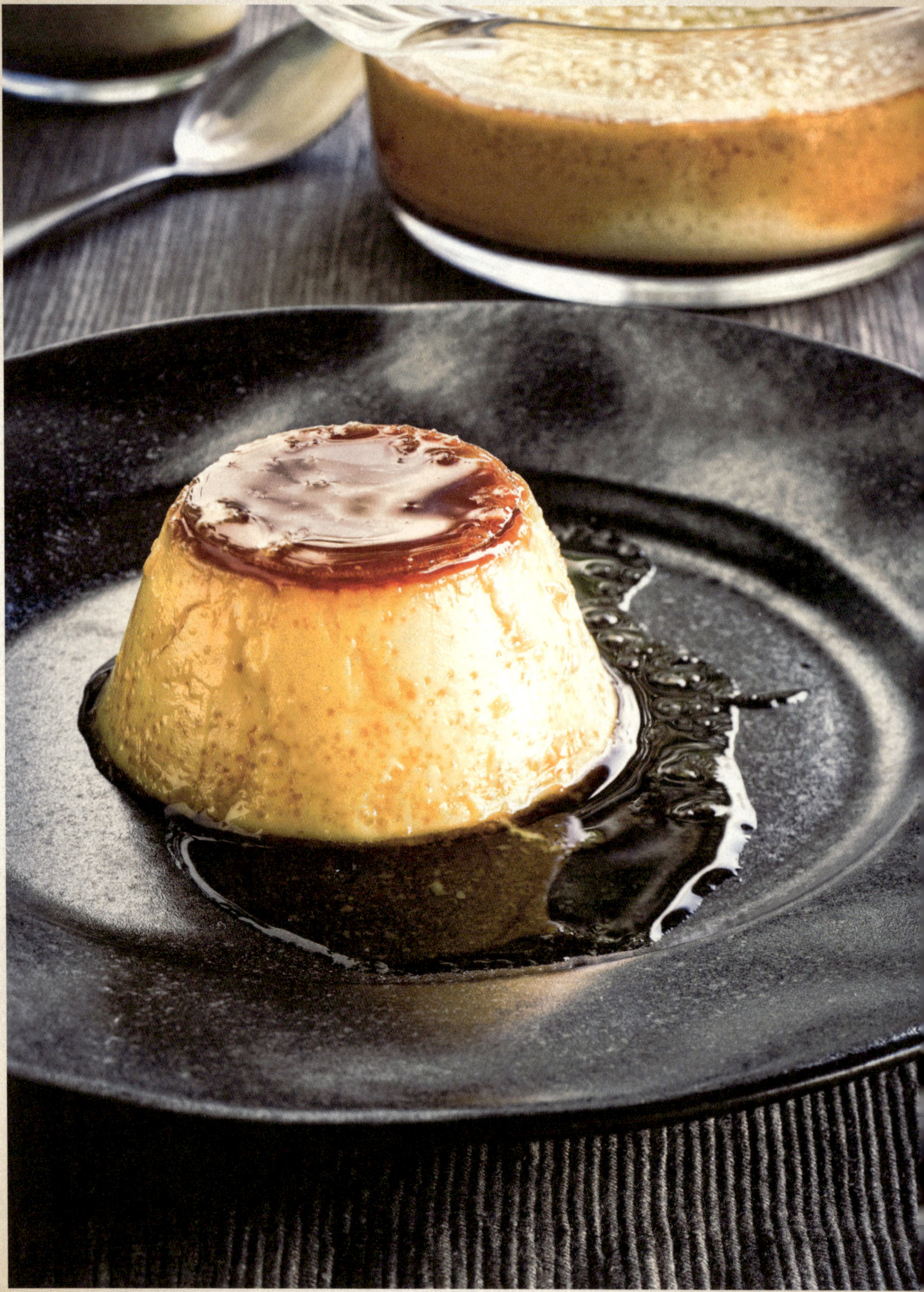

FLAN NAPOLITANO CASERO
HOMEMADE FLAN

1. Precalentar el horno a 180º C.

2. Calentar el azúcar en un sartén a fuego bajo hasta que se derrita y se haga caramelo. Inmediatamente vaciarlo en un molde y dejar enfriar.

3. Batir los huevos con la leche condensada y la leche evaporada, agregar vainilla al gusto y la fécula de maíz. Vaciar en el molde. Cubrir con papel aluminio y meter al horno en baño maría, cuidando que el agua no sobrepase las tres cuartas partes del molde.

4. Hornear aproximadamente 1.5 horas dependiendo del tamaño del molde o hasta que al insertar un cuchillo éste salga limpio.

5. Sacar del horno y dejar enfriar para desmoldar cuidadosamente_

—•—

1. Preheat your oven to 360° F. Warm the sugar in a low-heat pan until it melts and looks like caramel. Pour it over the flan mold and let it cool.

3. Beat the eggs with the condensed milk and evaporated milk; add the vanilla and cornstarch. Pour over the sugar in flan mold. Cover with aluminum foil and place mold in another pan. Pour water on the bottom pan, making sure it is less than 3/4 parts of the flan mold.

4. Bake for 1.5 hours, or until a toothpick comes out clean.

5. Once cooled, place a plate on top of the mold and carefully turn it upside down; flan should come out easily_

—•—

Ingredientes:

120 g de azúcar
1 lata de leche condensada (395 g)
1 lata de leche evaporada (395 g)
1 cuchara de fécula de maíz
5 huevos
Esencia vainilla

Ingredients:

1 cup sugar
1 can condensed milk (12 oz)
1 can evaporated milk (12 oz)
1 tbsp cornstarch
5 eggs
1/2 tsp vanilla essence

PAN DE MUERTO
DAY OF THE DEAD BREAD

1. Mezclar la harina con la levadura. Formar una fuente y en el centro añadir la sal, el azúcar y la mantequilla. Agregar poco a poco los huevos y mezclar perfectamente. Agregar agua y amasar de 30 a 40 minutos. Dejar reposar la masa hasta que doble su tamaño.

2. Proceder a dar forma a los panes, decorándolos con huesos hechos de la misma masa o con unas figurillas que parezcan calaveras. Barnizar con brocha remojada en una mezcla de huevo y agua, finalmente, se espolvorear con azúcar. Hornear en horno precalentado a 180º C durante 25 minutos o hasta que estén completamente horneados. Esto se puede saber cuando suene hueco al pegarles por la parte de abajo_

1. Mix the flour with the yeast. Part in the middle and add the salt, sugar, and butter. Add the eggs one by one and mix well for 30 to 40 minutes. Let it rest until it doubles in volume.

2. Cut the dough into even-sized balls, decorating with bone-shaped dough. Brush with egg and water mixture, and sprinkle with sugar. Bake in a 360° F preheated oven for 25 minutes or until they are completely baked_

Ingredientes:

240 ml de leche
7 g de levadura
450 g de harina
130 g de azúcar
1/4 cucharadita de sal
2 huevos
150 g mantequilla
60 ml de agua tibia

Ingredients:

1 cup milk
2 tsp yeast
4 1/2 cups flour
2/3 cup sugar
1/4 tsp salt
2 eggs
2/3 cup butter
1/4 cup warm water

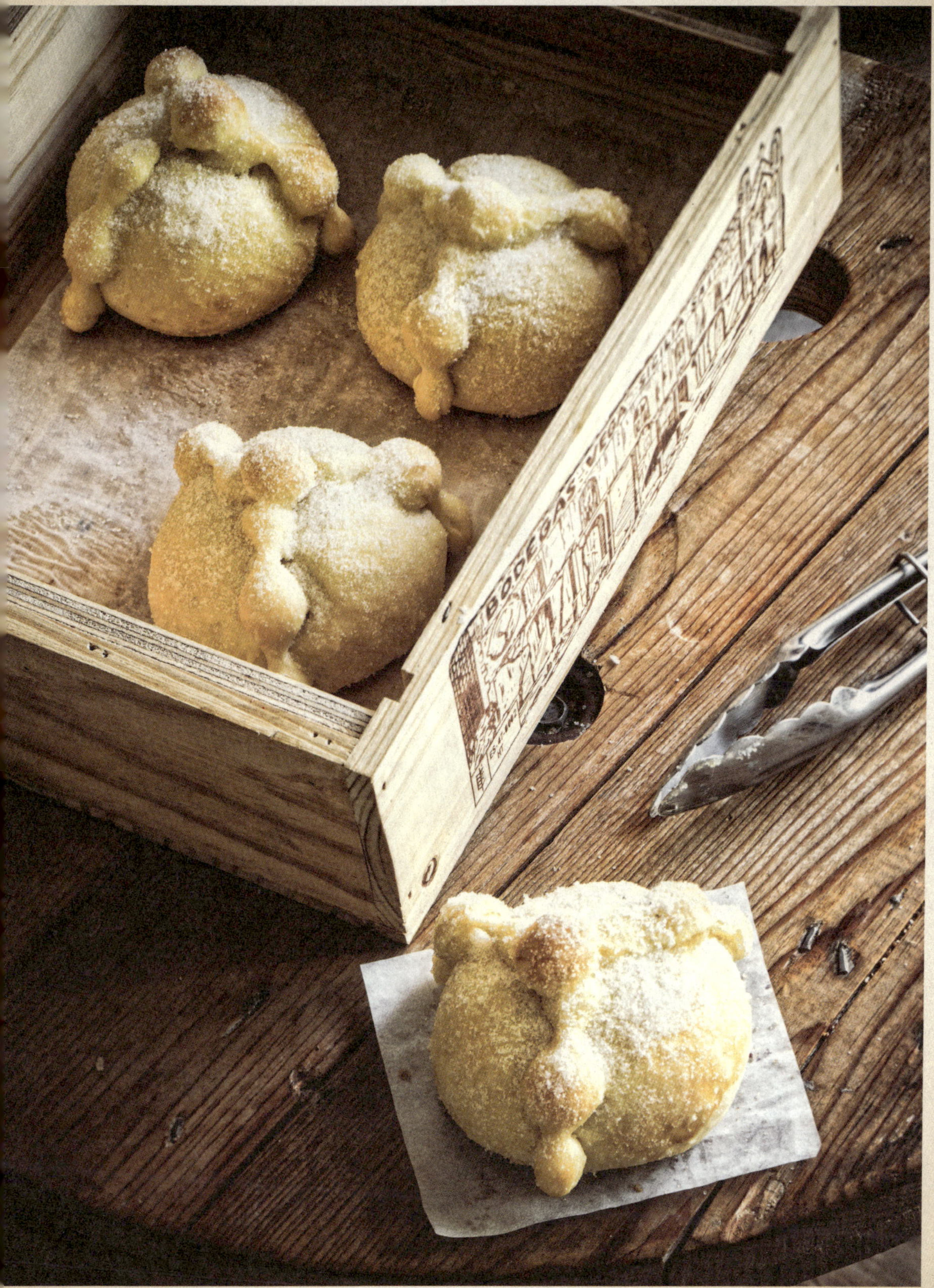
BODEGAS

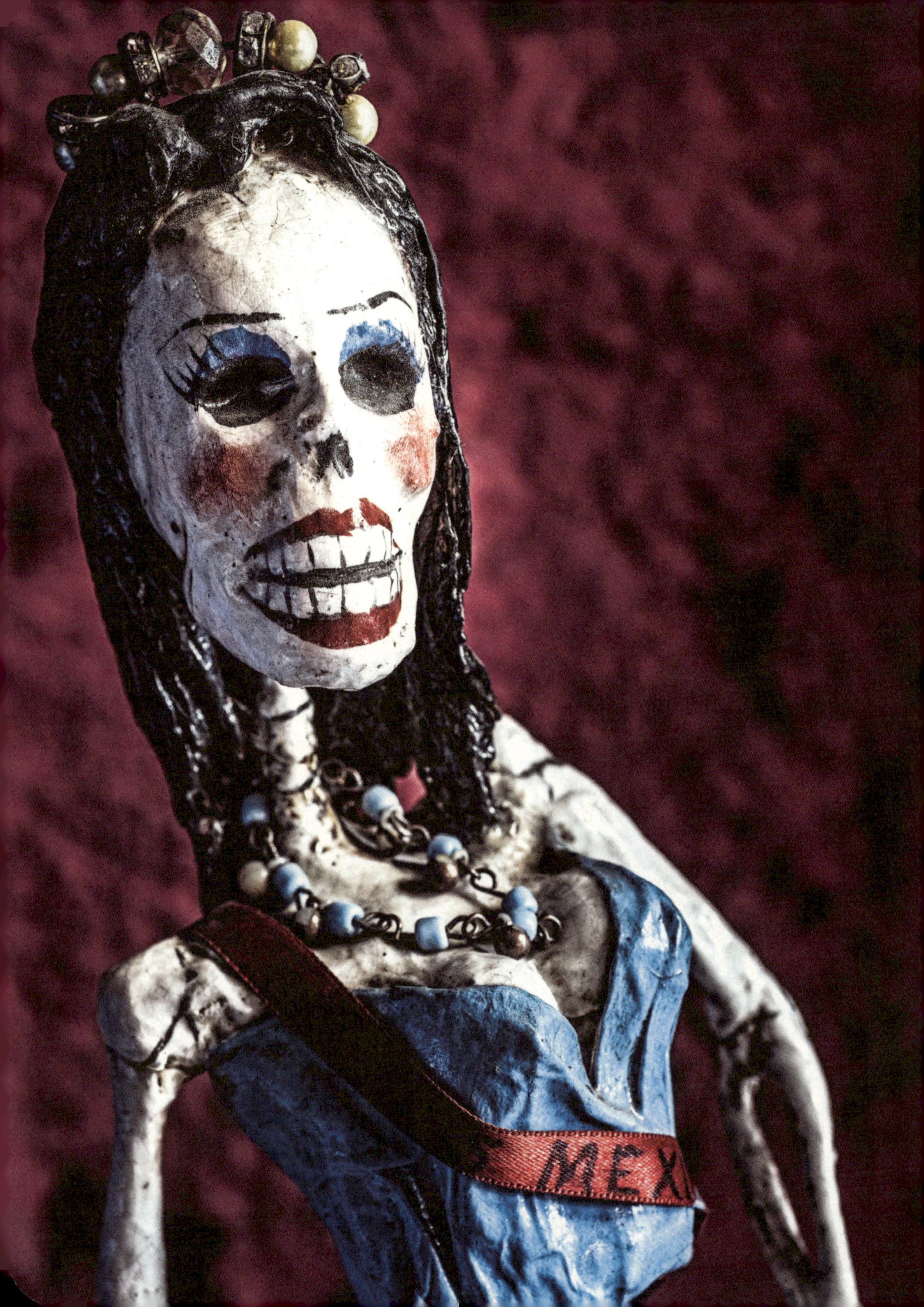
MEX

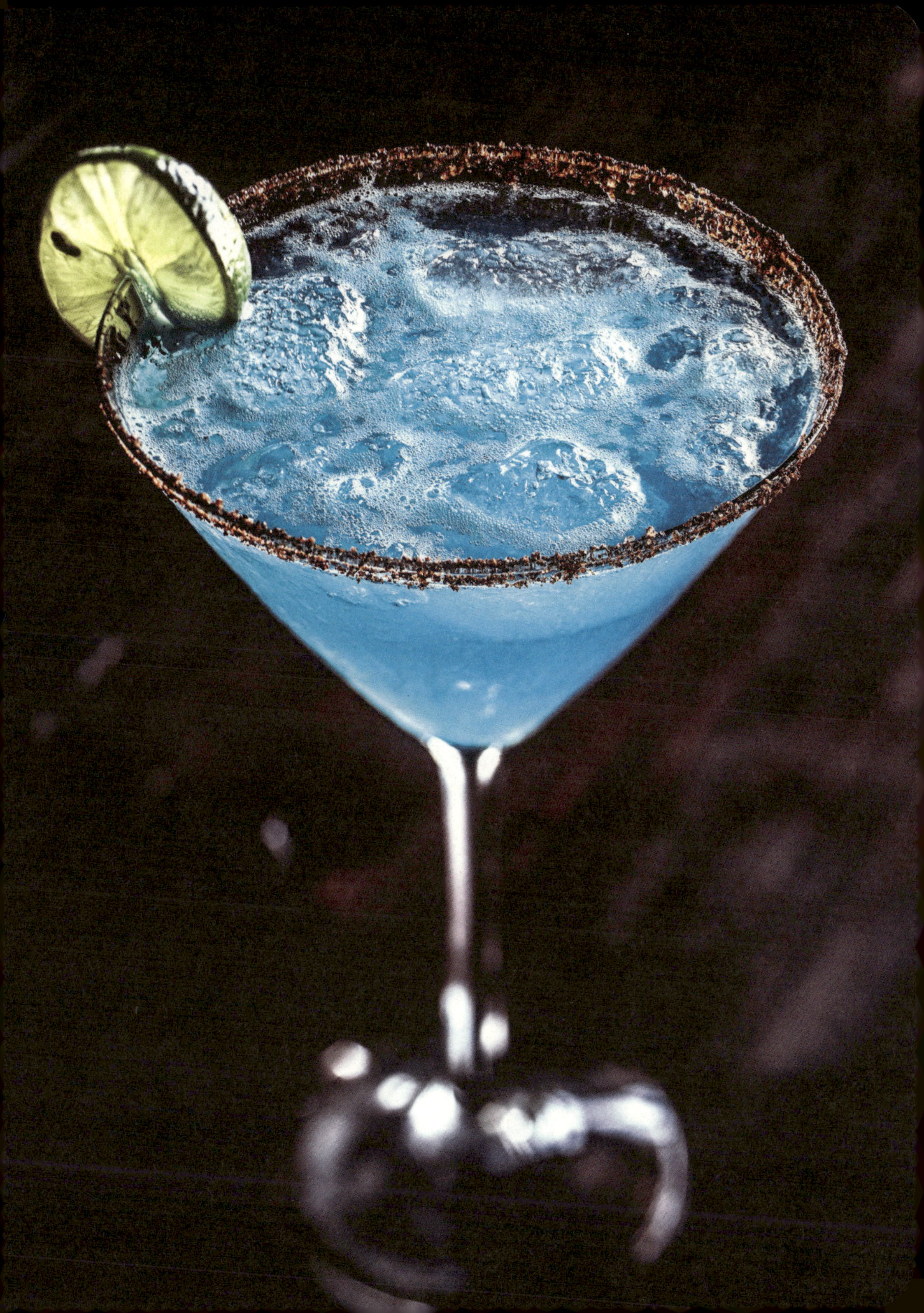

COCTEL BLUE LAGOON
BLUE LAGOON MARGARITA

Colocar todos los ingredientes en la licuadora, agregar suficiente hielo y licuar hasta que tenga una textura frappé.

Servir en una copa y adornar con una rodaja de limón o naranja_

—•—

1. Pour all the ingredients in the blender with a glass full of ice; blend until reaching frappe texture.
2. Serve in a cup and garnish with a lemon or orange wedge_

—•—

Ingredientes:

60 ml de Tequila
15 ml de licor Curacao
15 ml de jugo de limón
Agua mineral
Hielo

Ingredients:

2 oz tequila
1/2 oz blue curacao
1/2 oz lemon juice
Mineral water
Ice

MARGARITA DE KIWI Y JALAPEÑO
KIWI & JALAPEÑO MARGARITA

1. Pelar el kiwi y machacar la pulpa con un mortero.
2. Agregar el chile jalapeño y seguir machacando. Incorporar el jugo de limón, el tequila y el jarabe.
3. Mezclar todos los ingredientes en un vaso agitador con hielo, agitar vigorosamente y servir_

—•—

1. Peel the kiwi and mash the pulp with a mortar.
2. Add the jalapeno pepper and continue crushing. Incorporate the lemon juice, tequila, and syrup.
3. Mix all ingredients in a shaker glass with ice; shake vigorously and serve_

—•—

Ingredientes:

1/2 Kiwi
1/2 chile jalapeño desvenado y picado
60 ml de tequila
Jarabe
Hielo

Ingredients:

1/2 kiwi
1/2 chopped jalapeño chili pepper
2 oz tequila
Natural syrup as desired
Ice

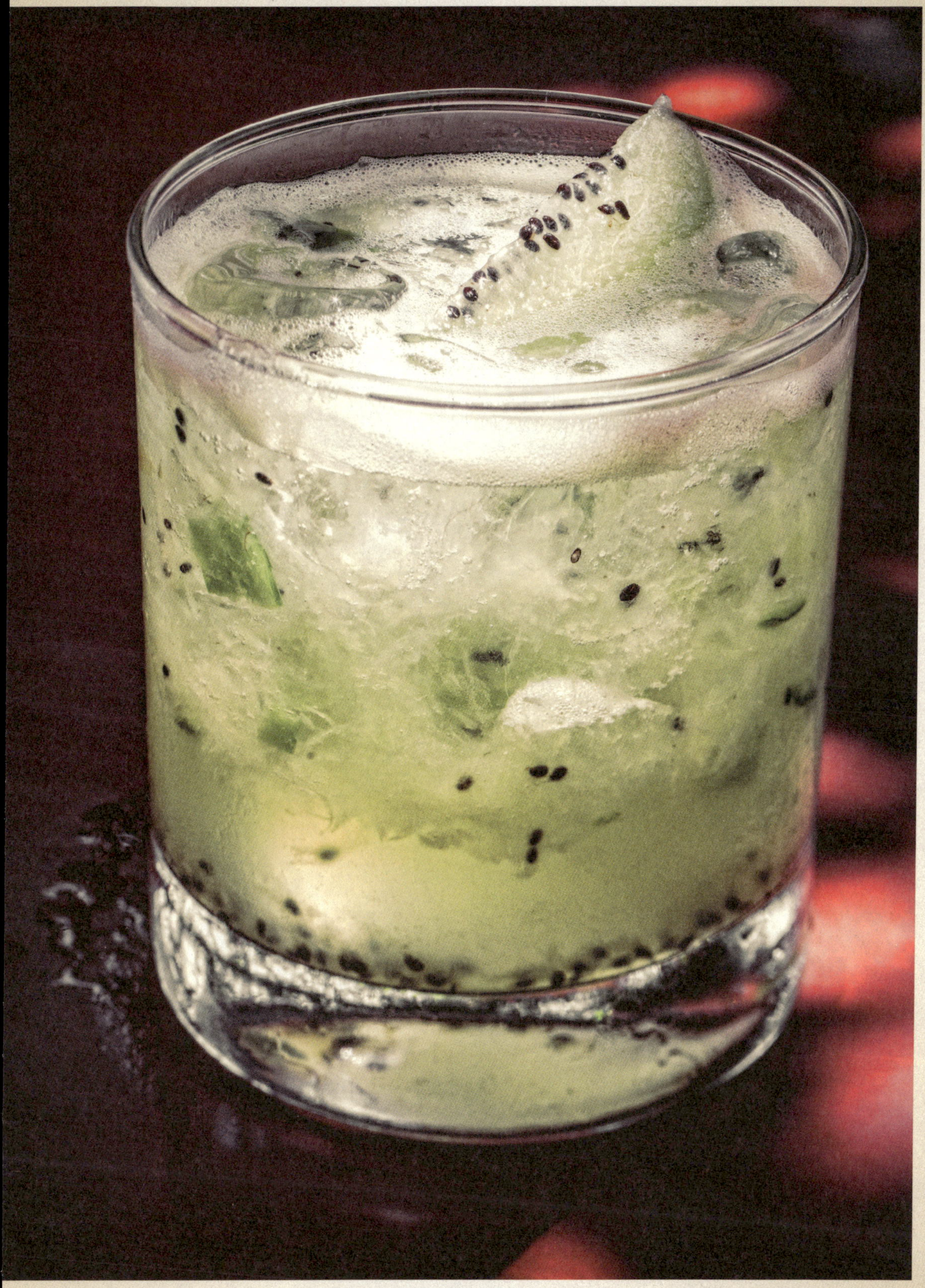

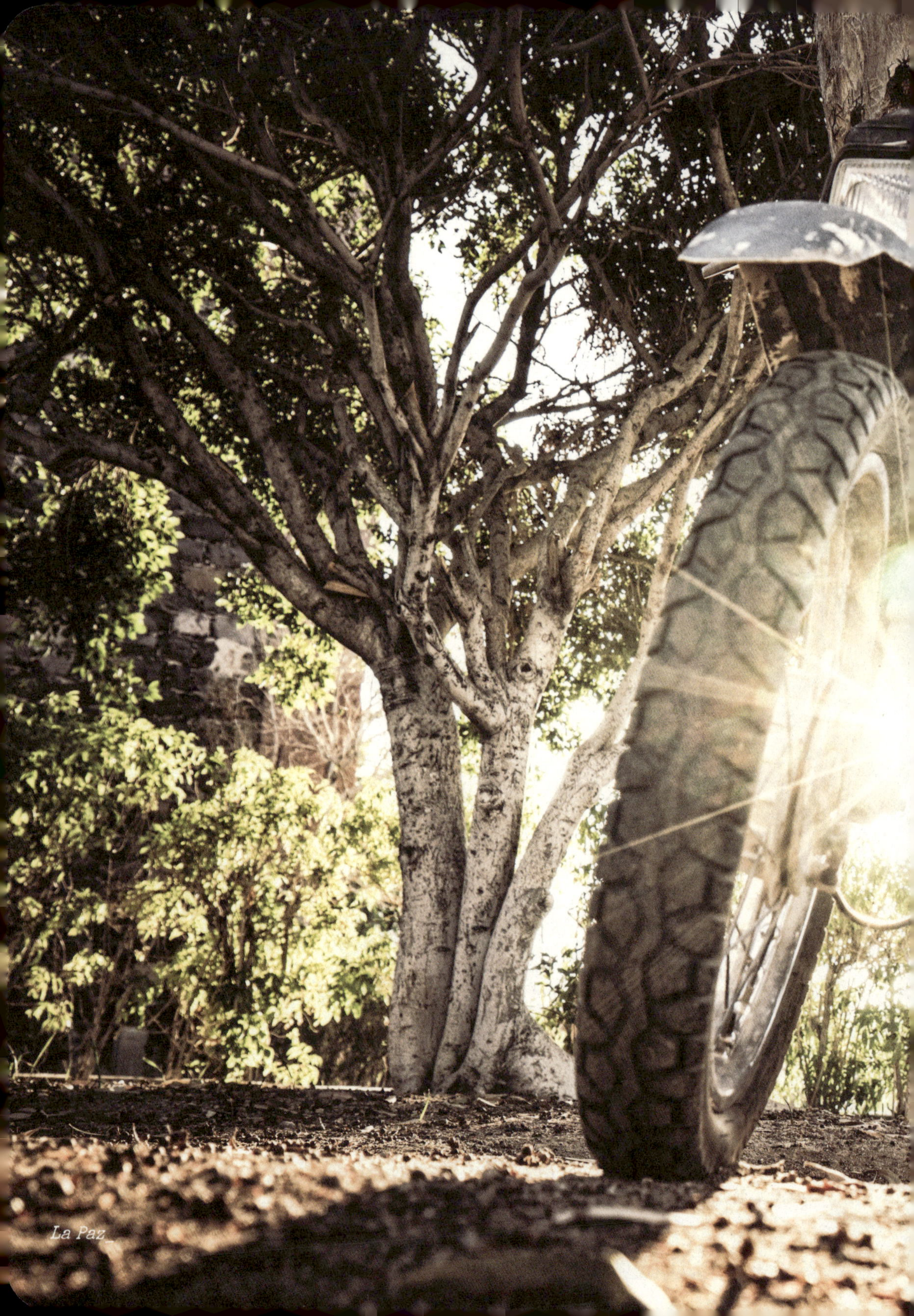

La Paz_

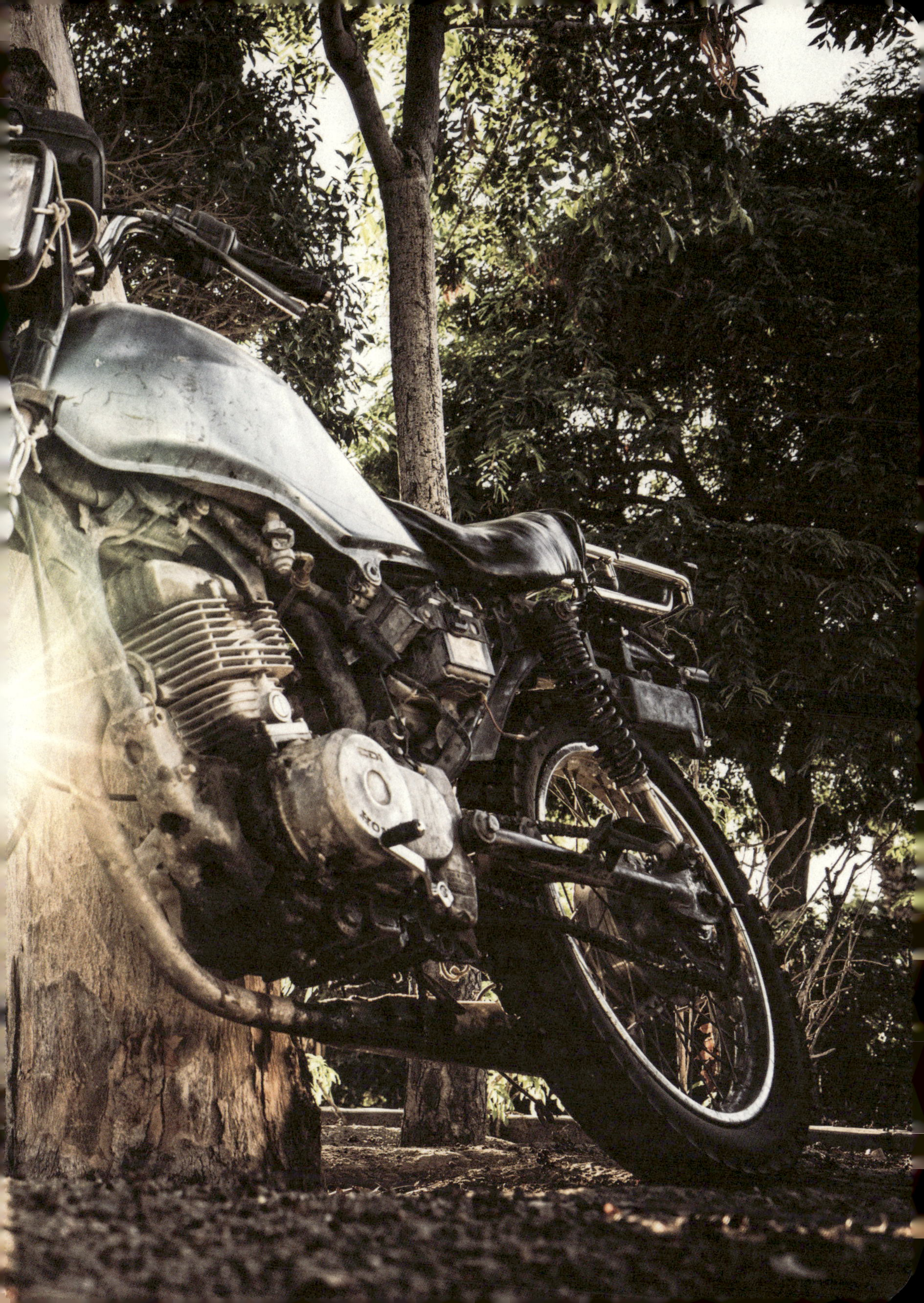

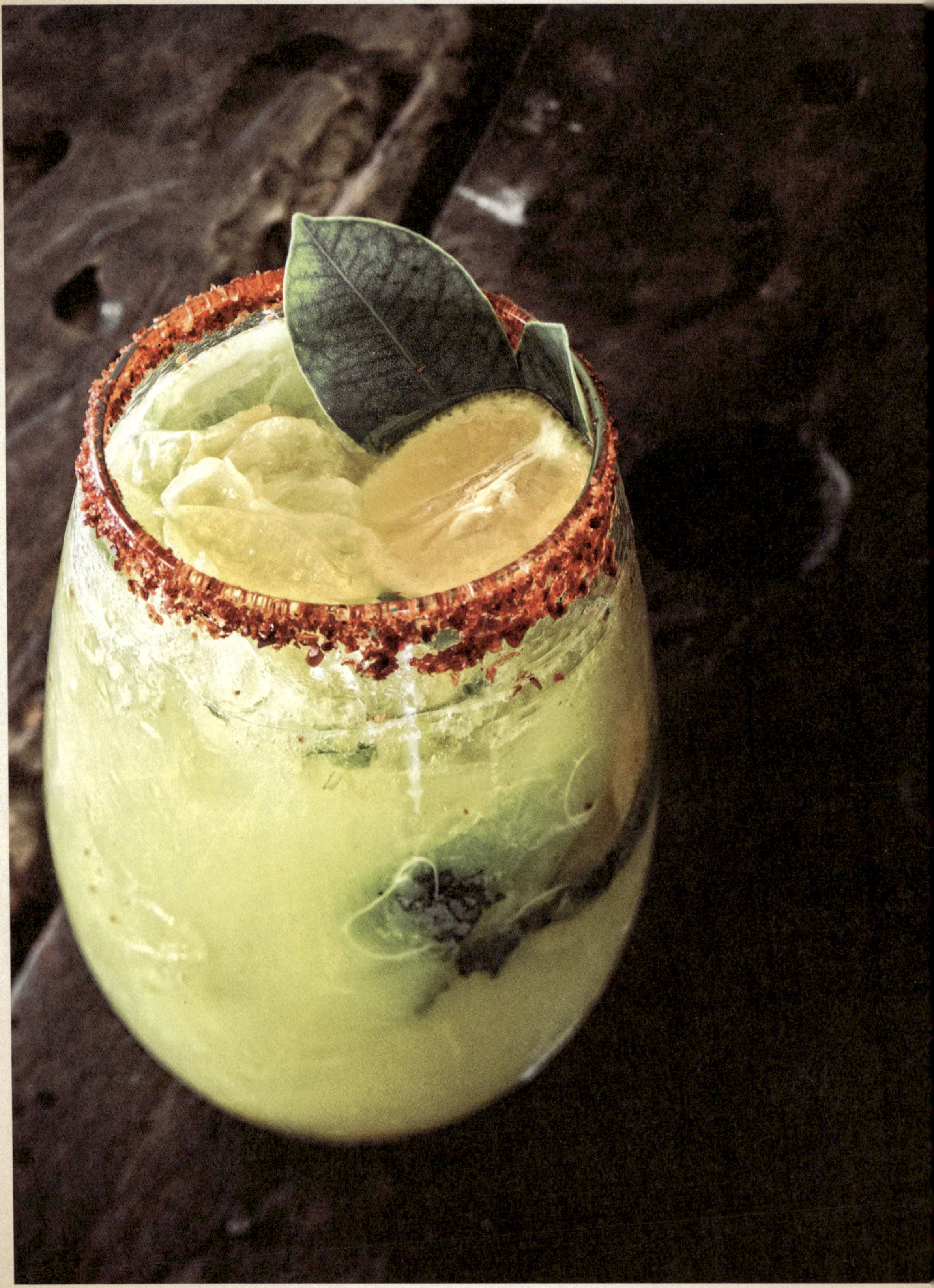

MOJITO DE NARANJITA
CHINESE ORANGE MOJITO

1. Machacar las naranjitas con un mortero. Incorporar las hojas de menta, el limón y volver a machacar.

2. Incorporar esta mezcla en un vaso agitador lleno a la mitad con hielo, ron y jarabe. Servir en un vaso jaibolero *old fashion* escarchado con chile piquín en polvo o Tajín_

—•—

1. Crush the naranjitas with a mortar. Incorporate mint leaves and lemon and crush again.

2. Incorporate this mixture into a glass half full with ice, rum, and syrup, and shake. Serve in an old-fashioned frosted glass with "Tajín" chili powder_

—•—

Ingredientes:

4 naranjitas
8 hojas de menta o hierbabuena
3/4 de limón verde
60 ml de ron blanco
Agua mineral
Jarabe natural al gusto
Hielo

Ingredients:

4 naranjitas
8 mint leaves or mint
3/4 lime
2 oz white rum
Mineral water
Natural syrup as desired
Ice

MARGARITA LOS TAMARINDOS
"LOS TAMARINDOS" MARGARITA

1. Mezcle todos los ingredientes en un vaso con hielo. Agite vigorosamente.

2. Servir en una copa preparada remojada con limón en la orilla y sal de grano_

—•—

1. Mix all ingredients in a glass with ice. Shake vigorously.

2. Serve in a lemon-soaked glass prepared with lemon on the rim and sea salt_

—•—

Ingredientes:

15 ml de Tequila blanco 100% agave
15 ml de Cointreau o triple sec
30 ml de pulpa de tamarindo
30 ml de jarabe de azúcar
Agua mineral
Hielo

Ingredients:

1/2 oz tequila blanco, 100 percent agave
1/2 oz Cointreau or triple sec
1 oz tamarind pulp
1 oz syrup
Mineral water
Ice

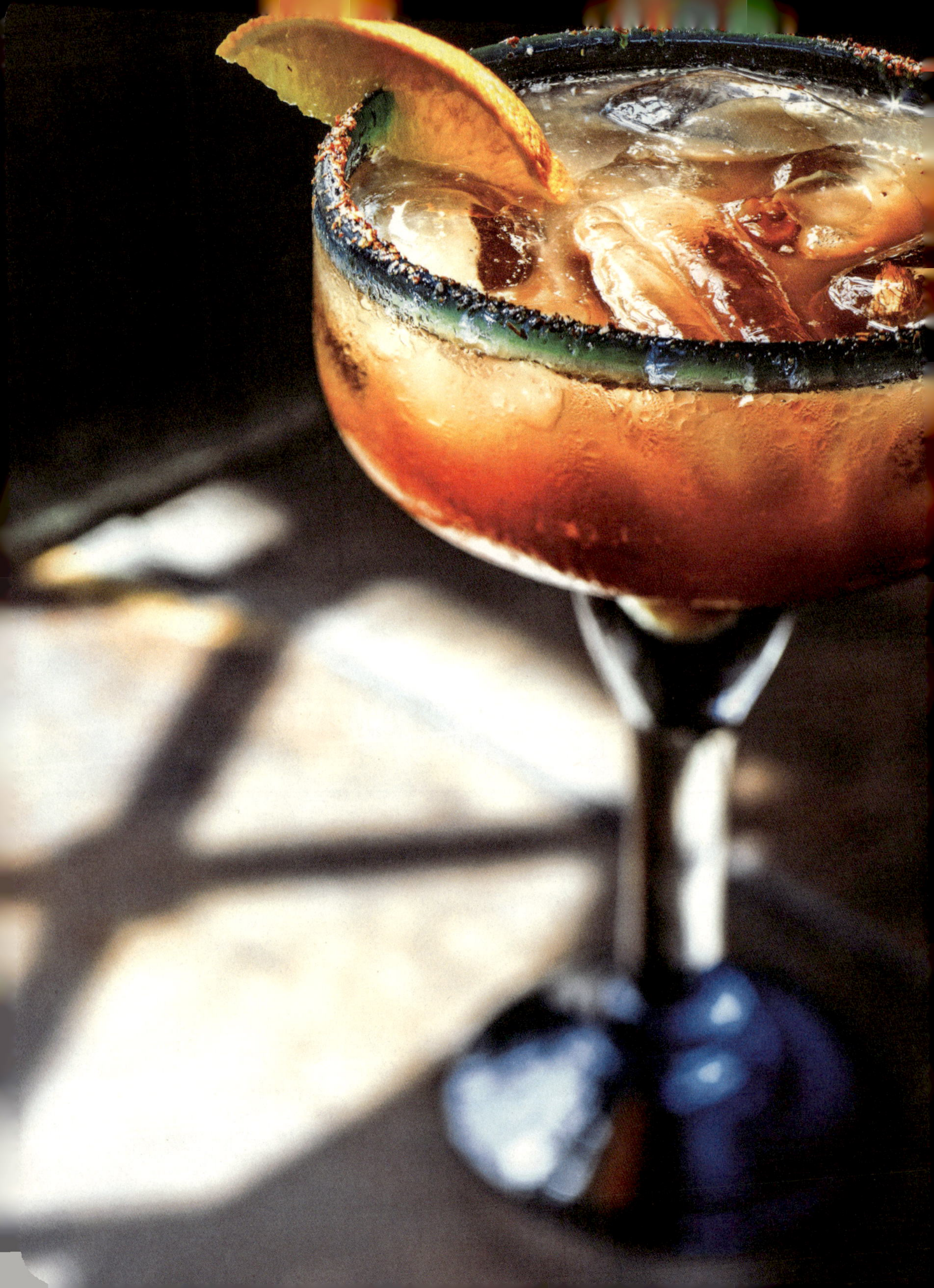

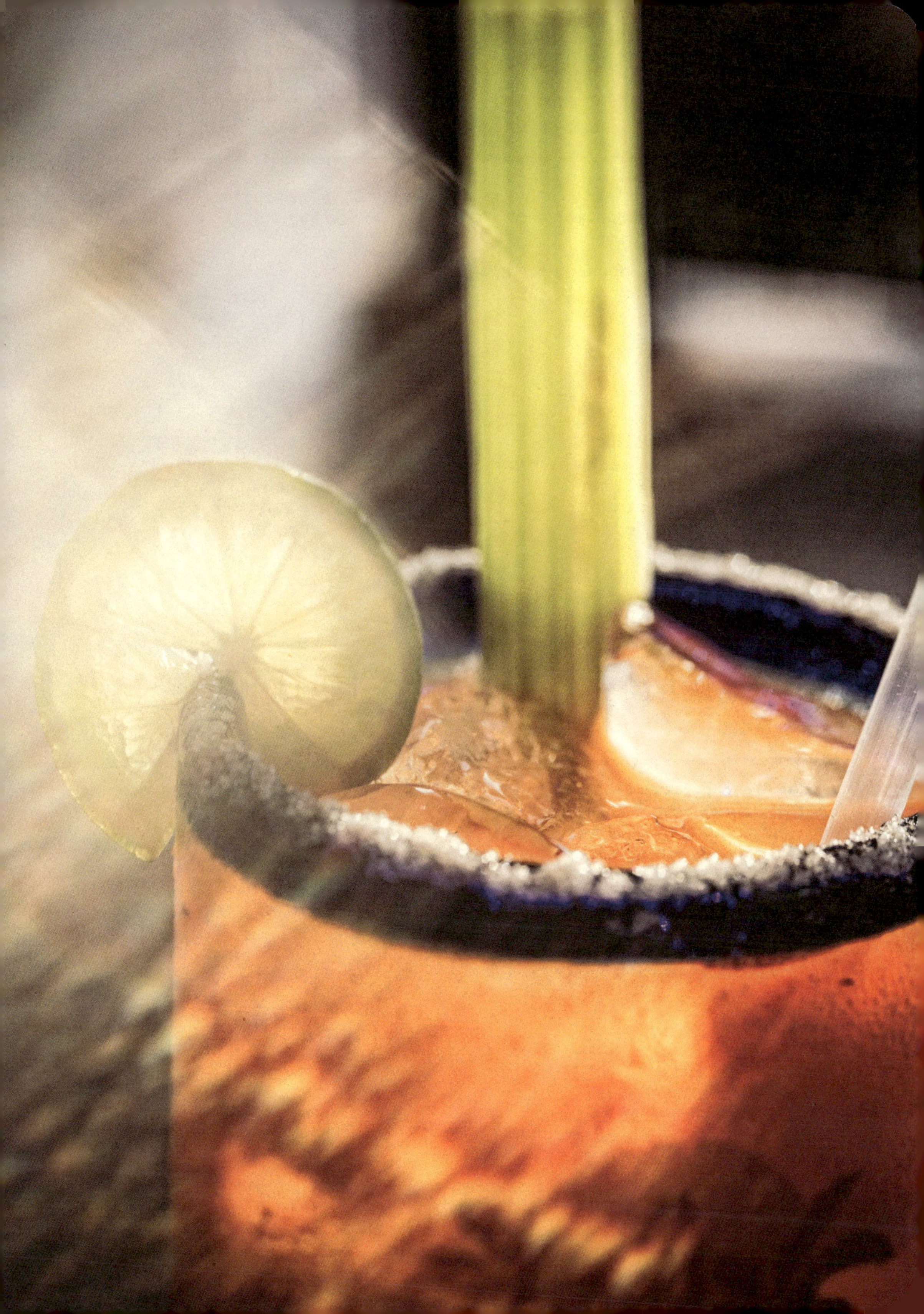

MARGARITA CERRITOS
CERRITOS MARGARITA

1. Verter todos los ingredientes en un vaso coctelero y mezclar vigorosamente con un agitador.
2. Servir en las rocas adornado con una rodaja de limón_

—•—

1. Pour all the ingredients into a cocktail shaker and mix vigorously.
2. Serve on the rocks garnished with a lemon wedge_

—•—

Ingredientes:

60 ml de Tequila extra añejo Cerritos
60 ml de jugo limón
60 ml de Controy
30 ml de miel de Agave
Hielo

Ingredients:

2 oz Cerritos Tequila Añejo
2 oz lemon juice
2 oz Controy
1 oz agave honey
Ice

MARTINI DE ALBAHACA
BASIL MARTINI

1. Colocar 8 hojas de albahaca en un mortero y machacar. Posteriormente, agregar el limón amarillo machacado, el jugo de medio limón, el vodka y endulzar al gusto con el jarabe.
2. En un vaso agitador, lleno a la mitad con cubos de hielo, agregar la mezcla previa; agitar vigorosamente durante 15 segundos y servir inmediatamente_

—•—

1. Eight leaves of basil mashed in a mortar. Add the hand-squeezed lemon, vodka, and sweeten with the syrup.
2. Add this mixture into a glass, stir vigorously for 15 seconds, and serve immediately_

—•—

Ingredientes:

8 hojas de albahaca
1/4 de limón amarillo machacado
1/2 Limón verde (jugo)
Jarabe natural al gusto
60 ml de vodka
Cubos de hielo

Ingredients:

8 leaves of basil
1/4 lemon, juice only
1/2 lime, juice only
Natural syrup as desired
2 oz vodka
Ice

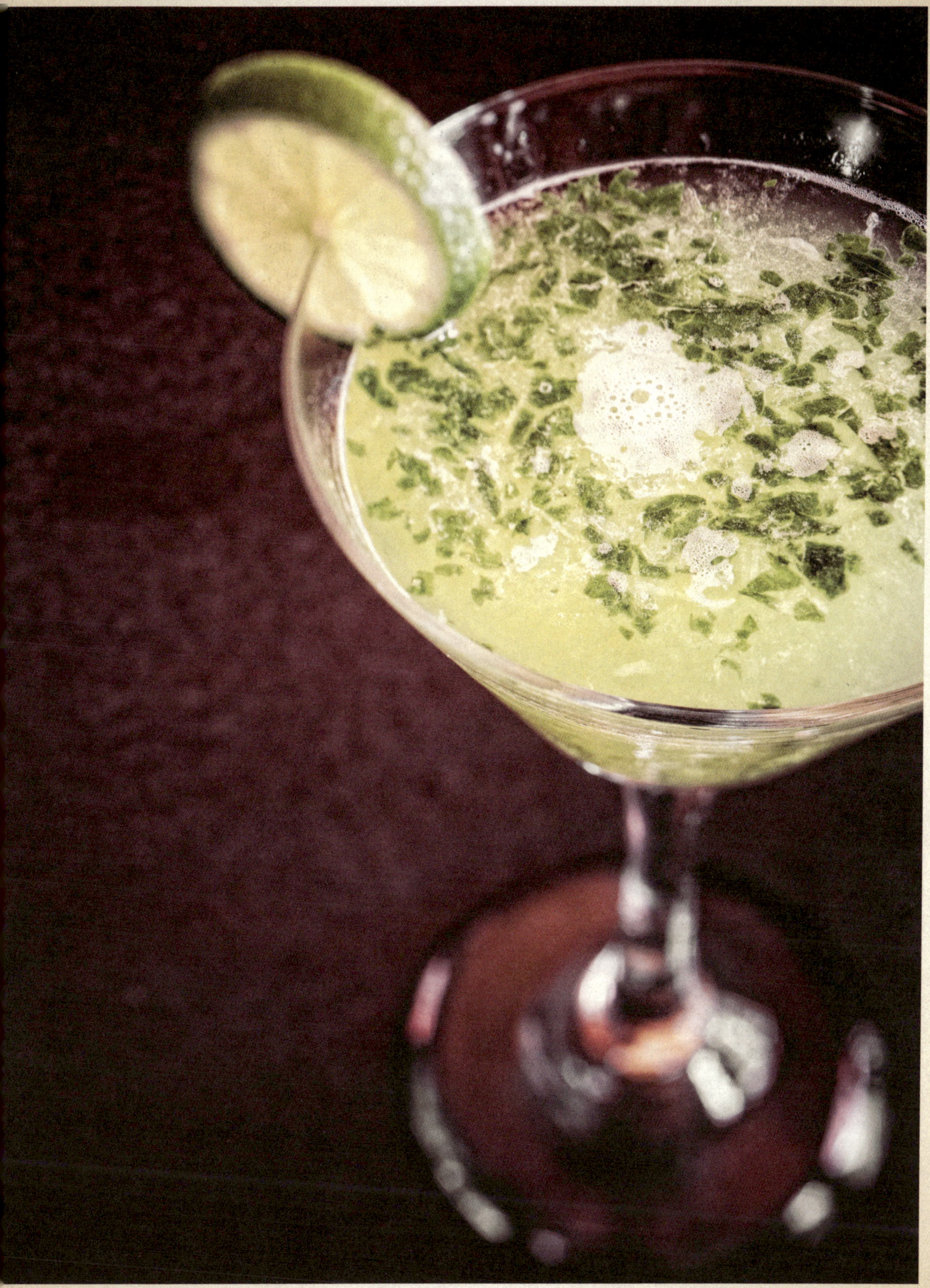

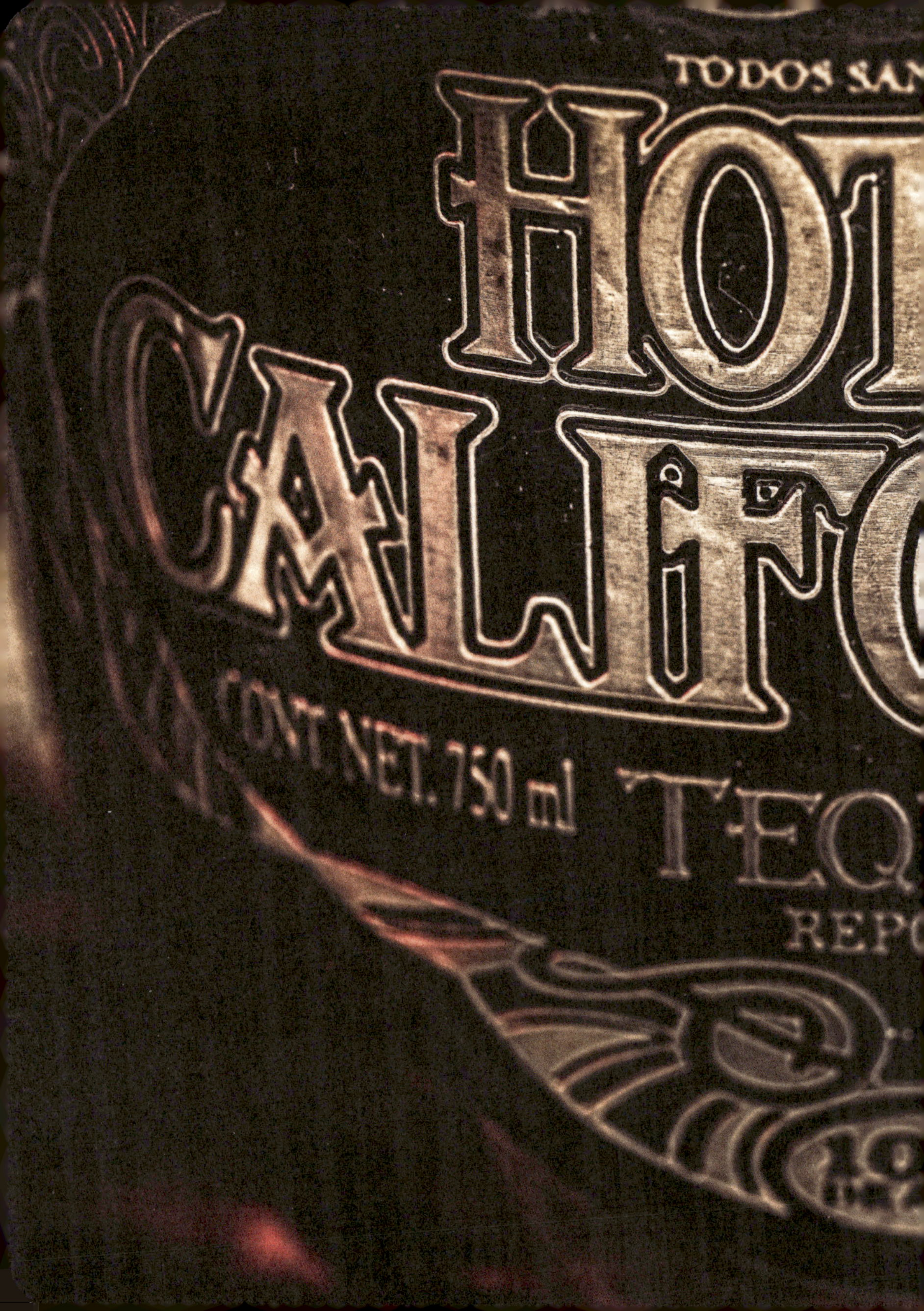
CONT. NET. 750 ml

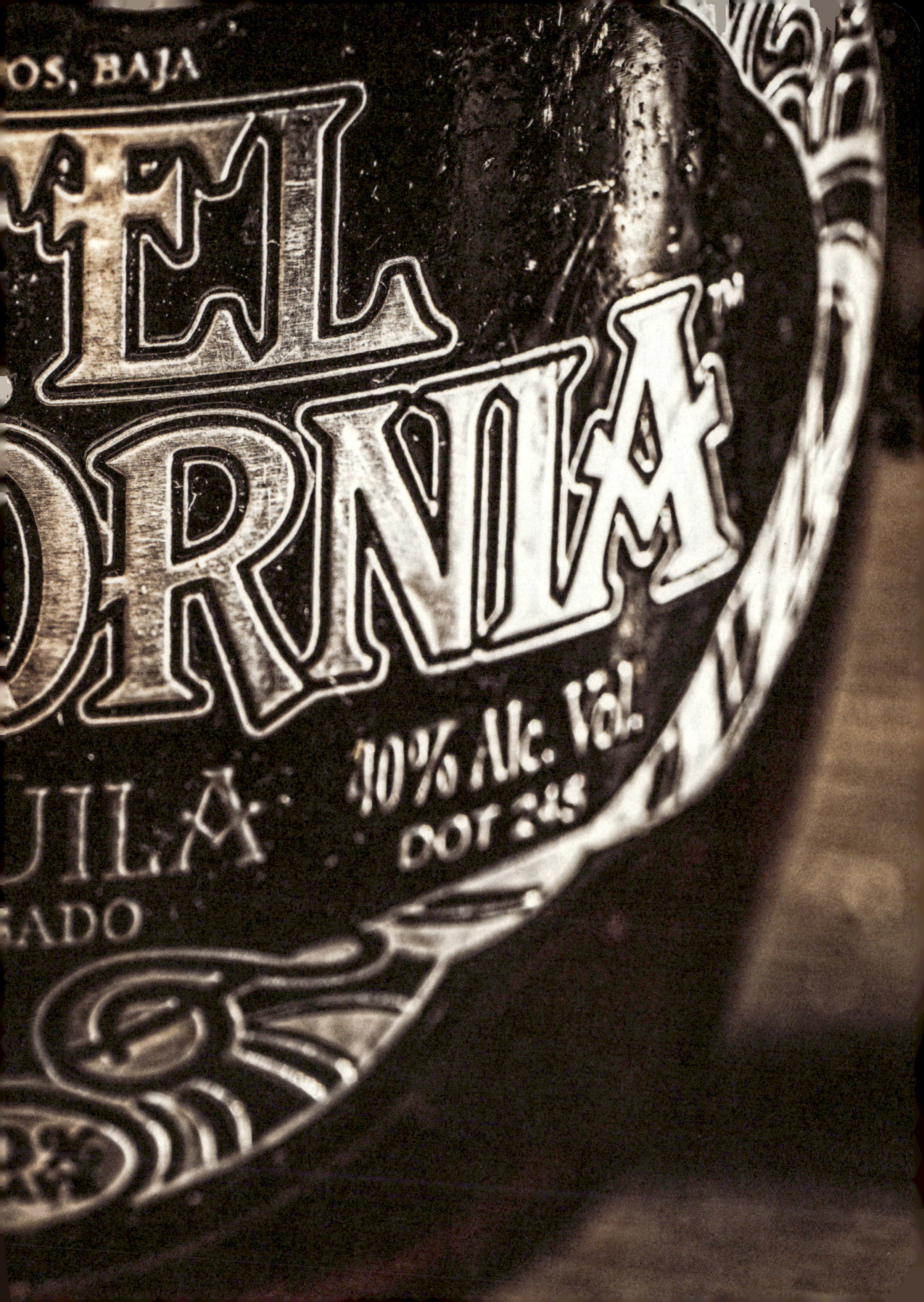
OS, BAJA
EL
ORNIA
UILA
ADO
40% Alc. Vol.

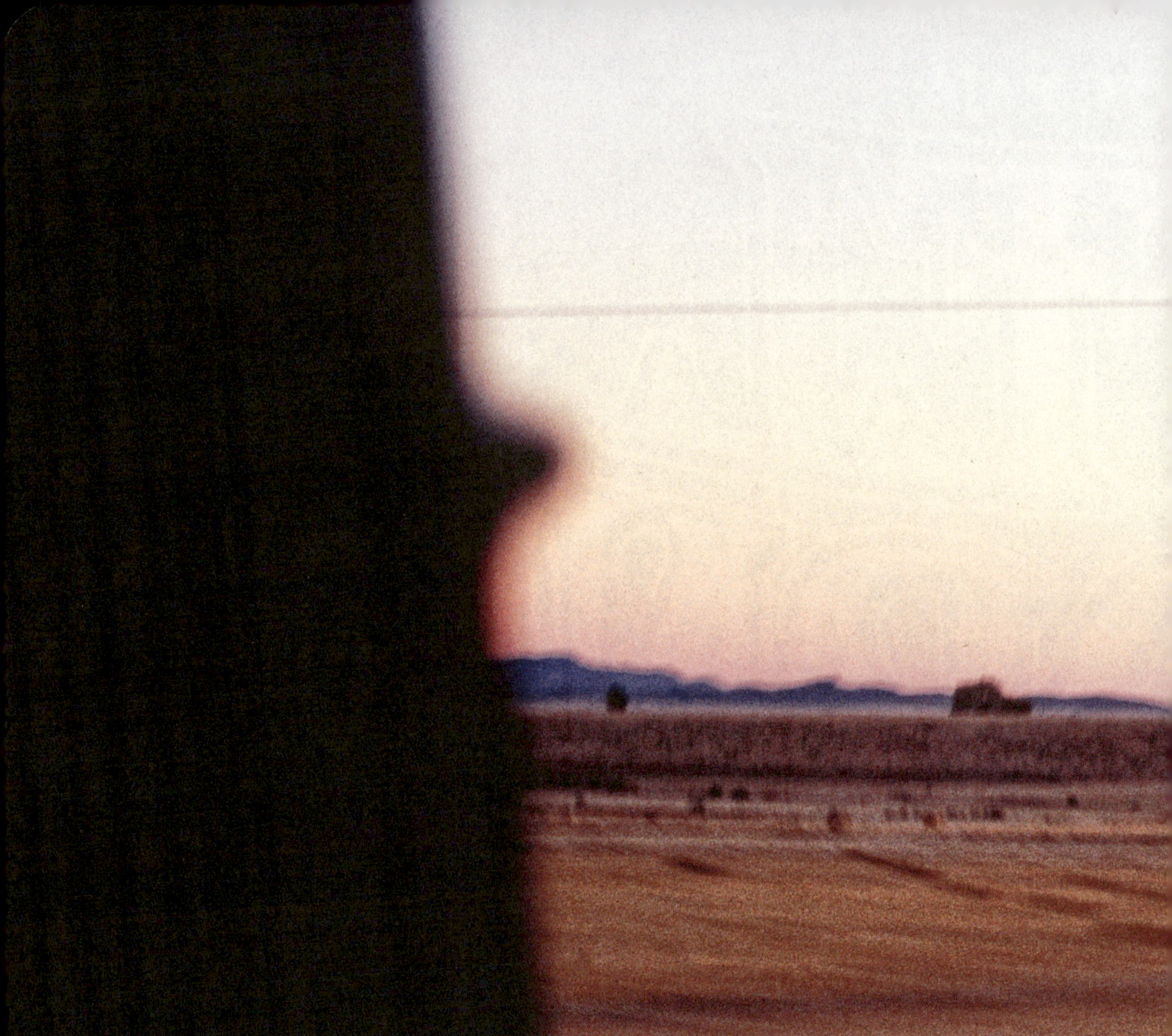

*"On a dark desert highway, cool wind in my hair
Warm smell of colitas, rising up through the air
Up ahead in the distance, I saw a shimmering light
My head grew heavy and my sight grew dim
I had to stop for the night
There she stood in the doorway;
I heard the mission bell
And I was thinking to myself,
"This could be Heaven or this could be Hell ..."*

(Hotel California, Eagles)

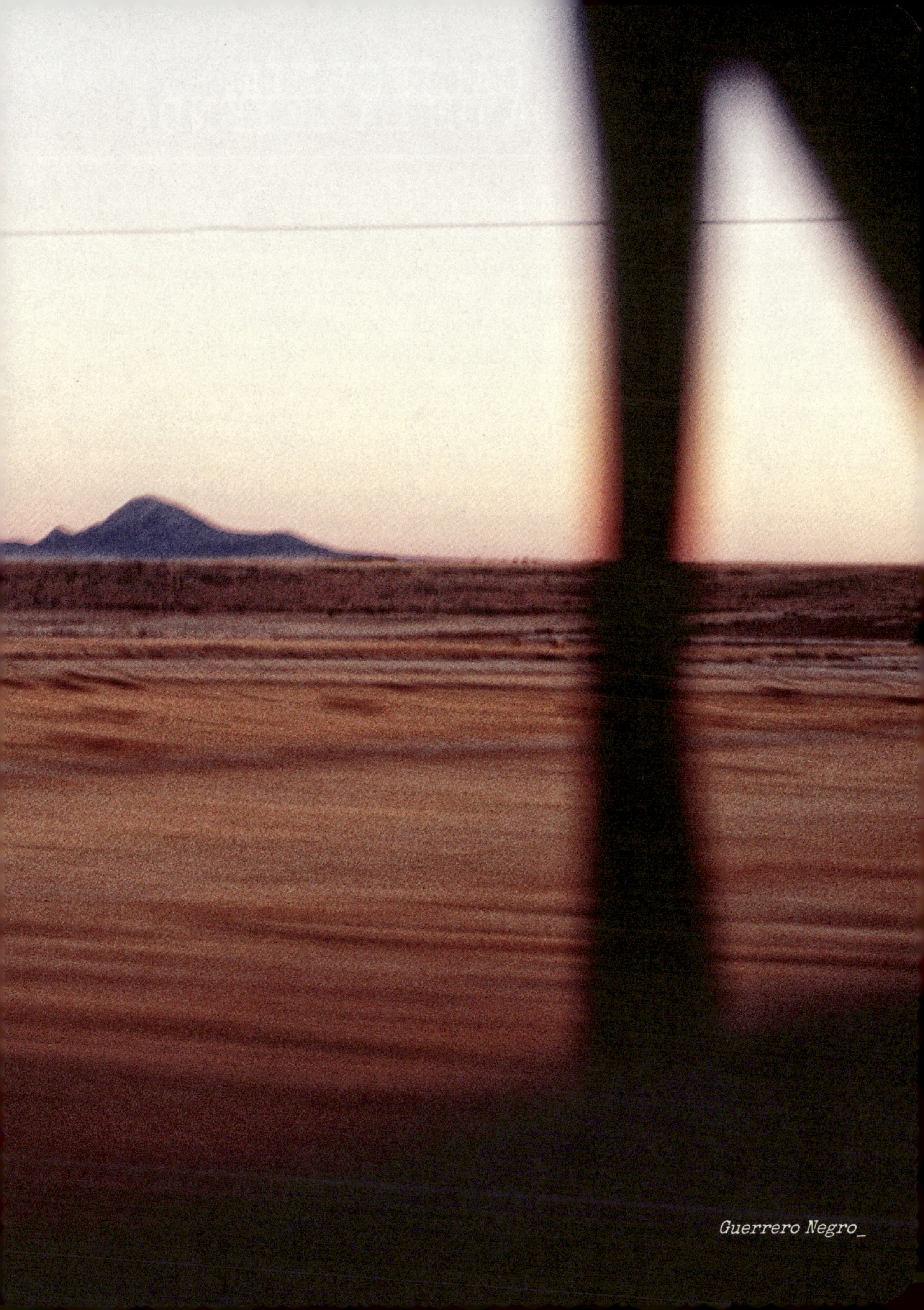

Guerrero Negro_

HOTEL CALIFORNIA, LA LEYENDA DE LA LEYENDA

Hablar del Hotel California, ubicado en Todos Santos, es hablar de un lugar con personalidad única en la Baja Sur. Quienes hemos tenido el gusto de poder quedarnos a disfrutar la estancia, la enigmática energía innegable en sus pasillos, el arte y los colores de sus paredes, el eco de sus rincones y recovecos, sabemos que existen muchas historias sobre este lugar; mas la única y verdadera es la que hacen cada uno de sus huéspedes en sus visitas.

Una de estas versiones data de 1976, la cual explica que hubo una canción escrita por Don Henley del grupo de rock The Eagles y la cual cobraría fama a nivel mundial, en la canción llamada Hotel California. Antes de la canción, ya existía una leyenda en la que decían que en el poblado algunas noches se aparecía el fantasma de Mercedes, una chica que invitaba a tomar a los parroquianos en el bar del hotel. Algunas otras versiones afirman que esta chica continúa apareciéndose hasta la fecha en una de las habitaciones del hotel, (algo que tendrán que descubrir nuestros lectores).

En su canción, Don Henley narra su propia experiencia, en la cual llega al poblado, buscando un lugar de descanso encontrándose con el hotel. Antes de entrar al lugar, escucha una campana que anuncia su llegada y una chica lo recibe. Ella prende una vela y le muestra el camino a su habitación, mientras le dice: "Bienvenido al Hotel California, donde siempre tenemos la misma estación" en referencia al clima del lugar.

En una segunda parte de la historia, Mercedes invita a Henley una botella de champaña. Al transcurrir el tiempo y ver que no aparecía ni la chica ni la botella, el visitante acude al encargado del hotel, quien le explica que no había ninguna chica y no se ofrecía vino a los huéspedes, añadiendo: "No hemos tenido ese espíritu aquí desde 1965".

Existen muchos detalles confusos sobre esta leyenda en las décadas siguientes, debido a la particular cultura del momento, lo que derivó en muchas historias y detalles imprecisos. Hay diferentes versiones de esta historia, inclusive relatos y testimonios fantasmales enriquecen la fama y el legado cultural del hotel, incluyendo las apariciones del propietario original por sus pasillos.

Icono sudcaliforniano, el Hotel California, es un lugar de leyenda, es arte que sigue evolucionando, testigo mudo a través de los años de historias, que jamás se perderán en el tiempo _

HOTEL CALIFORNIA, A LEGEND OF THE LEGEND

To speak of Hotel California is to speak about a place with a unique personality in Baja California Sur, which grows decade after decade. For those of us that have had the pleasure of enjoying its premises, where art and color dress its walls and the enigmatic energy is undeniable in its halls and in the echo of its corners and nooks, we know there are many stories about this place, but the one and only that matters is the one from each guest. Hotel California, a legend of the legend.

One of these is the legend that goes back to 1976 about a song written by Don Henley, from the rock band the Eagles. This widely recognized song called "Hotel California" is about a hotel in Todos Santos, Mexico. Before the song there was a legend in town that spoke of a woman's ghost, Mercedes, that used to appear some nights and invited people for a drink at the bar of the hotel. Some other people say that this girl continues to appear in the rooms of the hotel, something our readers will have to discover by themselves.

On his song, Don Henley narrates his own experience: as he arrived to town and was looking for a place to rest, he saw the hotel and before walking in, by the door, there was a bell that rang announcing his arrival and a girl greeted him. She lit a candle and showed him the way to his room while telling him: "Welcome to Hotel California, where we always have the same season" in reference to the local climate.

In the second part of the story Mercedes invites Henley to share a bottle of champagne. After several minutes go by, and Mercedes does not arrive, he goes to the front desk manager to ask about the girl. The manager explains that there is no Mercedes and liquor is not offered to guests. He also adds "we haven't had that spirit since 1965."

There are many confusing accounts over the next decades due to the culture and ideas of that time that lead to many stories and imprecise details. There are different versions of this story, even some phantasmagoric tales that enrich the fame and cultural legacy of the hotel, including the one of its original owner that claims to wander around its halls.

An icon from Baja California Sur, Hotel California is a legend, art that continues evolving, a silent witness of years of stories that will never ever get lost in time _

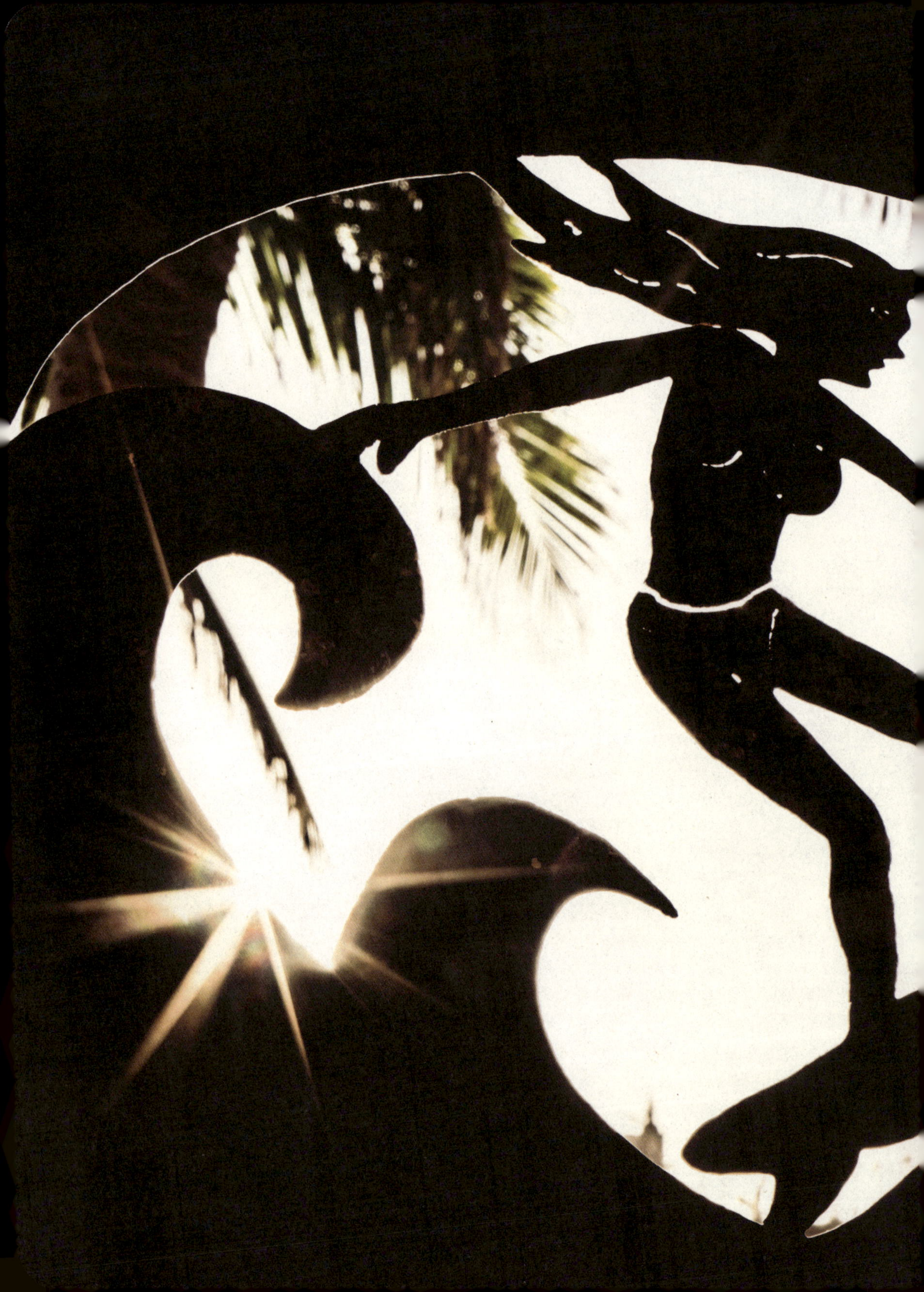

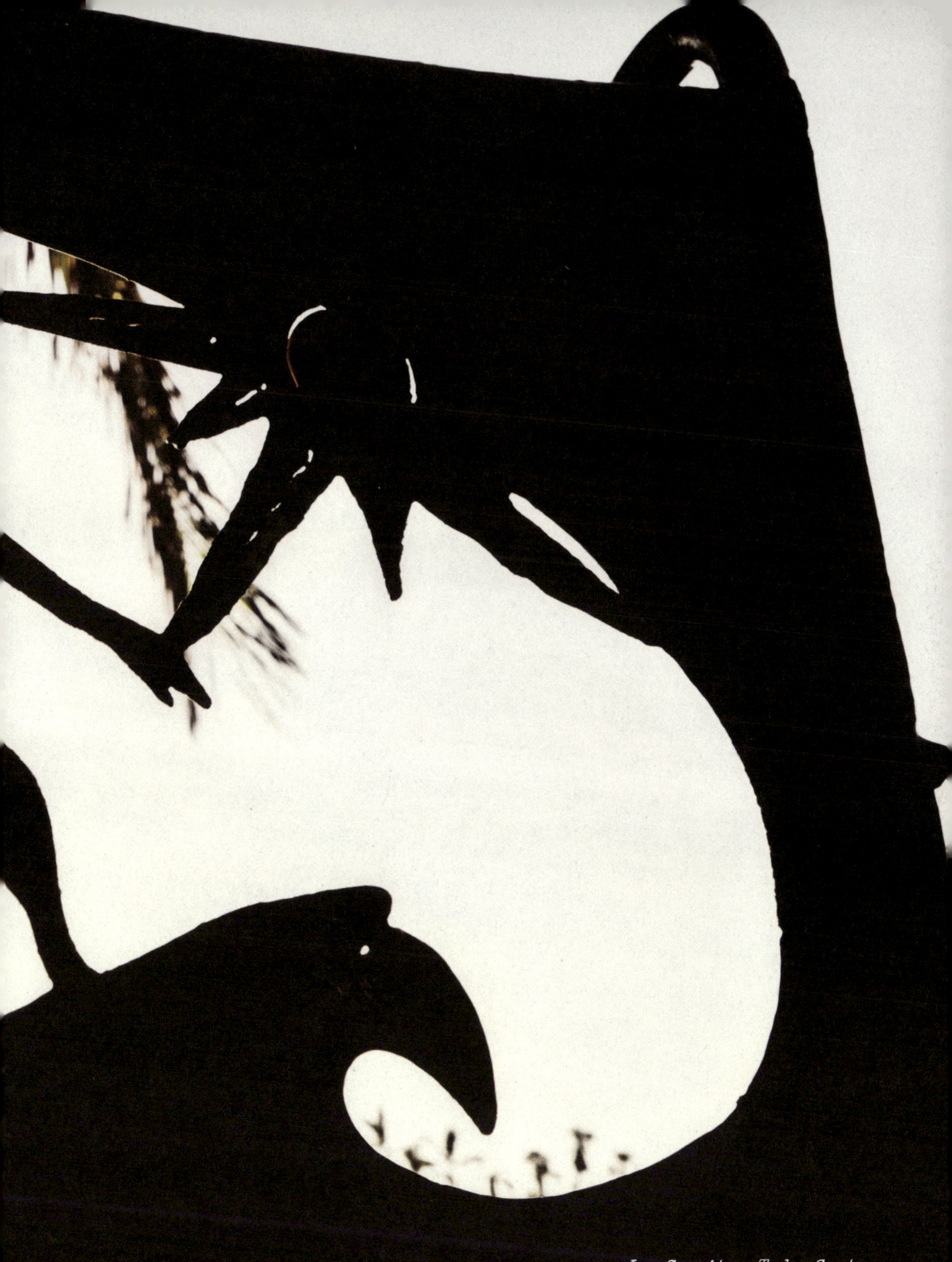

Los Cerritos, Todos Santos

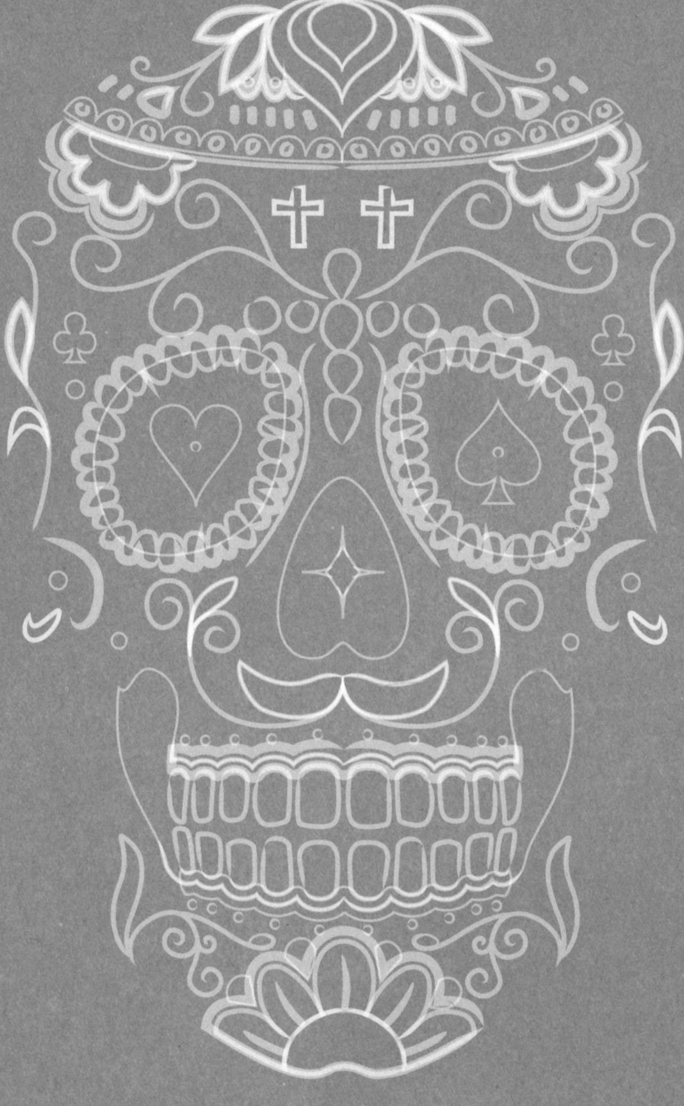

EL VINO MEXICANO Y LA RUTA DEL VINO
MEXICAN WINE AND THE ROUTE OF WINE

Existe más historia que geografía en una botella de vino, en el caso del mexicano, es un verdadero gusto afirmar cuánta razón tiene esta frase. México es ahora un país reconocido a nivel mundial por su producción vinícola. Aún cuando hay cultivo de viñas en grandes extensiones de tierra en el norte y el centro del país, el 80% de la producción se da en el municipio de Ensenada, al norte de la Baja, en los valles de Guadalupe, San Vicente, Ojos Negros y Santo Tomás. Provienen de esta región más de 65 vinícolas, con algunos de los vinos más premiados en diferentes competencias internacionales. Los primeros colonizadores españoles encontraron vides silvestres en el suelo de la Nueva España y Hernán Cortés fue el principal promotor del cultivo de la uva. Eventualmente, los misioneros jesuitas trajeron consigo sarmientos de uva para su cultivo, destacándose el padre Juan Ugarte en 1700 al norte de la península y 1769 Fray Junípero Serra en Loreto. El desarrollo del vino mexicano no ha sido fácil, viéndose afectado por la guerra de Independencia, la expropiación de los bienes de la Iglesia y la posterior destrucción de los viñedos por Pancho Villa. Fue hasta 1922 que se reanuda la producción de vinos en diversos estados norteños, que si bien, en ese momento, no podían competir en calidad con los vinos californianos, abrieron camino para el nacimiento de bodegas como Cetto y el crecimiento de Bodegas de Santo Tomás.
Actualmente, hay una gran variedad de uvas que se cultivan en el Valle de Guadalupe y cada día es mayor la aceptación y presencia del vino mexicano en el ámbito internacional, con variedades como: Cabernet Franc, Cabernet Sauvignon, Merlot, Nebbiolo, Petit Sirah, Tempranillo y Zinfandel. Entre los vinos blancos podemos encontrar: Chardonnay, Chenin Blanc, Sauvignon Blan, Fumé Blanc, entre otros. Reza un sabio refrán que "El que un buen vino bebe, a beberlo vuelve" y en la cultura del vino mexicano, día a día le damos la razón_

There is more history than geography in a bottle of wine, and in the case of Mexican wine it is especially joyful to learn and experience this truth. Mexico is now well known worldwide for its produce. Although there are large extensions of land in the northern and central parts of the country, 80 percent of major production takes place in Ensenada, Valles de Guadalupe, San Vicente, Ojos Negros, and Santo Tomas, with more than 65 vineyards in existence, featuring some of the most award-winning wines of various international competitions.

Spanish colonizers found wild grapevines in the New Spain land, and Hernán Cortés was the main promoter of grape cultivation.

The development of Mexican wine wasn't easy, especially with the war of independence, the expropriation of church properties, and the destruction of vineyards by Pancho Villa.

It was not until 1922 that wine production resumed in several northern states, and although the product could not compete in quality at the time with Californian wines, the vineyards paved the way for the birth of wineries such as Vinos LA Cetto and the growth of Bodegas de Santo Tomas.

Today there are a variety of grapes grown in the Valle de Guadalupe, and every day brings a greater acceptance and presence of Mexican wine internationally, with varieties such as cabernet franc, cabernet sauvignon, merlot, nebbiolo, petite sirah, tempranillo, and zinfandel. Among the white wines we can find: chardonnay, chenin blanc, sauvignon blanc, fumé blanc, among others.

A wise and popular saying reads: "Whoever drinks good wine, comes back to drink it again," and the culture of Mexican wine proves this right every day_

Casa Baloyán

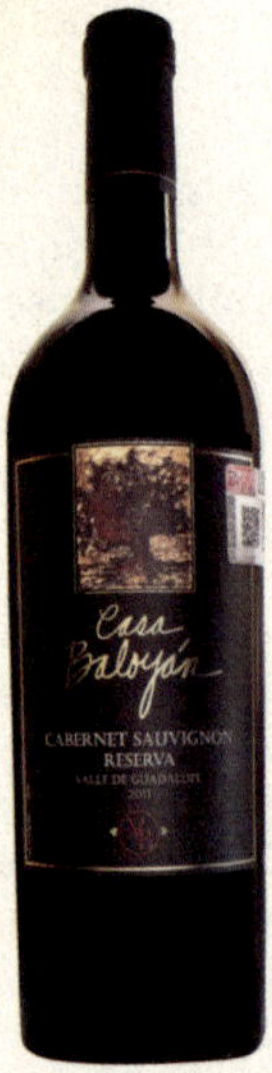

Cabernet Sauvignon Reserva
Viñedo: Casa Baloyán
Uva: 84% Cabernet Sauvignon, 16% Merlot
Zona: Valle de Guadalupe
Notas de Cata: de fruta negra y ricos aromas tostados de roble. Buen tono de caramelo, canela y azúcar morena en el paladar que es muy atractiva. Este vino se disfruta mejor después de media hora de decantación para que el fruto se abra.
Servir a 16° - 18° C_

Cabernet Sauvignon 2011 Reserve
Winery: Casa Baloyán
Grape variety: 84% Cabernet Sauvignon, 16% Merlot
Area: Guadalupe Valley
Typical taste: typical taste: dark fruit and rich oak aromas. Attractive soft caramel, cinnamon, and brown sugar taste. This wine is better after half an hour of decantation to let the fruit expand. Best served at 60° - 65° F_

Discreto Encanto

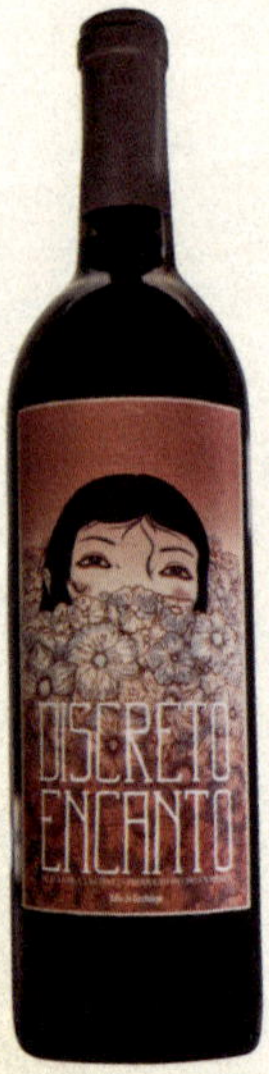

Mezcla de tintos
Viñedo: La Lomita
Uva: Mezcla de Uvas Tintas (Grenache, Shyraz, Merlot, Cabernet, Tempranillo)
Zona: Valle de San Antonio
Notas de Cata: capa media baja de color rubí con ribetes en cereza. Notas de humo, madera bien tostada, azúcar morena, jamaica y cereza negra.De paso franco en boca, con notas de frutos rojos. Servir a 13° - 15° C_

Combination of red wines
Winery: La Lomita
Grape variety: mix of red grapes (Grenache, Shiraz, Merlot, Cabernet, Tempranillo)
Area: San Antonio Valley
Typical taste: ruby red with cherry borders, mid viscosity. Smoke, roasted wood, brown sugar, hibiscus and blackberry tones. Hearty taste with berries borders. Serve 55° - 60° F_

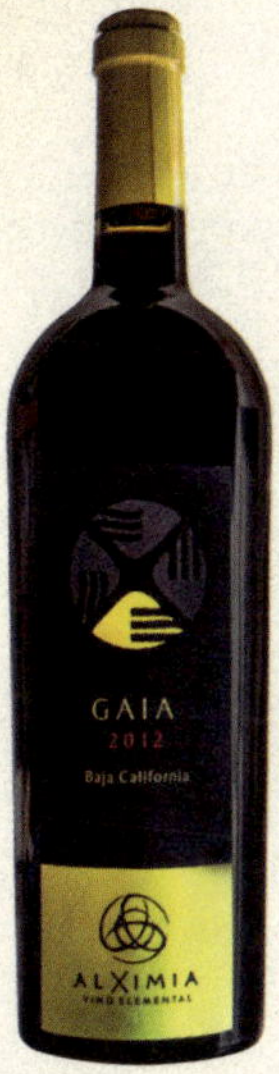

Gaia

Mezcla de tintos
Viñedo: Alximia
Uva: Cabernet Sauvignon (3), Tempranillo (2), Syrah (1).
Zona: Valle de Guadalupe
Nota de Cata: Se presenta con un color rojo cereza de intensidad media y matices violáceos. Aromas primarios de cerezas y ciruelas. Aromas terciarios de canela, notas tostadas y leve presencia del cuero. Servir a 13° - 15° C_

Combination of red wines
Winery: Alximia
Grape variety: Cabernet Sauvignon (3), Tempranillo (2), Syrah (1).
Area: Guadalupe Valley
Typical taste: presents a cherry red middle-intense color with purplish borders. Primary aromas of cherries and prunes. Other aromas include cinnamon, toast, and soft leather.
Serve 55° - 60° F_

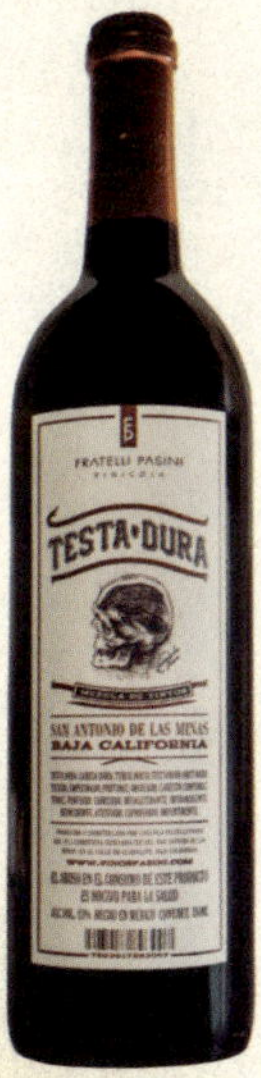

Testa Dura

Mezcla de tintos
Viñedo: Fratelli Pasini
Uva: Grenache, Tempranillo, Nebbiolo, Ruby Red
Zona: San Antonio de las Minas
Notas de Cata: Matiz rojo oscuro y brillante con ribete violáceo. Aroma de grosella, fresa madura, zarzamora y notas de cereza. Claras notas de vainilla y cedro. Servir a 13° - 15° C_

Combination of red wines
Winery: Fratelli Pasini
Grape variety: Grenache, Tempranillo, Nebbiolo, Ruby Red
Area: San Antonio de las Minas
Typical taste: dark red hue and brilliant with purplish borders. Gooseberry, mature strawberries, and blackberries aroma and cherry notes. Vivid vanilla and oak notes.
Serve 55° - 60° F_

Acorde

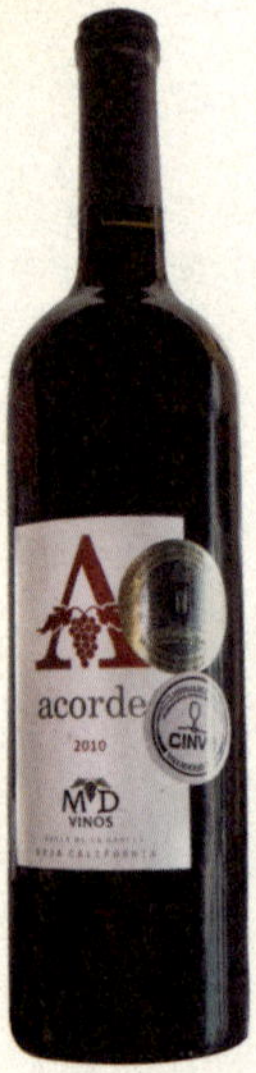

Viñedo: MD Vinos
Uva: Cabernet Sauvignon, Nebbiolo, Syrah/Shiraz, Tempranillo
Zona: Valle de la Grulla, Ensenada
Notas de Cata: Color rojo rubí brillante con aroma a frutas rojas, cerezas, ligeramente canela y jamaica, resaltando en su sabor con sensación muy agradable en boca.
Servir a 13° - 15° C_

Winery: MD Vinos
Grape variety: Cabernet Sauvignon, Nebbiolo, Syrah, Tempranillo
Area: Valle de la Grulla, Ensenada
Typical taste: ruby red bright color with berries and cherries aroma, light cinnamon, and hibiscus taste. Serve 55° - 60° F_

Datum

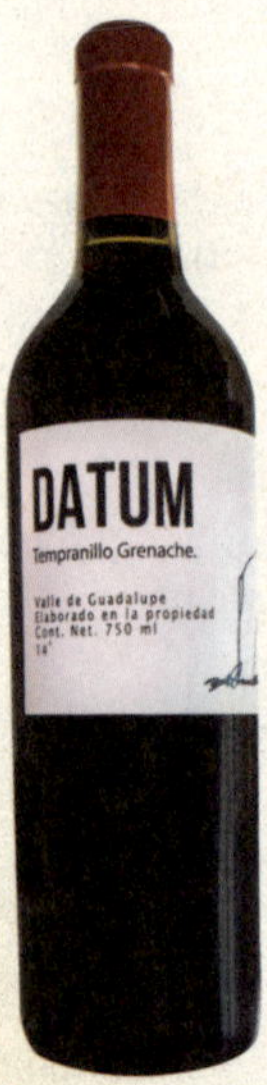

Viñedo: Quinto Monasterio
Uva: Tempranillo, Grenache
Zona: Valle de Guadalupe
Notas de Cata: Color rojo profundo con ribete violáceo. En aroma predominan los frutos rojos jóvenes, algunas notas mentoladas y de eucalipto con ligeros recuerdos de pimienta y notas sutiles de vainilla y coco, en boca frutal con retrogusto de ligero caramelo y café. Servir a 16° - 18° C_

Winery: Quinto Monasterio
Grape variety: Tempranillo, Grenache
Area: Guadalupe Valley
Typical taste: dark red color with purplish borders. Predominant red berries aroma, plus minty and eucalyptus fragrance with light remembrance of pepper and just a touch of vanilla and coconut. Serve 60° - 65° F_

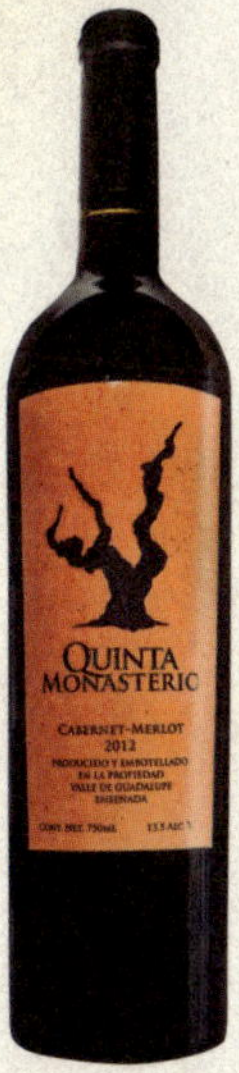

Quinta Monasterio

Viñedo: Quinta Monasterio
Uva: Cabernet Sauvignon, Merlot
Zona: Valle de Guadalupe
Notas de Cata: Color rojo profundo con reflejos violáceos. Delata aromas delicados con tonos afrutados y levemente especiados, complejo, con matices florales, vainilla y sotobosque. En boca notas de torrefacto. Servir a 16° - 18° C_

Winery: Quinto Monsasterio
Grape variety: Cabernet Sauvignion, Merlot
Area: Guadalupe Valley
Typical taste: dark red color with purplish borders. Offers light fruity taste and slightly spiced. Complex with flowery and vanilla. Roasted taste. Serve 60° - 65° F_

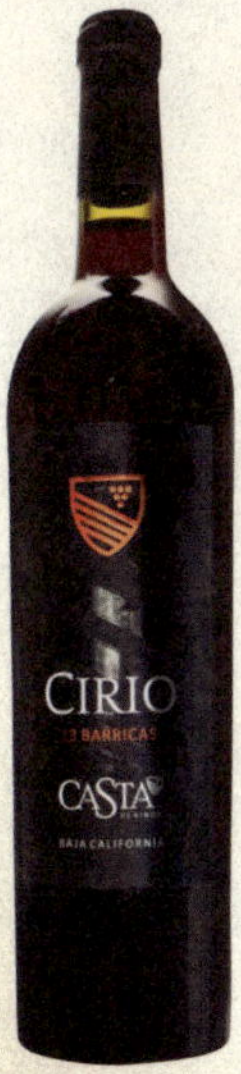

Cirio 13 barricas

Viñedo: Casta de Vinos
Uva: Cabernet Sauvignon, Mourverdre
Zona: Ensenada
Notas de Cata: Color rojo granate y capa untuosa. Afrutado a zarzamora, ciruela negra, especiado con aromas sutiles a almendra tostada, vainilla y chocolate oscuro. De cuerpo redondo y calidez notable. Servir a 16° - 18° C_

Winery: Casta de Vinos
Grape variety: Cabernet Sauvignon, Mourverdre
Area: Ensenada
Typical taste: Maroon color. Blackberry, black plum, spiced with smooth toasted almond, vanilla, and dark chocolate. Round body and noticeable warmth. Serve 60° - 65° F_

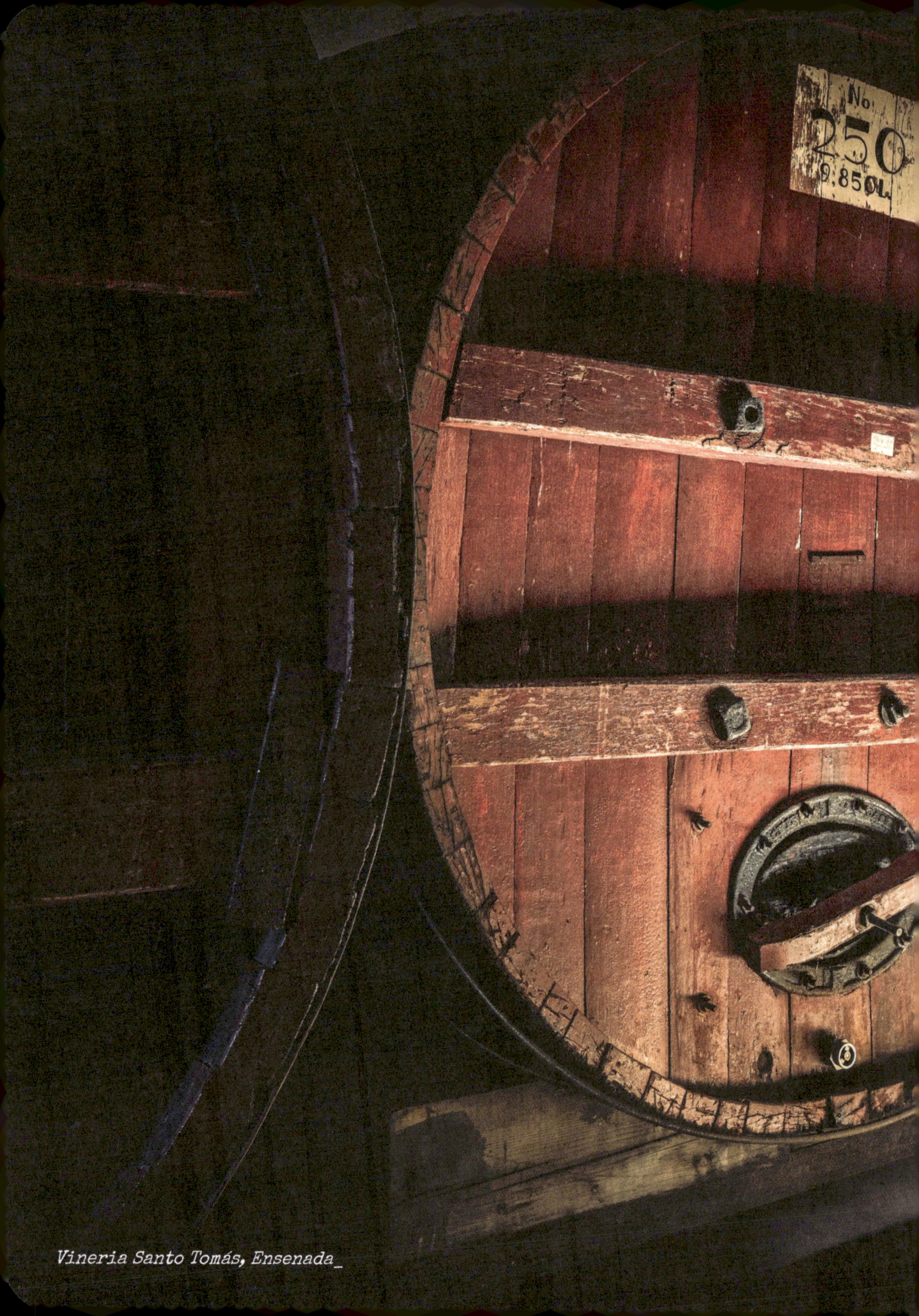

*Vineria Santo Tomás, Ensenada_*

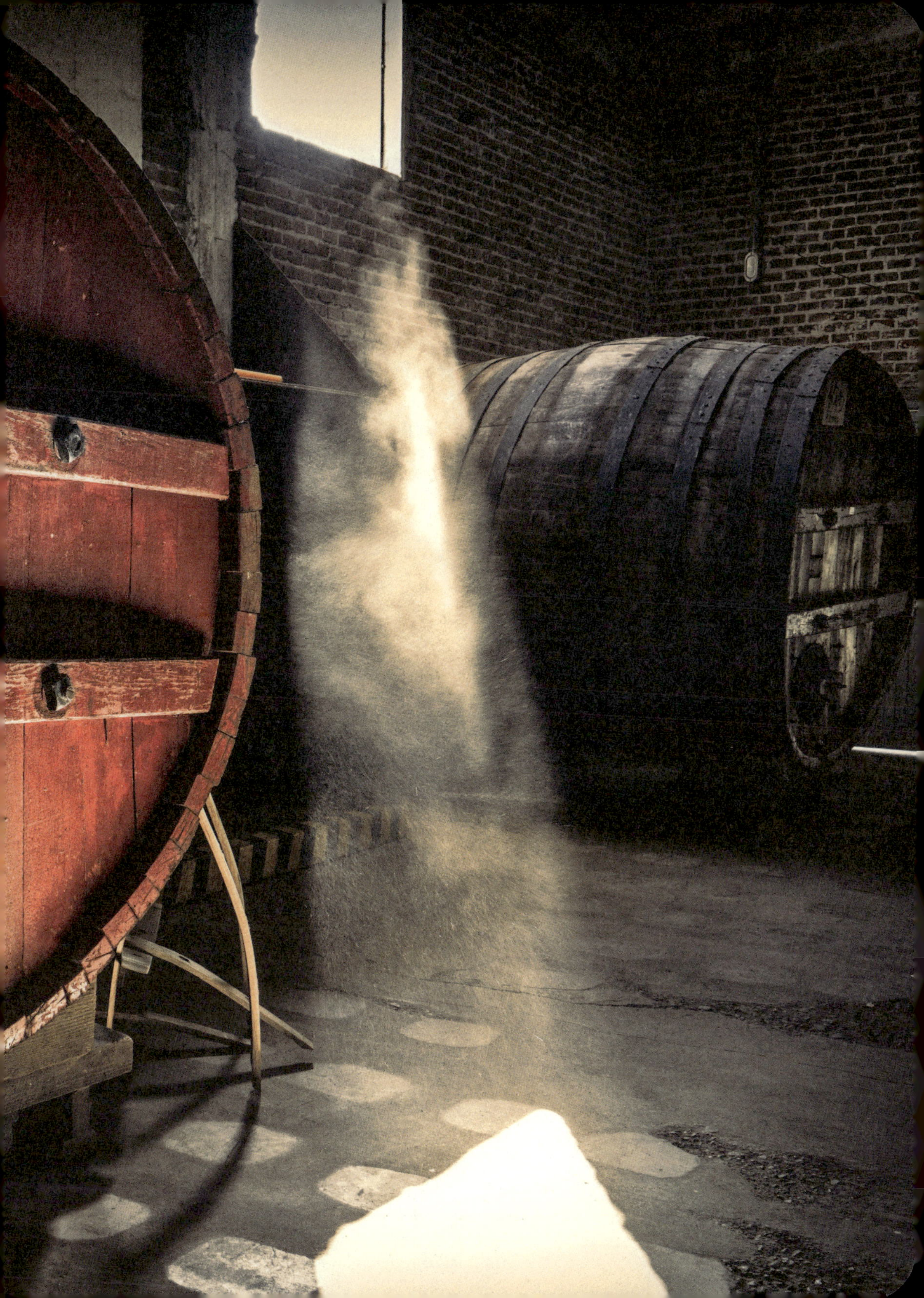

Vinto Tinto de la Hacienda

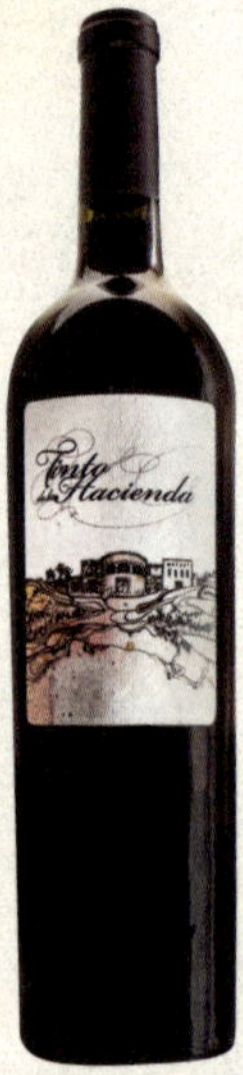

Viñedo: La Lomita
Uva: Shyraz, Merlot y Tempranillo
Zona: Valle de San Antonio
Notas de Cata: Vino ligero, amigable y joven. De cuerpo medio, rojo granate brillante. Aroma a frutos rojos maduros, ciruelas, dátiles e higos frescos. En boca con frutos negros, moras, repostería y canela. Servir a 16° - 18° C_

Winery: MD Vinos
Grape variety: Shiraz, Merlot, and Tempranillo
Area: Valle de San Antonio
Typical taste: light young wine. Medium body, bright maroon color. Fruity red berries aromas, plums, dates, and fresh figs. Dark berries and cinnamon taste. Serve 60° - 65° F_

—•—

Casta Tinta Syrah

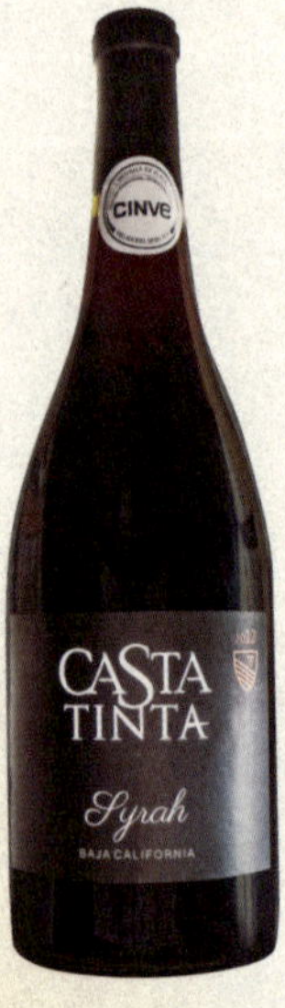

Viñedo: Casta de Vinos
Uva: Syrah, Shiraz
Zona: Ensenada
Notas de Cata: De color rojo violeta de capa intensa y untuoso. Nariz: afrutado y floral, frambuesa, violetas, ligeras notas a regaliz y caramelo. Boca: ataque cálido y placentero de acidez equilibrada y tanino expresivo. Servir a 16° - 18° C_

Winery: MD Vinos
Grape variety: Syrah, Shiraz
Area: Ensenada
Typical taste: red-purple color, intense and unctuous. Fruity and flowery aroma, raspberry, violets and light licorice and caramel touch. Taste: pleasant and warm take-on, balanced acidity, and expressive tannin. Serve 60° - 65° F_

—•—

Jardín Secreto Adobe Guadalupe

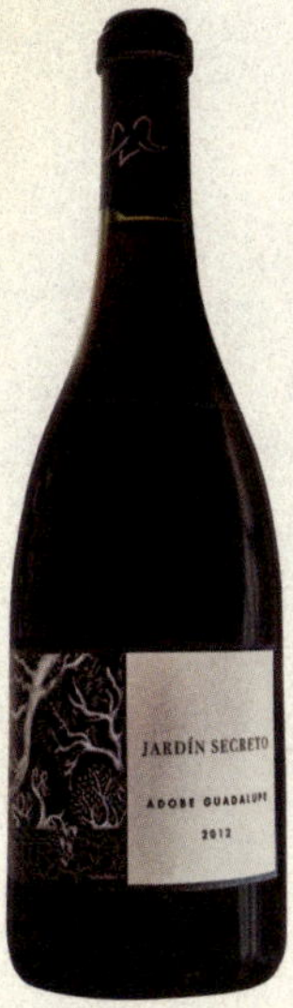

Viñedo: Adobe Guadalupe
Uva: Tempranillo, Cabernet Sauvignon, Cinsault
Zona: Valle de Guadalupe
Notas de Cata: De tonos muy rojos, violáceos con una brillantez bien definida. Resalta su frutalidad con notas a frutilla y frambuesa mezclado con aromas aportados por madera, resaltan notas de trufa y chocolate blanco. Servir a 10° - 12° C_

Winery: MD Vinos
Grape variety: Tempranillo, Cabernet Sauvignon, Cinsault
Area: Valle de Guadalupe
Typical taste: red tones, purplish and well-defined brightness. Remarkable fruity taste with raspberry notes, mixed with woody aromas. Truffle and white chocolate stand out. Serve 50° - 55° F_

Santo Tomás Tempranillo Cabernet

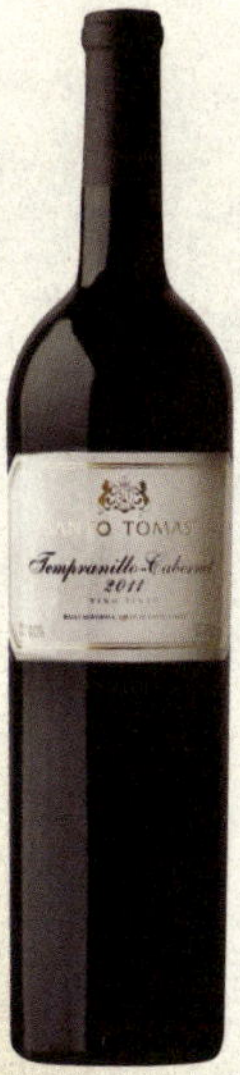

Viñedo: Santo Tomás
Uva: Tempranillo, Cabernet Sauvignon
Zona: Valle de Guadalupe
Notas de Cata: Afrutado, con notas a ciruela amarilla, hierba y mentol.Buen ataque en boca, excelente estructura tónica para un final largo y fresco. Servir a 10° - 12° C_

Winery: MD Vinos
Vineyard: Santo Tomás
Grape: Tempranillo, Cabernet Sauvignon
Area: Valle de Guadalupe
Tasting Notes: Fruity, with notes of yellow plum, grass, and menthol. Good on the palate, excellent tonic structure for a long, fresh finish. Serve 50° - 55° F_

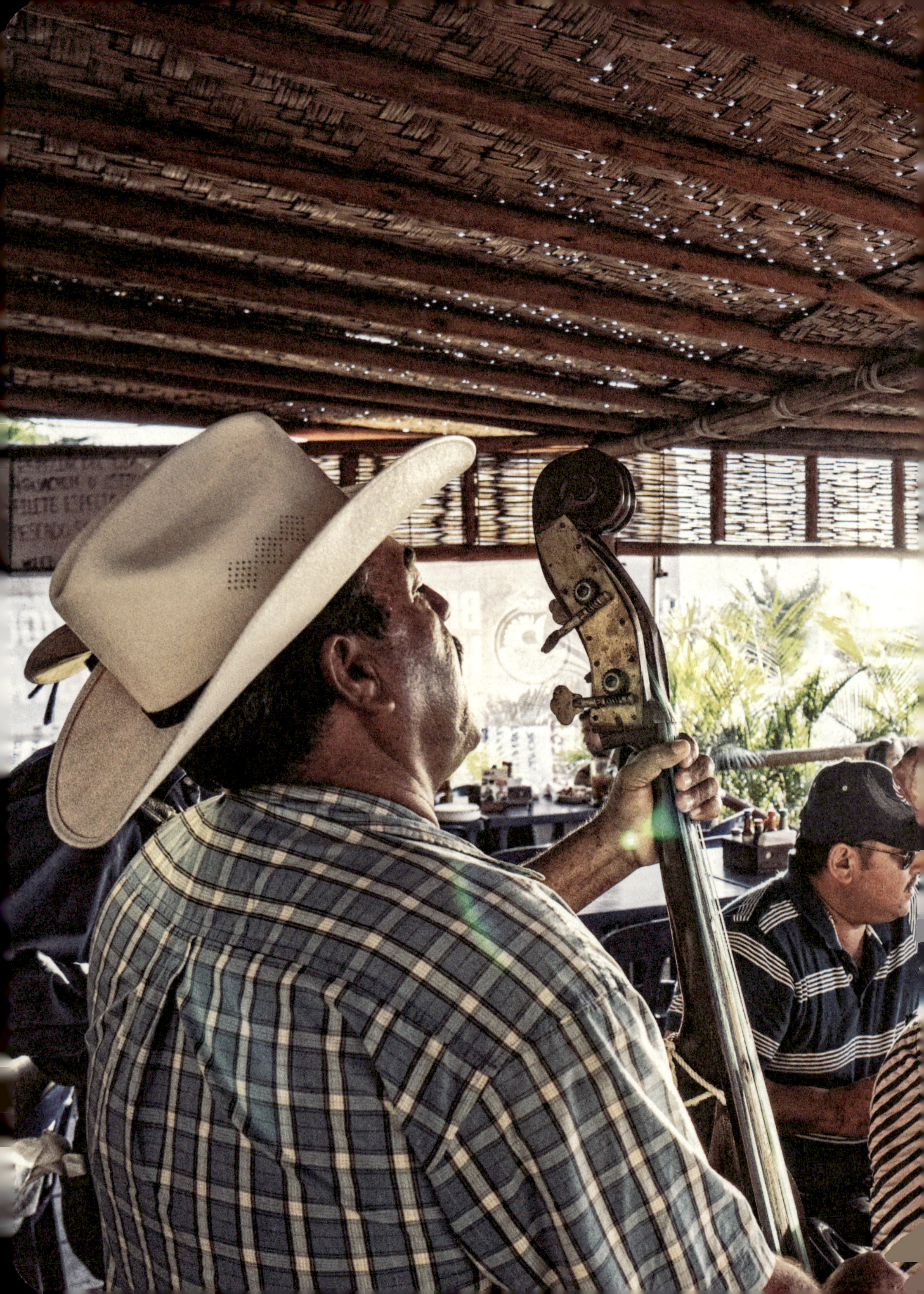

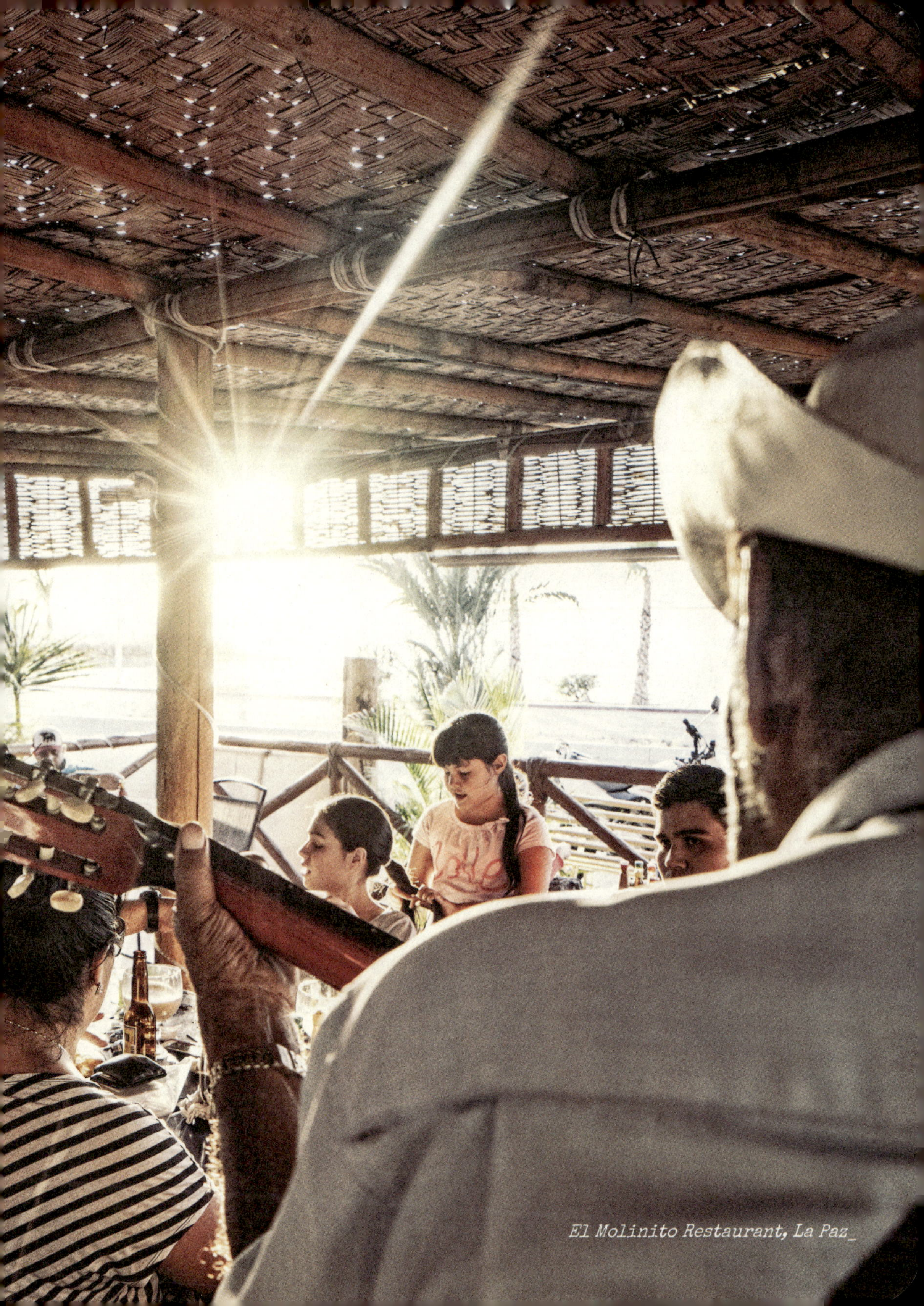

*El Molinito Restaurant, La Paz_*

LOS CHEFS
CHEFS

VICTORIA SÁNCHEZ
Café Doce Cuarenta, La Paz, Baja California Sur

"Por el amor a la cocina."
Amante de la panadería artesanal, Victoria es una joven que inició su carrera fuera de su tierra natal, La Paz, para después regresar a ella. Su amor a la cocina la ha llevado por diferentes intereses culinarios, como la repostería, panadería y decoración, mejorando su técnica a través de cursos y videos. Disfruta interactuar con la consistencia de las masas al preparar sus alimentos, los aromas y sabores, especialmente el de la canela, siendo su aroma y su color, el toque personal en lo que cocina. En esta ocasión su menú lo basó en tradiciones. Integró elementos como las vainas de vainilla, los hervores de leche con ingredientes especiales para darle personalidad, complementándolos con el chocolate mexicano en barra, la miel de piloncillo y el fuego bajo en su cocción para resaltar el sabor. Victoria disfruta de cocinar en familia, especialmente acompañada de su madre y su sazón_

"For the love of cooking."
Victoria is a lover of rustic baking who began her career outside her homeland and returned to La Paz. Her love of cooking has led her to different culinary interests, including pastry making, baking, decorating, and others through courses and videos to improve her technique. She enjoys interacting with the consistency of the dough to prepare food, aromas, and flavors, especially with cinnamon: its aroma and color act as her personal touch in cooking. This time her menu is based on traditions. She integrates elements like vanilla beans and boiled milk with ingredients to customize her flavors from the beginning, and supplements with Mexican chocolate bars, honey, and brown sugar on low heat, cooking to enhance flavors. She enjoys family cooking, especially with her mother and her personal seasoning_

Recetes/Recipes p. 167, 170, 173, 180, 195, 196

EDGAR ROMÁN
Mi Casa Restaurant, Cabo San Lucas

"Un pedazo de México para el mundo."
Inició desde joven su carrera como chef, atendiendo eventos familiares, trabajando después bajo el mando de dos chefs europeos. Posteriormente pulió la diversidad de su carrera como chef corporativo, en Ferrocarriles Nacionales de México y a nivel presidencial. En la Baja ha desarrollado una cocina mediterránea - latina, mediante una exhausta investigación de la comida regional: desde la cocina nómada, pasando por la cocina misional, hasta incorporar a los procesos clásicos cocciones lentas y artesanales con ingredientes locales. Para él la cocina mexicana es un tesoro al que hay que darle difusión_

"A piece of Mexico for the world."
His chef career began at a young age, attending family events and later working for two European chefs. Then he expanded the diversity of his career as a corporate chef in

Ferrocarriles Nacionales de México and at a presidential level. In Baja he has developed his Mediterranean-Latin cuisine with an exhaustive investigation of regional food from the nomadic kitchen, through the missionary kitchen, and now incorporating slow cooking processes and artisanal cooking with local ingredients. For Edgar, Mexican cuisine is an honor to promote_

Recetes/Recipes p. 25, 30, 48, 60, 80, 108, 155

UZIEL LEAÑO

*"El lado art*ístico de la cocina."
Joven licenciado en gastronomía con un enfoque sensorial a la cocina, acapara los sentidos sin limitaciones. Gusta de jugar con olores, sabores y fusiones, en los platillos simbólicos de la región, integrando la cultura y el folklore. Adrián relata las historias cotidianas de sus recorridos por las rancherías locales, interactuando con la gente y plasmándolo en sus recetas al utilizar procesos autóctonos. Trabaja los ingredientes con las manos, para apreciar mejor sus texturas, permitiendo destacar la identidad de cada uno. Sus platillos, individualmente, son cuentos sudcalifornianos_

"The artistic side of cooking."
Adrian is a young graduate in gastronomy with a sensory approach to cooking in unrestricted ways. He likes to play with smells, tastes, and fusions in the symbolic dishes of the region, integrating culture and folklore. Adrian tells everyday stories of his tours of local villages, interacting with people and capturing their indigenous processes in his recipes. He enjoys using his hands to explore ingredients, working with them to better highlight their textures and emphasize the identity of each one. His dishes are individually Southern Californian stories_

Recetes/Recipes p. 73, 83, 84, 90, 130, 162, 184, 187, 191

LANDI ORTEGA GUERRERO

Landi´s Restaurant, Todos Santos

¡Cocina para el corazón!
Ha hecho de la Baja su hogar de los últimos seis años. Hizo de la cocina su vocación pues comparte esta pasión con su familia. Para ella, la cocina mexicana es cocinar algo con pasión y que además sepa rico. Su cocina tiene historia y elocuencia. Gusta de evocar recuerdos personales contenidos en los sabores, cocinando emociones y recuerdos. A través de su comida, demuestra la riqueza de la gastronomía mexicana, la calidez de su gente y de ella misma. Gusta de reconfortar el corazón a través del sazón dado al paladar_

"Cooking for the heart!"
Baja has been Landi's home for the last six years. She made cooking her vocation because she and her family share the same passion. For her, Mexican cuisine is cooking something and making it taste good. Her kitchen has history and elegance, and represents a large

part of herself. She likes to evoke personal memories and emotions in her flavors and cooking. Her food shows the richness of Mexican cuisine, and the warmth and personality of its people. She likes to please every palate and comfort the heart _

Recetes/Recipes p. 43, 54, 72, 88, 137, 152

LUIS FERNANDO VILLEGAS LOZANO
El Nido Restaurant, Baja California

"Cocinar es un arte de toda la vida. Es disfrutar los sabores que suelta la comida, vivir cada instante en la cocina, improvisando y dando más en la elaboración de cada platillo porque cada uno tiene más por dar de sí mismo."
El chef Luis Fernando Villegas Lozano es originario de Mexicali y lleva cocinando más de 20 años. Comenzó como albañil en la construcción de un hotel, posteriormente en ese lugar se requirió un lavaplatos; rápidamente lo ascenderían hasta ayudante de cocina fría y caliente. Eventualmente el hotel, en su expansión local, lo entrenó para poder atender la demanda de alimentos y bebidas, convirtiéndose en chef, oficio que desempeña hasta la fecha. Su sazón: improvisar en cada platillo _

"Cooking is a lifetime art: its purpose is to enjoy the flavors that the food releases, live every moment in the kitchen, improvising, giving more in the preparation of each dish because each one has more to give of itself."
Chef Luis Fernando Villegas Lozano is originally from Mexicali and has been cooking for more than 20 years. He started as a construction worker to provide for his family, and in the same hotel where he worked he later became a dishwasher before being promoted to a kitchen assistant. As the hotel expanded, Luis trained to join the cooking staff, eventually becoming the head chef till today and continue enjoy cooking.
His personal seasoning: improvise in each dish _

Recetes/Recipes p. 50, 96, 99, 127, 158 (2)

CARMEN ARREOLA
La Palapa Restaurant, Loreto

"Me gusta disfrutar de integrar los mariscos a la cocina mexicana. Disfruto elaborar mis platillos y ver la cara de satisfacción de los clientes saboreando cada bocado. Me gusta compartir en mi menú lo bello y delicioso que es mi tierra, Loreto."
Originaria de Ciudad Constitución, pero loretana desde hace 43 años, Carmen comenzó a cocinar después de un cambio radical, de operativo contable en su pueblo natal, a la apertura de un restaurante para sobrevivir en su nuevo hogar; esto eventualmente le ayudaría a desarrollar su pasión por la cocina, sobre la marcha y siempre buscando cómo mejorar su restaurante y su menú. Recientemente inició un proyecto de asociación de restauranteros en su localidad. Sazón: Ajo y buen consomé casero _

"I like integrating seafood into Mexican cuisine. I enjoy preparing my dishes and seeing the faces of customer satisfaction savoring every bite. I like to share the beautiful and

delicious Loreto on my menu."
Originally from Cd. Constitution but a Loreto citizen for the past 43 years, Carmen began cooking after a radical change from being an account manager in her native town to opening a restaurant to survive in her new community. This adaptability eventually helped Carmen to develop her passion for the kitchen; she is always looking to improve her restaurant and its menu. She recently initiated a local restaurateurs association.
Personal seasoning touch: garlic and a good homemade broth_

Recetes/Recipes p. 103, 120 (2), 127, 134

ENRIQUE SILVA

Los Tamarindos Restaurant, San José Del Cabo

"Disfruto de elaborar un menú orgánico, basado en vegetales y hierbas frescas o frutos de la temporada entre parrillas, comales y hornos de leña. Me encanta desarrollar una cocina rústica, orgánica, regional e inspirada en México y el Mediterráneo."
Oriundo de Navojoa y residente en San José del Cabo desde 1988, inició como chef en el restaurante Tequila en 1996, en el Centro de San José, en el Palacio Municipal, planteando una propuesta de menú orgánico completamente diferente a lo que había en la zona de Los Cabos; esto le permitió adquirir una huerta muy especial en el estero de San José para promover la producción de frutas y verduras orgánicas a nivel local. Aún después de sufrir, en 2014, los estragos del huracán Odile, el invernadero se recuperó al 100%, atendiendo, tanto mercados locales con un estilo relajado, como a las comunidades más exclusivas y de distinguido paladar.
Su sazón: la sal de Yavaros y el aceite con hierbas frescas_

"I enjoy developing a more organic menu based on vegetables and fresh herbs or fruits of the season between grills, griddles, and wood stoves. I love to develop a rustic, organic cuisine, regional Mexico and Mediterranean based."
Originally from Navojoa and living in San José del Cabo since 1988, Enrique started as a chef at the Tequila restaurant in 1996 at the San José City Hall downtown. There he created a more organic menu, completely different from what was available in the Los Cabos area. The change allowed him to acquire a very special garden in the estuary of San José to promote the production of organic fruits and vegetables locally. Even after Hurricane Odile, the greenhouse recovered 100 percent to continue serving both local markets in a more relaxed style and the most exclusive and distinguished palate communities.
Personal seasoning touch: salt from Yavaros and oil with herbs_

Recetes/Recipes p. 25, 28, 148, 174, 205

JESÚS CHÁVEZ

Restaurante Las Tres Virgenes, La Paz

"Cocinar es compartir tranquilidad, satisfacción y confort creando una conexión con el pasado, inclusive en la cocina moderna. Cuando cocino, me gusta que mi comida brinde

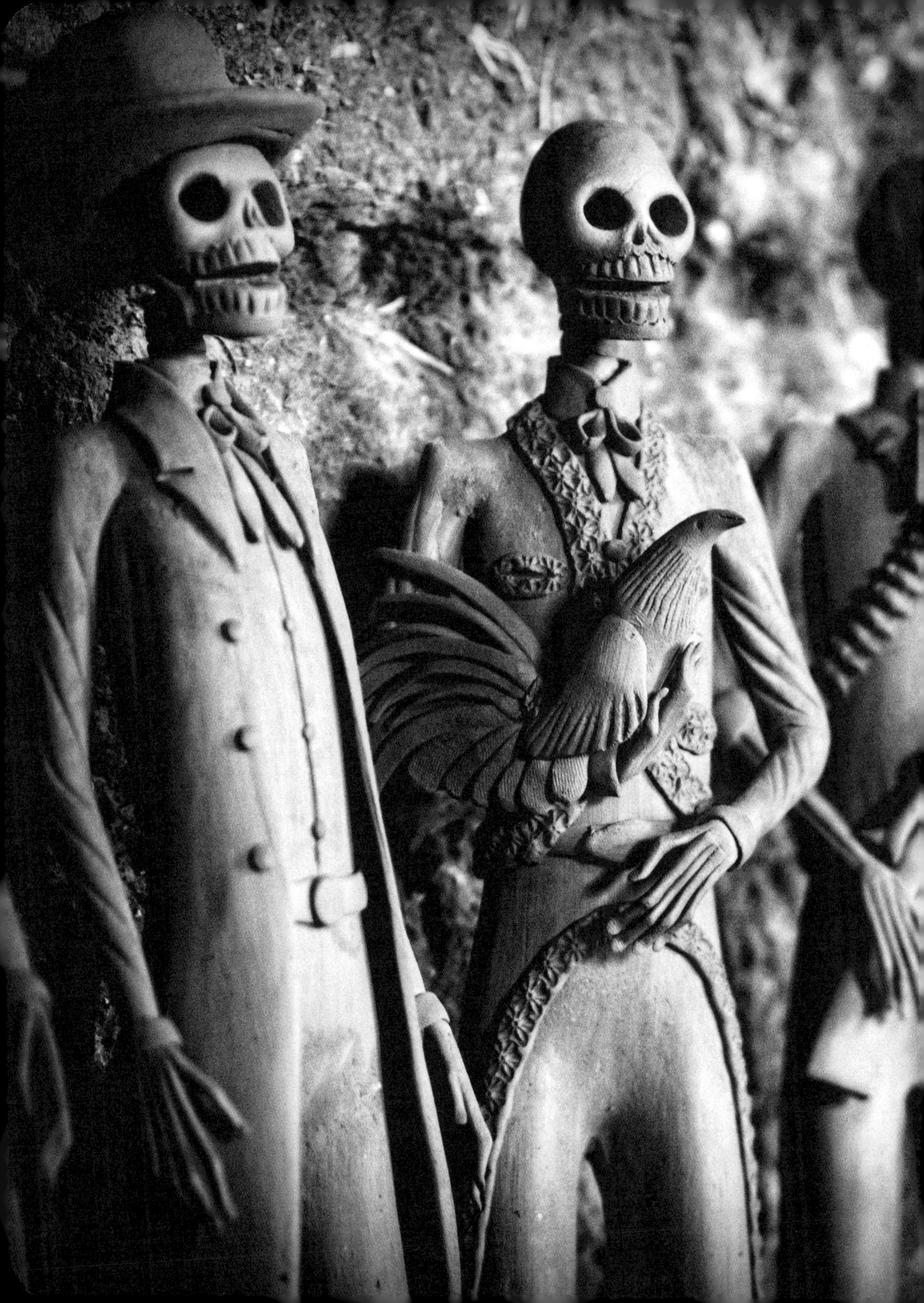

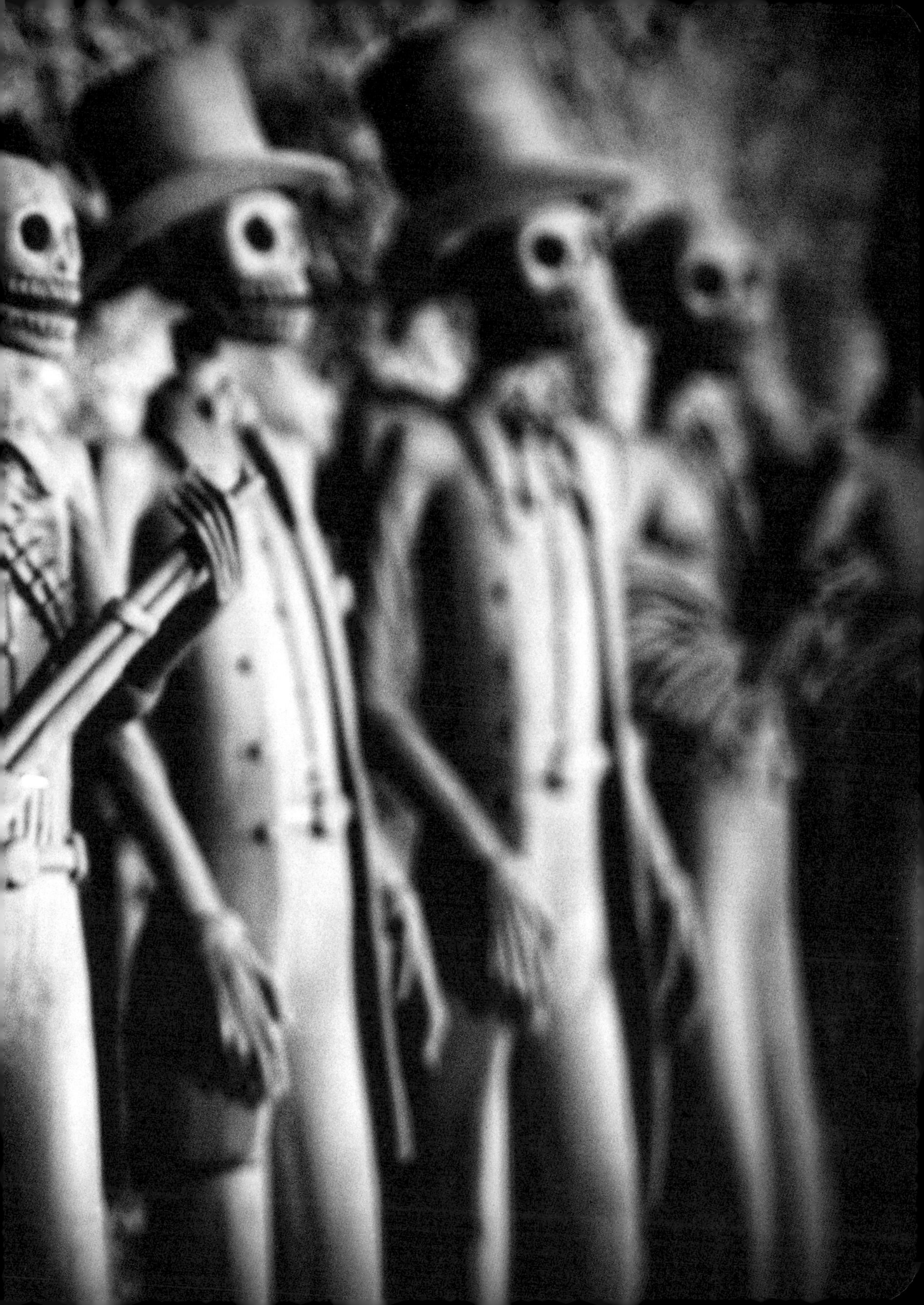

satisfacción, pero que también los haga sentir bien y que les traiga memorias a través de la variedad y los ingredientes de la gastronomía sudcaliforniana."
Nacido en Tijuana y con apenas 3 años y medio en La Paz, entró al mundo de los restaurantes por accidente, un verano en el cual ocupaban personal en Hard Rock Café de Tijuana. Pensó que sería un trabajo temporal como ayudante de mesero, pero le gustó y eventualmente trabajaría en el área operativa-administrativa, para después llegar a la cocina donde aprendió a disfrutar de ella. No se considera un chef devoto, pero le apasiona la cocina local y los ingredientes de la zona_

"Cooking is sharing tranquility, satisfaction, and comfort, creating a connection with the past, even in modern cuisine. When I cook, I like my food to give satisfaction but also to make you feel good and bring you memories through variety and the ingredients of Southern Californian cuisine."
Born in Tijuana and living just 3.5 years in La Paz, Jesus entered into the restaurant world by accident during a summer that Hard Rock Tijuana was hiring. He thought it would be a temporary job as a waiter, but he liked it and eventually went to work in the administrative operating area before transferring to the kitchen, where he learned to enjoy cooking. Jesus doesn't consider himself a devout chef, but he's passionate about local cuisine and local ingredients. "Baking is an expression of feelings and tastes; it is what gives you your heart. It is a pleasure to see people enjoy handmade bread that is freshly baked. Every enjoyed bite is energy to go on, and it is a pleasure to promote Loreto through their bakery with natural and local products_

Recetes/Recipes p. 34, 115, 200, 205, 208

SERGIO DREW
Panadería Ali´s, Baja California

Desde joven fue iniciado en la panadería y repostería por su abuela, quien daba cursos de repostería. Realizó estudios de Licenciado en administración de empresas en Cuernavaca, pero dedicó los fines de semana a la panadería rústica, siempre con la inquietud de elaborar algo que no fuera comercial y que pudiera disfrutar para sí mismo. Eventualmente regresó a Loreto, inicialmente para abrir un restaurante, pero encontró su verdadera pasión en la panadería, donde continuamente cambia su menú, siempre inspirado por su mamá y su abuela_

As a young man Sergio began in the bakery, being taught by his grandmother, who gave courses in pastry baking. Sergio received education in Business Administration in Cuernavaca and spent weekends at the rustic bakery, always keeping in mind a desire to develop something noncommercial that he could enjoy for himself. Eventually he returned to Loreto, initially to open a restaurant, but he found his true passion in the bakery, which continuously changes its menu, always inspired by his mother and grandmother_

Recetes/Recipes p. 188, 189

DANY LAMOTE & LUCÍA ROMERO

La Coronela at Hotel California, Todos Santos

"Me encanta cocinar con pescado y mariscos con el constante reto de ofrecer nuevos sabores y experiencias a través de nuevos platillos elaborados con nuevos ingredientes. Me encanta las reacciones de 'Ohhh' y 'Aaah' cuando mis comensales se sorprenden con lo que acaban de probar, es espectacular."
Originario de Brujas, Bélgica, Danny Lamote desde muy pequeño comenzó a cocinar entre sartenes y ollas. Eventualmente comenzaría sus estudios en ciencias económicas, pero lo encontró aburrido y poco satisfactorio. Es entonces cuando cambió su rumbo a una carrera más creativa que culminaría con sus estudios de arte culinario. Desde entonces ha abierto más de 20 restaurantes como consultor y socio. La cocina es su vocación, pero después de todos estos años sigue siendo su hobby_

"I love to cook fish and seafood with the constant challenge of sharing new flavors and experiences though new dishes made with new ingredients. I love the reactions of 'ohhh' and 'aaah' when people are surprised with what they just tasted; it's spectacular."
Born in Brujas, Bélgica, Danny Lamote started cooking as a kid, playing with pots and pans rather than toys. Eventually he began to study economics but found it boring and unsatisfying. Then he changed his direction to a more creative career, that being culinary art studies. Since then he has opened over 20 restaurants as a consultant and partner. Cooking is his vocation, but after all these years it is also still his hobby_

Recetes/Recipes p. 28, 40, 63, 67, 113, 125, 140, 200

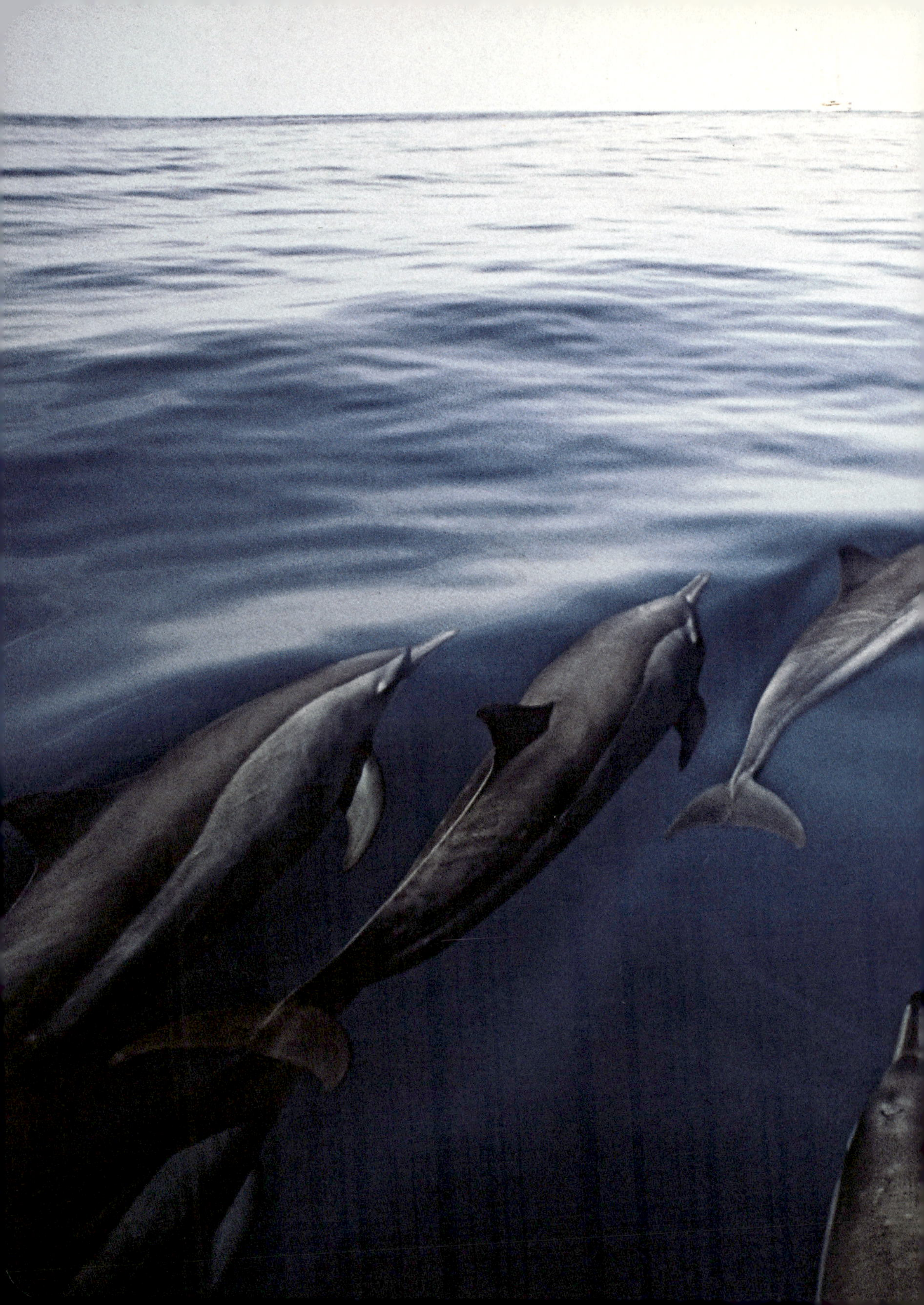

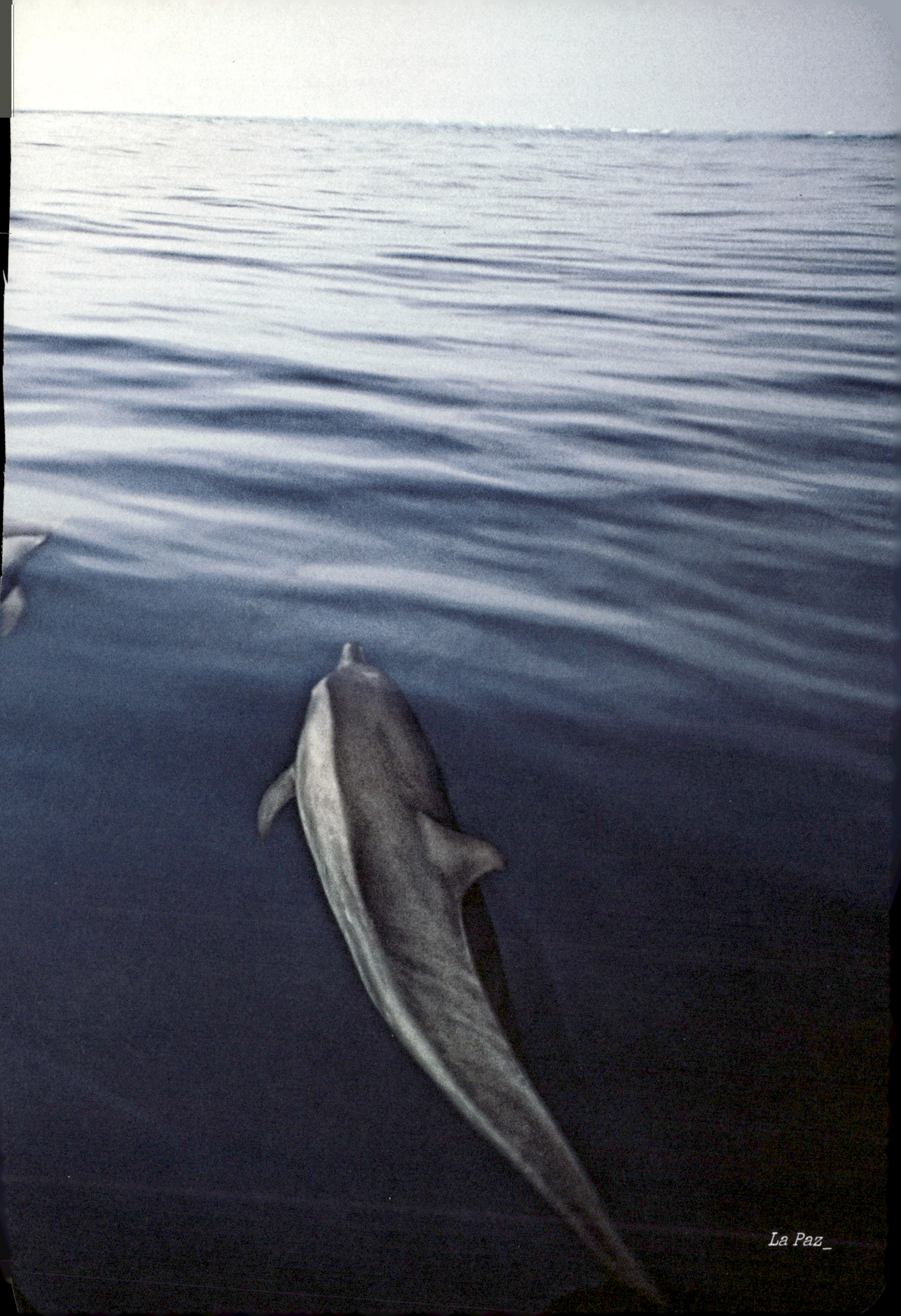
La Paz_

Acknowledgements
I wish to personally thank the following people for their contributions to my inspiration and knowledge and other help in creating this book:

Italo Meneghini, Cecilia Sanchez, Gabriel Lopez Morton de Baja Republic, Cristopher Swanny, Annie Espinoza, Enrique Sanchez, Andrea Selenu, Paul Norton

Concept
Giovanni Simeone
Text
Anabelle Rossell Aguilar, Reyna Jaime Félix
Translation
Cristina Chowath, Salma Yamel Alvarez
Editing english text
Sara DeGonia
Design
WHAT! Design
Layout
Jenny Biffis
Prepress
Fabio Mascanzoni

Photographers
All images are by Giovanni Simeone, except:

Pietro Canali (p. 110, p. 111), Mad Media/Vincent Knakal (p. 144-145), Matteo Carassale (ends, p. 92, p. 212-213), Degree (p. 57), Angelo Giampiccolo (p. 238-239), David Hornback (p. 16-17), Enrico Martino (ends), Arcangelo Piai (p. 168), Ben Pipe (p. 169), Roberto Rinaldi (p. 18-19, p. 132-133), Natalino Russo (p. 36-37, p. 61, p. 100, p. 101, p. 234-235), Claudia Boily (p. 176-177)

Special thanks to:
Chef Angel Zavala Baute for editing the Chiles en Nogada recipe

Photos available on www.bajacaliforniagallery.com

Published and distributed in United States by SUNSET & VENICE
ISBN 978-1-952643-01-9
www.sunsetandvenice.com - contact@sunsetandvenice.com - T. 323 522 4644

Distributed in Mexico by Moscatel
www.bajacaliforniagallery.com - info@bajacaliforniagallery.com

Distributed in Europe by Sime Srl

ISBN 978-88-95218-97-7
www.simebooks.com - info@simebooks.com - T. +39 0438 402581

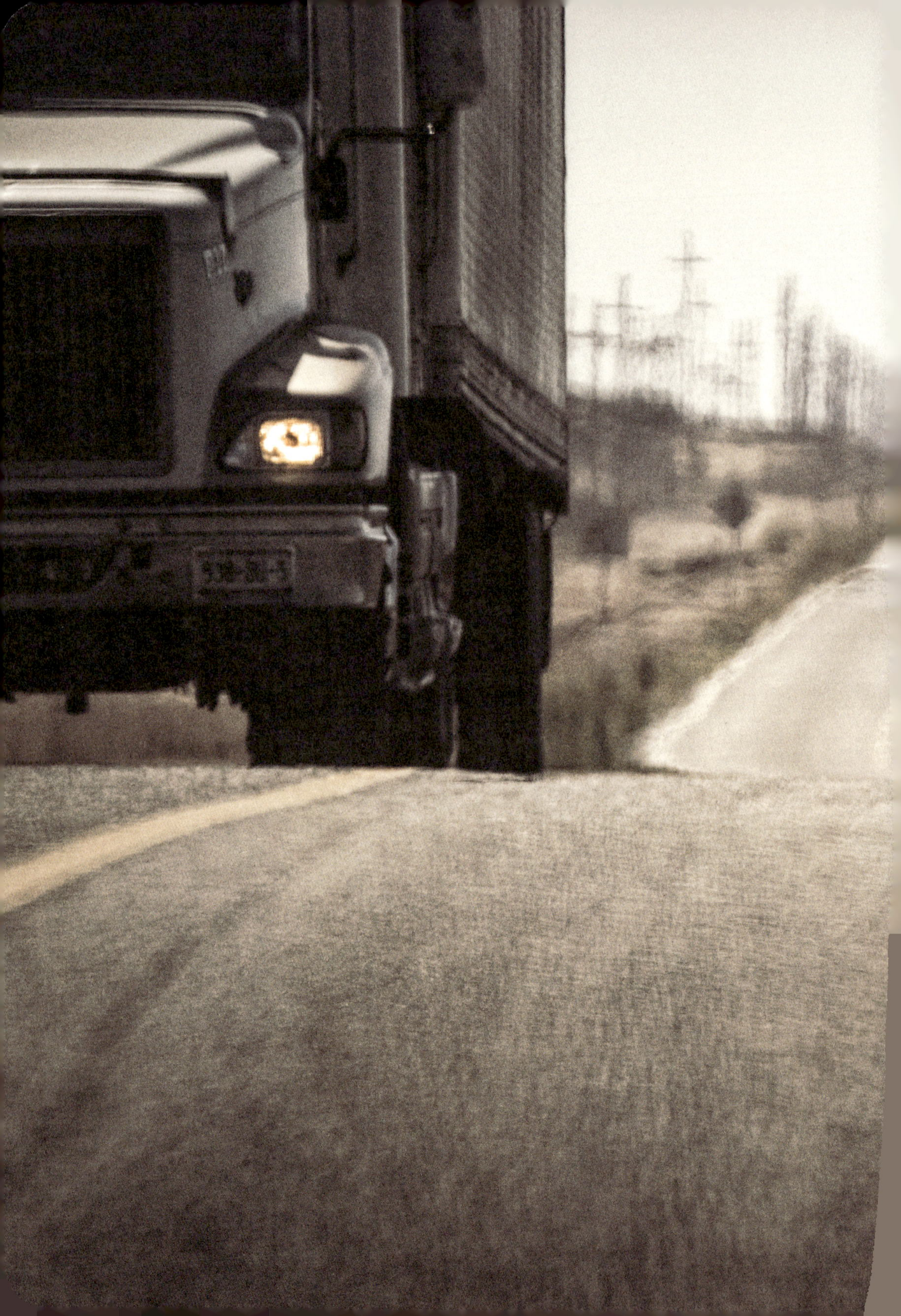